现代远程教育系列教材

宋旭光　主　编
王远林　刘丹丹　副主编

经济科学出版社

图书在版编目（CIP）数据

统计学 / 宋旭光主编 .—北京：经济科学出版社，2010.8（2017.2 重印）
（现代远程教育系列教材）
ISBN 978-7-5058-9796-0

Ⅰ.①统… Ⅱ.①宋… Ⅲ.①统计学-远距离教育-教材 Ⅳ.①C8

中国版本图书馆 CIP 数据核字（2010）第 158018 号

责任编辑：范　莹
责任校对：杨　海
技术编辑：李　鹏

统　计　学
宋旭光　主　编
王远林　刘丹丹　副主编
经济科学出版社出版、发行　新华书店经销
社址：北京市海淀区阜成路甲 28 号　邮编：100142
总编室电话：88191417　发行部电话：88191540
网址：www. esp. com. cn
电子邮件：esp@ esp. com. cn
北京汉德鼎印刷有限公司印刷
三河市华玉装订厂装订
787×1092　16 开　18 印张　400000 字
2010 年 9 月第 1 版　2017 年 2 月第 6 次印刷
印数：31001—34000 册
ISBN 978-7-5058-9796-0　定价：26.00 元（《含习题手册》）
（图书出现印装问题，本社负责调换）

现代远程教育系列教材
编 审 委 员 会

总 序

随着知识经济和信息化时代的到来，终身学习成为社会大趋势，网络教育作为现代远程教育的一种先进模式正在成为人们终身学习的首选形式。

网络教育具有开放性、交互性、共享性、协作性、自主性等特点，突破了时间和空间的限制，使高等学校的优秀教育资源冲破校园围墙的限制，被更多的学习者共享。现代远程教育的“学习环境”，提供了学生自主建构知识的空间，帮助人们随时随地学习，实现了学生个体与群体的融合，从而满足了人们在校园外接受高等教育的愿望。

经历了近十年的光阴，现代远程教育已经发展到67所远程教育试点院校，学生近百万人。各高校网络教育学院结合财经、管理学科专业适合网络教育的特点，近年来推出了远程教育高等学历课程体系，最大限度地满足学生个性化自主学习的需要和社会对财经、管理人才的需要。为了确保网络教育质量，本着“我们的产品是教育服务”的宗旨，各高等学校网络教育学院正在努力建立标准化的网络教育管理系统，为学生提供全面周到的服务，建设有中国特色的一流网络大学。

网络教育的不断发展对网络学习教材建设提出了新的挑战。如何在尊重传统教育的系统性的同时，在教材的内容上更能满足人们继续学习的需要，增强教材的实用性和适用性；在教材的表现形式上更直观，更易理解，更便于自学，是我们正在努力解决的一个重大课题。为此，我们结合网络教学和课件的特点，组织具有丰富教学经验的老师编写了这套现代远程教育系列教材，尽力做到知识点明确，突出重点、要点，使之便于学生自学。同时，在教材内容上也更强调实用性和适用性，意在使这套教材既适用于现代远程教育学习者使用，同时也适合财经管理在校学生和在职人员学习。

教材的改革是教育理念转变的结果，而教育理念的转变是一个长期而艰巨的过程。它不仅需要教师的努力，更需要广大学生和读者的积极参与。我们热切地希望读者对这套教材提出自己的意见和建议，使这套教材不断得以完善。

这套丛书的编写得到了经济科学出版社的大力支持。他们对此套丛书从选题策划到整体设计都提出了中肯的、有建设性的建议，并为其能够及时出版与广大读者见面付出了大量的、艰辛的努力，在此表示衷心的感谢。

现代远程教育系列教材编委会

杨　青

2003 年 9 月

前　言

当前，我国统计学正处于一个快速发展的阶段。统计学作为认识客观世界数量规律的重要工具，正逐渐被人们重视和接受。越来越多的人认识到，必须学习和掌握一定的统计学知识，只有这样，才能有效应对信息时代和网络经济带给我们的挑战。

但知易行难，与其他应用性较强的课程比较起来，统计学给人的印象大多是枯燥无味，艰涩难懂，这使得大量有意学习统计学的人知难而退，望而却步。其实，这是一个误解，学习统计学与学习其他课程一样，都有一个循序渐进、触类旁通的过程，只要我们耐下心来，掌握统计学的基本思路，我们都会在统计学的学习中有非常大的收获。

因此，当前统计学教材建设的重点是消除人们对统计学的偏见，形成一个友好的统计学学习界面，让更多的人走近统计学。在此过程中，要注意以下三个问题。

一是有舍有取。过去的统计学教材中有些内容过于理论化，这对于很多初学者而言几乎就是拦路虎，是无法克服的困难。我们认为，不能期望在一门课程中把所有的统计学知识都教给学生，重要的是把学生引进门，使之掌握基本的统计思路，并激发其继续学习的兴趣。为此，我们对教材的内容进行了筛选，使其结构更为紧凑，体系更加开放。

二是注重实效。统计学是一门与现实联系非常密切的课程，教材中的每一个知识点都在现实工作和生活中有生动的体现。因此，学习统计学课程的最好方式就是与实践相结合，教会学生解决具体问题的方法。为此，我们在介绍方法的同时，提供了大量的实例，希望能使同学们知道为什么要学习这些知识，以及如何运用这些知识。

三是讲究方法。当今的时代是网络化、信息化的时代，我们的学习不能再重复过去死记硬背的模式了，计算机和网络给人们自主学习和应用提供了方便的手段。在计算机的辅助下，统计学的学习会变得更加轻松和有趣。对此，我们的教材在介绍基本原理的同时，重点介绍了如何通过计算机实现统计应用。我们相信，“人机结合”是未来统计学应用和发展的关键。

本教材共分为十章，内容涵盖了描述统计和推断统计的主要内容。第一章是总论，介绍统计学的重要作用和内涵；第二章介绍统计数据的搜集方法；第三章介绍统计数据的整理和显示方法；第四章介绍如何描述统计数据的分布特征；第五章介绍抽样调查和参数估计的基本思想；第六章介绍假设检验和方差分析的基本原理；第七章介绍相关与回归分析的主要内容；第八章介绍时间序列分析的有关方法；第九章介绍指数及其应用；第十章对国民经济核算原理和主要总量指标作了简介。

本教材由宋旭光教授主编，王远林副教授和刘丹丹博士担任了本书的副主编。我们三人共同商讨和编写了各章的内容。此外，宋旭光教授还负责了全书的大纲设计、书稿的组织和总纂工作。

在编写本教材过程中，我们参考了一些现有的统计学教材和文献，在此我们对有关作者表示谢意。

我们希望本教材能使更多的人走近并受益于统计学。当然，由于时间和水平所限，书中难免有不当或疏漏之处，在此恳请各界读者提出宝贵意见。

编者

2010 年 5 月

目录

第一章　总　　论

学习目标

1. 了解什么是统计学，掌握统计学的主要任务。
2. 掌握描述统计学与推断统计学的区别与联系。
3. 理解统计学的重要作用。

关键名词

统计学　描述统计学　推断统计学

1.1　当今大学生的关键词：统计学①

嘉莉·格赖姆斯（Carrie Grimes）在哈佛大学主修人类学和考古学专业，她去过很多地方。在洪都拉斯，她曾通过绘制古文物发现地的地图来学习玛雅人的居住模式，她表示"人们认为野外考古学就像印第安纳·琼斯（影片《夺宝奇兵》主角）的冒险活动一样，可实际上，我们的很多工作都是在进行数据分析"。

Grimes 目前就职于谷歌（Google）公司，她现在是 Google 的统计分析师，她每天要面对大量的数据，并运用各种统计分析方法寻找能改善公司搜索引擎效果的方法。

1.1.1　未来十年最迷人的工作将会是统计工作

一般人对网络时代的印象大多是成天与电脑为伍，足不出户的宅男宅女。而

① 选自《纽约时报》（Steve Lohr，For Today's Graduate，Just One Word：Statistics，New York Times. August 6，2009），编写过程中参考了 Appletree36 以及 Keith 的译文。

Grimes 女士正是网络时代的统计学专家，她和其他同属网络时代的优秀同伴们一样，正在致力于扭转大众对网络时代的刻板印象。在她的影响下，越来越多的人认识到统计工作不仅被社会密切需要，而且统计人才也变得越来越抢手。

“我一直说在未来的十年里，最迷人的工作将会是统计工作，这可不是开玩笑。”Google 的首席经济学家哈尔·瓦里安（Hal R. Varian）表示。

在未来的信息和网络科技的领域里，还有大量潜在的资料诸如传感信号、监控录像、社交网络对话、公共活动记录等都等着人们去研究和分析。根据 IDC 市场调研公司（International Date Corporation）的预测，今后数码数据量的增长将继续加快，到 2012 年将达到现在的 5 倍之多。近年来的信息爆炸使社会对统计学者的需求不断增长，对一位刚毕业的统计学博士来说，在美国公司第一年的年薪就可高达 125000 美元。

1.1.2 分析数据是统计的核心价值

然而，成堆的数据并不等于有用的信息。任职于麻省理工学院电子商务中心的经济学家埃里克（Erik Brynjolfsson）指出：在当今的世界，数据的取得是很迅速、很方便的，几乎所有的事物都可以被监测与量化。所以，目前对我们来说最大的问题是如何去分析这些数据，并从中整理出我们需要的信息。

新一代的统计学家让这一问题迎刃而解。他们利用强大的计算机和复杂的数学模型在数据海洋中探寻有意义的信息，并将其广泛应用于各领域，如改善网络搜索和在线广告，在基因序列中筛查癌细胞信息，通过分析传感器和位置数据来优化物流配送等。

分析数据形成了统计的核心价值。在 Netflix（美国的奈飞公司）的竞赛就说明了这一点：显著改善该公司电影推荐系统的人获得了 100 万美元，而优胜者的武器便是各种现代统计方法。

1.1.3 更多专家学者纷纷投入统计的怀抱

尽管统计学家身处战场的前沿，但在浩浩荡荡的数据处理大军中，他们只占很小的一部分。专家表示，计算机和数学技能远比学位管用。新一代数据领域的福尔摩斯需要有经济、计算机科学和数学等多重学科背景。

近年来，数据处理人才深受白宫的青睐。白宫管理与预算办公室主任彼得（Peter R. Orszag）在一次发言中表示：“客观、有力的数据是预估长期经济需求及制定关键政策的起点。”随后，他又在博客中表示其关于数据重要性的言论是“发自内心的”。

IBM 公司在数据搜寻服务中发现了商机，他们创建了商业分析和优化服务小组。该小组将在他们的调查实验室中招收 200 名数学家、统计学家和其他数据分析师——

相对于 IBM 计划在整个公司中培训或新招超过 4000 名分析师来说，200 这个数字并不算多。

从其他方面也能看出人们对统计学的兴趣正不断增强。据美国统计协会表示，本周在华盛顿举行的统计年会的出席人数预计将达 6400 人，超过了往年的 5400 人。与会的人们看似与在华盛顿的一群群游人毫无区别，但仔细观察你会发现他们正全神贯注讨论的话题是随机性、参数、回归和聚类等统计学术语。

数据的爆发式增长也提升了一些职业的地位，保险公司的精算人员就是一个明显的例子。

1.1.4 网络的出现让统计有更大的施展空间

让我们把焦点回到一开始的 Grimes 女士身上。在 2003 年从斯坦福大学拿到统计学博士学位后加入了 Google 公司。现在她是 Google 公司 250 人数据分析小组中的一员，她的工作是利用统计建模来改进公司的搜索技术。

举例来说，Grimes 女士参与了搜索引擎“机器人”的算法优化工作，这个“机器人”会在网络中不断漫游，并不断更新搜索引擎的结果。Grimes 的工作就是找到一个适当的模型，让“机器人”拜访经常更新的页面的次数会多于那些不经常更新的页面。

Grimes 解释这个工作的最终目的就是希望提高搜索引擎在运算或者网络方面的效能。即使这种提高只有 2% 也是很大的进步，毕竟 Google 面对的是天文数字级别的数据量。

网络巨大的数据量也为统计调查开辟了一片新天地。传统上，社会科学通过访问或调查来获取人们的行为信息。康奈尔大学的计算机科学家、社交网络研究者科雷恩贝格（Jon Kleinberg）表示：网络提供了令人惊叹的大量资源，让我们能观察数百万人是如何互动的。

1.1.5 正确的统计分析让工作事半功倍

专家警告称，网络数据数量巨大也有其弊端。庞大的数据量很容易使统计模型在应用中的效果不尽如人意。统计学家也告诫称数据间的相关性强并不足以证明两者之间有因果关系。

例如，乔治·华盛顿大学的历史学家和统计学家大卫（David Alan Grier）表示，在 20 世纪 40 年代后期脊髓灰质炎的疫苗出现之前，美国的公共卫生专家注意到该病的增长与冰激凌和软饮料的消费量增长是同步的，于是建议避免冰激凌和软饮料的食用。事实上，炎热的夏天正是脊髓灰质炎的高发期，而人们也会消费更多的冰激凌和软饮料，这才造成了两组数据间的相关性。

如果说数据量的剧增放大了统计学中长期遗留的问题，那它同时也开辟出了一片新的领域。一位在 IBM 公司从事医药数据研究的研究人员丹尼尔（Daniel Gruhl）就表示说：关键是要让电脑和人各司其职——计算机擅长处理大量数据，并能从数学角度发现其独特之处，而人类只需对这些独特之处加以解释。显然，计算机的运用会使人们的工作变得轻松。

1.2 走近统计学

通过前文的阅读，我们可以得出一个大致的印象：统计学是一个迷人的、广泛应用于各个领域的前沿科学。它显然是与数据打交道的，随着信息社会的发展以及社会对数据分析需求的增加，统计学的重要性正在不断增强。

1.2.1 什么是统计学

统计学（statistics）是处理数据的一门科学。具体来说，统计学是研究如何核算、搜集、整理、分析数据，并从数据中得出结论的科学。

显然，统计学的主要任务包括：

1. 数据搜集

数据搜集是统计工作的基础，只有在找到数据之后，才能对数据进行研究。在信息社会中，数据无所不在，比如前文提到的传感信号、监控录像、商业信息、金融数据等充斥了我们的生活。如何在浩如烟海的数据中找到我们所要找的数据，需要有专门的方法。本书第二章将介绍这些方法。

2. 数据整理

数据搜集上来以后，还要进行必要的整理。比如将数据用图表的形式展示出来，以使得数据更加直观、清晰和易读。对于大多数人来说，掌握一些数据整理方法是十分有用的。本书第三章将探讨如何进行数据整理。

3. 数据分析

数据分析是指运用统计方法对有关数据进行处理，并从数据中提取出有效信息的过程。如何正确选择和运用有关统计方法对于数据分析至关重要。恰当的数据分析方法可以使人们准确地描述和推断数据所表达的信息，并从数据中得出想要的结论。本书第四章至第八章将介绍这些内容。

4. 数据核算

统计学要在有关学科理论的指导下，通过制定有关定义、标准、方案和体系，为数据的搜集、整理和分析提供核算框架。在社会科学领域，为了规范数据的开发与分析，国民经济核算体系、社会核算方法、工商会计等核算技术有着较多的应用。本书第九章至第十章将讨论有关核算问题。

1.2.2 描述统计学与推断统计学

通常可以把统计学分成描述统计学和推断统计学两类。

1. 描述统计学

描述统计学研究如何取得反映客观现象的数据，并通过图表形式对所搜集到的数据进行加工、整理和显示，进而通过综合、概括与分析得出反映事物的数量特征和数量关系的统计方法。比如，2010 年 2 月 10 日晚，中国男子足球队在日本东京迎战老对手韩国队，发挥出色的中国队最终以 3∶0 击败韩国队，结束在国际 A 级赛事中长达 32 年不胜对手的尴尬纪录，同时也创造了中韩交战史上的最大分差纪录。本场的技术统计如表1－1所示。

表 1－1　　2010 年东亚男子足球四强赛技术统计表（中国—韩国）　　单位：次

中国	数据	韩国
3	入球	0
6	射门	23
4	射正	7
17	犯规	15
37.4	控球率（%）	62.6
3	越位	1

通过表 1－1 中的描述性统计数据，我们可以对比赛的情况有一个数量方面的认识。

2. 推断统计学

推断统计学是研究如何利用样本数据来推断总体特征的统计方法。它是在对搜集的样本数据进行描述的基础上，对统计总体的未知数量特征作出以概率形式表述的推断。

其中总体是指我们所要研究事物的全体，样本是指从总体中抽取的一部分单位的集合。

比如，要了解消费者对某一种食品的口味偏好，我们不可能对每个消费者一一进行测试，而只能选取一部分消费者，通过这部分消费者的情况对全体消费者的情况进行推断。这就用到了推断统计学。

描述统计学与推断统计学的划分，反映了数据分析的不同层次。如果我们所处理的数据是一个总体的数据，则可以通过描述统计学认识该总体的数量规律性；而如果我们所处理的数据只是总体的一部分，那么就必须通过推断统计学对总体的数量规律性进行科学的推断。

描述统计学与推断统计学都是统计学的重要组成部分。其中描述统计学是统计学的基础；推断统计学是统计学的主干。随着数据量的不断增多和统计任务的不断复杂化，统计工作的重心已经从对过去的回顾转移到对现状的分析和对未来的预测上来。在当前情况下，大量的统计工作所搜集到的数据是样本数据，因此，推断统计学在统计学中的地位和作用日益增强。当然，这并不意味着描述统计学已经不重要了，事实上，描述统计学在日常工作和生活中一直有大量的应用，而且，如果没有描述统计提供有效的样本信息，推断统计也难以进行。

1.2.3 统计学的应用

正如前述，统计学有着良好的发展前景，只要有数据的地方就会用到统计方法。对于一个大学生而言，学好统计学课程已经变得非常重要。

可以说，在信息社会中，几乎所有的工作领域都要用到统计方法。比如：在医学界，人们利用统计方法来研究疾病的原因或影响因素、判断药物和治疗方法的有效性；在考古界，人们利用统计方法来推断特定文物的历史年代；在心理学界，人们用统计方法分析特定刺激的心理效应；在气象学界，人们利用统计方法预测未来的天气情况；在物理学界，人们利用统计方法对由大量粒子组成的宏观物体的物理性质及宏观规律作出微观解释；在生物学界，人们利用统计方法来研究基因定律……

具体到经济与管理领域，统计学的应用也是十分广阔的。

(1) 公共管理领域。决策科学化使统计学在公共管理部门的应用不断增强。对于公务人员来说，如果不能掌握一些数据搜集和分析技能，将很难适应政府管理信息化、科学化的需要。

(2) 经济研究领域。经济研究正在走向定量化和数理化。在进行经济分析和预测时，必然要使用到各种统计信息和统计方法。

(3) 产品质量管理。质量是企业的生命，质量管理与控制已经成为统计学在生产领域的一项重要应用，各种统计方法被广泛应用于监测生产过程。

（4）市场调研领域。企业要及时应对市场的变化，以在竞争中取得优势。而了解市场必然要涉及市场信息的搜集和分析过程，在此方面，统计方法的应用极为广泛。

（5）人力资源管理。可借助统计方法全面掌握本单位的人力资源状况、设计更为合理的绩效考评机制。

（6）金融保险领域。随着金融保险行业的快速发展，金融与保险数据空前膨胀。相关数据处理工作使金融保险行业对统计人才的需求与日俱增，前文提到的保险精算人才更是供不应求……

可以想象的是，作为一种通用的数据处理方法，统计学已经成为一种工具。正如英国社会学家赫伯特·乔治·威尔斯描述的那样："统计思想终有一天将会与读书写字能力一样重要。"

让我们开始学习统计学的知识吧！

本章小结

1. 统计学是处理数据的一门科学。具体来说，统计学是研究如何核算、搜集、整理、分析数据，并从数据中得出结论的科学。

2. 描述统计学研究如何取得反映客观现象的数据，并通过图表形式对所搜集到的数据进行加工、整理和显示，进而通过综合、概括与分析得出反映事物的数量特征和数量关系的统计方法。

3. 推断统计学是研究如何利用样本数据来推断总体特征的统计方法。它是在对搜集的样本数据进行描述的基础上，对统计总体的未知数量特征作出以概率形式表述的推断。

4. 统计学有着良好的发展前景，只要有数据的地方就会用到统计方法。对于一个大学生而言，学好统计学课程非常重要。

思 考 题

1. 什么是统计学？
2. 描述统计学和推断统计学的关系如何？
3. 简述统计学的应用领域。

第二章 数据的搜集

学习目标

1. 掌握数据的含义、作用和分类，了解各类数据的特点。

2. 了解二手数据的作用和主要来源。

3. 了解原始数据的三种搜集方法——询问法、观察法、实验法的含义和特点。

4. 掌握调查问卷设计和量表的相关内容。

关键名词

原始数据 二手数据 询问法 观察法 实验法 调查问卷 量表

2.1 数据的含义和分类

2.1.1 什么是数据

数据是统计学中一个非常重要的概念。在给出数据的具体定义之前，我们先来看两个例子。

【例 2 -1】人每天都需要摄入多种食物，营养学家用食物营养金字塔形象地告诉我们，怎样的饮食结构才算合理。如图 2 -1 所示，金字塔底层为五谷类食物，第二层是蔬菜和水果，第三层是奶制品、豆制品和动物性食品，塔尖为少量的油脂类。

【例 2 -2】2009 年 8 月 12 日，上证综合指数开盘报 3255. 99 点，最高 3255. 99 点，最低 3104. 57 点，收盘报 3112. 72 点，较前一交易日下跌 4. 66%，当日分时走势如图2 -2所示。

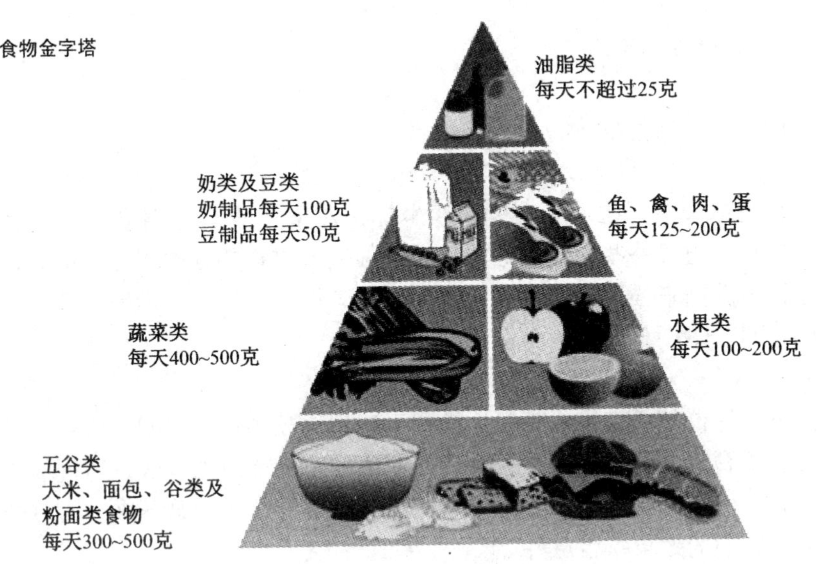

图 2－1　食物营养金字塔

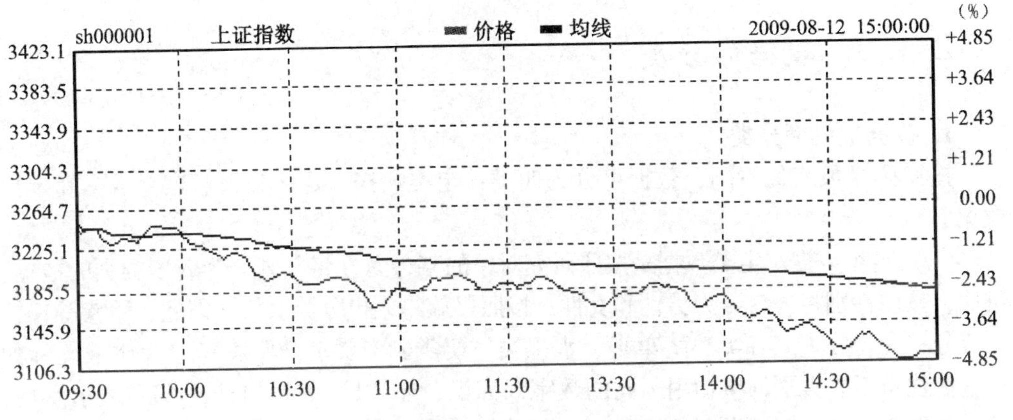

图 2－2　2009 年 8 月 12 日上证指数分时走势

例 2－1 和例 2－2 中都包含了若干数据（100 克、300～500 克、3255.99 点、4.66% 等），其实，数据并不像许多人印象中的那样，是一堆枯燥的数字，而是立体的、多元的，有着丰富的内涵和表现形式。用统计学的语言来说，数据是用以描述和解释的事实和数字。

2.1.2 数据的作用

数据的作用可以概括为描述、评价和预测。

1. 描述

在平面直角坐标系中，通过纵坐标和横坐标一对数字能够准确描述一个点的位置；对于某个事物，通过一些相关数据能够详细描述该事物的各种属性。例如，张三这个人可以用以下数据来描述：性别、年龄、身高、体重、职业、学历、收入、身份证号码、手机号码、QQ 号等。

2. 评价

利用数据可以评价某个事物或某项活动是否达到标准要求。例如，研究人员研制出一种新的食品防腐剂，想知道它是否比目前使用的防腐剂更加有效，通过抽取不同的食品进行实验，一组为实验组，一组为对比组，将实验结果记录下来，通过分析结果，来判断新防腐剂的效果是否更好。

3. 预测

利用数据还可以对事物的未来发展状况进行预测，最常见的例子如天气预报。

2.1.3 数据的分类

1. 按测量尺度分类

按照测量尺度的不同，数据可分为四类：定类数据、定序数据、定距数据和定比数据。

（1）定类数据。定类数据是按照研究对象的某种属性将其划分为若干类别的数据。例如，按照性别将人口分为男性和女性；按照民族将人口分为汉族、回族、满族等；按照成分将食物分为五谷类、蔬菜类、水果类、奶类、肉类、油脂类等。为便于统计处理，往往将不同类别的事物用不同的数字来标识，如“1”表示男性，“0”表示女性，但这些数字仅仅是不同类别的代码，不代表真正的值，不能够比较大小或进行运算。

定类数据只是对事物类别的区分，各类别之间是平等的并列关系，没有优劣、高低、大小之分，不同类别之间的顺序是可以改变的。定类数据对事物的分类必须遵循穷尽和互斥的原则。穷尽是指在全部分类中，必须保证每一个体都能归属某一类别，不会出现遗漏；互斥是指每一个体只能归属一个类别，不能在其他类别中重复出现。

对定类数据进行分析的统计量主要是频数或频率。例如，全国人口按性别分类后，可分别计算男性人口和女性人口的数量（即频数），也可计算男性和女性占总人口的比重（即频率）。

（2）定序数据。定序数据是测度事物之间等级差别或顺序差别的一类数据，例如高校教师职称从低到高分别为助教、讲师、副教授、教授；消费者对某种商品的评价为很差、差、一般、好、很好；例2－1中各类食物按需求量分为第一层、第二层、第三层、第四层等。

定序数据的不同类别间存在顺序性差异，因此能进行比较和排序，但这种差异无法准确计量，即只能说明这一类比那一类高，却说明不了具体高多少。

对定序数据进行分析的统计量，除了频数和频率之外还有累计频数和累计频率。例如，将高校教师按照职称分类后，不仅可以计算各类职称的人数和比重，还可以计算具有副教授以上职称的教师人数（累计频数）和比重（累计频率）。

（3）定距数据。定距数据是对事物绝对差异进行测度的一类数据。定距数据具有确定的计量单位，如测量温度的计量单位通常使用摄氏度，符号为℃。

定距数据不仅能区分事物的类别、进行比较和排序，还能精确地计量出两个数字之间的差距。定距数据之间的每一间隔是相等的，可以进行加减运算，但不能进行乘除运算。温度是典型的定距数据，我们可以计算出20℃比10℃高10℃，但不能说20℃是10℃的2倍。

此外，定距数据没有绝对零点，定距数据中的“0”代表0水平，而不代表“没有”，例如，某天的温度为0℃不代表没有温度。

（4）定比数据。定比数据是测度事物绝对和相对差距的一类数据。大多数定量数据都属于定比数据，如年龄、身高、收入、GDP总额、通货膨胀率、商品的销量和价格等，例2－1中食物的重量、例2－2中的股票指数也都是定比数据。

定比数据除了对事物分类、排序、比较大小、计算差距之外，还可以计算两个数值的比率。例如，商品A的价格是100元，商品B的价格是50元，我们既可以计算出A比B高50元，也可以计算出A的价格是B的2倍。

定比数据与定距数据的区别在于它具有绝对零点，定比数据中的“0”代表“没有”，如月收入为0表示没有收入。

从定类数据、定序数据到定距数据、定比数据，对事物的测量层次逐步递进。高层次的统计尺度具有低层次统计尺度的全部特征，能用高层次统计尺度测量的事物，也必定能用低层次统计尺度测量。我们可以方便地将高层次统计数据转化为低层次统计数据，例如将考试分数转化为优、良、中、差四个等级，是将定比数据转化为定序数据，反之则不行。

按照这四类数据的特点，又可将定类数据和定序数据合称定性数据，因为这两类数据反映的是事物的品质特征，一般不能用数值表示。将定距数据和定比数据合称为定量数据，因为这两类数据反映的是事物的数量特征，一般表现为数值形式①。

2. 按来源分类

数据按照来源可以分为原始数据和二手数据。原始数据是为了解决特定问题而专门搜集的数据资料，二手数据是已经搜集到的、不一定与当前问题相关的数据资料。

原始数据需要调查人员亲自进行实地调查，耗时长、成本高，二手数据的搜集则只涉及寻找、摘录、整理等过程，相对较为简单，具有成本低、速度快的优点。

2.2　二手数据的来源和主要作用

2.2.1　二手数据的来源

二手数据的来源有内部和外部之分。内部来源包括：公司内部的数据库、财务报表、股东报告、客户资料等。外部来源主要包括：（1）政府机构和国际组织资料。如国家统计局和各省市统计局每年定期出版的统计年鉴、中国人民银行编辑出版的《中国人民银行统计季报》、世界银行发布的《世界发展报告》和《东亚与太平洋地区经济半年报》等；（2）各种经济信息中心、专业咨询机构、专业调查机构、各行业协会等提供的行业情报和市场信息，如中国保险行业协会定期在其网站上公布全国及世界保险业总体情况等，这些机构还经常提供资料的代购、咨询、检索等服务，是获取二手数据的重要来源；（3）新闻媒体资料，包括报纸、杂志、电视、广播等，它们发布的信息资料具有信息量大、涉及范围广、速度快、成本低的优点。（4）随着互联网技术的发展，二手数据的搜集变得越来越方便和快捷。通过网络搜集二手数据具有时效性高、信息量大、筛选容易、成本低等突出优点，对于广大数据用户来说，互联网时代无疑是二手数据的新时代。

图2－3是中国国家统计局的主页，点击“统计数据”菜单，就可以免费获得各类数据，如月度数据、季度数据、年度数据、普查数据等。

要查询北京2009年7月住宅成交均价，只要在Google的搜索框中键入“北京2009年7月住宅成交均价”，瞬间就能获得大约826000条查询结果（参见图2－4）。

① 定性数据也称品质数据，定量数据也称数量数据。

图2－3　中国国家统计局官方网站主页

图2－4　Google 搜索结果

表 2－1 是一些常用的二手数据来源的网址，可供学生学习使用，除此之外，还有 FTP 和数字图书馆等网络资源可以利用。

表 2－1　　常用二手数据网址

搜索引擎		政府机构或媒体	
名称	网址	名称	网址
谷歌	http：//www. google. com. hk/	国家统计局	http：//www. stats. gov. cn/
百度	http：//www. baidu. com/	中国人民银行	http：//www. pbc. gov. cn/
雅虎	http：//www. yahoo. cn/	财政部	http：//www. mof. gov. cn/mof/
搜狗	http：//www. sogou. com/	商务部	http：//www. mofcom. gov. cn/
新浪爱问	http：//www. iask. com/	国家税务总局	http：//www. chinatax. gov. cn/
中搜	http：//www. zhongsou. com/	工商总局	http：//www. saic. gov. cn/
搜搜	http：//www. soso. com/	海关总署	http：//www. customs. gov. cn/
		证监会	http：//www. csrc. gov. cn/
		外汇管理局	http：//www. safe. gov. cn/
		农业部	http：//www. agri. gov. cn/
		中国经济信息网	http：//www. cei. gov. cn/
		东方财富网	http：//www. eastmoney. com/
		世界银行	http：//www. worldbank. org/
		世界贸易组织	http：//www. wto. org/
		美国人口普查局	http：//www. census. gov

2.2.2　二手数据的主要作用

二手数据主要有以下作用。

1. 有助于明确调查目标

确定调查目标是整个调查过程的第一步，很多情况下，研究者是从现有资料中发现问题，通过进一步分析形成具体的调查目标。

2. 为数据搜集方法的选择和调查方案的设计提供参考

二手数据经常能为调查方案的设计提供大量背景资料，为数据搜集方法的选择提供参考。例如在设计问卷时，若能根据调查对象的特点来组织语言，将有助于他们更准确、全面地理解问卷。如果二手数据中包含了与当前调查目标吻合的内容，可以直接采用，就不必重复调查类似的问题。

3. 提醒调查者可能出现的问题

二手数据中有关以前调查中存在问题的信息，有助于调查者在本次调查中避免类似问题。例如，一位研究者计划进行一项关于城镇社会救助政策的调查，从前人的研究中发现，入户调查的拒访率很高，于是请街道和居委会予以协助，并向调查对象赠送小礼品，取得了较好的效果。

当然，二手数据也存在着一定的局限性。首先，并非所有的问题都有现成的资料可以利用，例如，厂家推出一款新手机，想要了解消费者对这款手机的外表、功能、价格的意见，就没有二手数据能直接回答这些问题，必须通过实地调查去搜集原始数据。其次，二手数据是为其他研究目的而搜集的资料，与当前情况总会存在一定的差距，在准确性、相关性、时效性方面可能无法满足要求。

因此，在使用二手数据之前，需要考虑以下一些问题：数据的来源是什么？搜集数据的机构是否可信？调查目的是什么？数据是什么时间搜集的？数据搜集方法是否可靠？是否与其他信息一致？等等。在确认这些问题之后，才能将二手数据用于当前的研究。

2.3 原始数据的搜集方法

原始数据的搜集方法主要有三类：询问法、观察法和实验法。

2.3.1 询问法

询问法是搜集原始数据的重要方法，它通过与有代表性的样本进行交流来搜集相关信息。调查人员与被调查者交流的方式有多种，最常用的有个人访谈、电话访谈、邮件调查、网络调查等。

1. 个人访谈

个人访谈是一种直接的交流方式，调查人员向调查对象当面提出问题并记录答案。按照访谈发生的地点不同，个人访谈可分为入户访谈和拦截式访谈。

入户访谈是指被访者在家中单独接受访谈，由于被访者是在一个自己感到熟悉、舒适、安全的环境中接受访谈，调查人员能够对一些比较复杂的问题进行深度访谈，如果被访者不理解问卷可以进行解释，必要的时候可以进行追问，因此能够搜集到比较详细的信息，如果问卷设计存在问题也能够及时发现。入户访谈的缺点主要包括：(1) 存在抽样偏差，那些在家并且愿意接受访谈（尤其是在白天）的人，一般都是老人、家庭主妇等，这会影响数据的代表性；（2）拒访率较高，尤其是装有安全设施住宅的住户更容易拒访；（3）调查人员素质对拒访率和访谈效果的影响比较大；（4）成本较高，入户访谈的成本不仅包括问卷设计费用和数据处理费用，还包括调查人员的培训费用、交通费、报酬等，是各种调查中成本最高的。

拦截式访谈是在购物中心或其他交通流量大的地方进行的访谈，调查人员一般在商场或入口处拦住购物者，然后当面访谈或邀请他们到固定的访谈室进行访谈。由于被访者是自己出现在调查人员面前，调查人员可以节省下寻找被访者的时间，将主要精力用于访谈。拦截式访谈的主要缺点是：（1）受访者的代表性不高。商场的顾客通常具有某些共同特征，如居住在附近、购物频率相对较高等；（2）拒访率较高，购物者一般都很匆忙，不愿意接受访问；（3）访谈环境不理想，被访者可能会因为不安或着急而快速结束访谈。

为了保证个人访谈的效果，调查人员应该掌握一些必要的技巧，包括接近被访者的技巧、选择合适提问方式的技巧、鼓励对方提供真实答案的技巧、消除对方顾虑的技巧、隐藏自己的态度和情绪以免影响被访者的技巧、访谈记录的技巧，等等。

2. 电话访谈

电话访谈是目前应用非常广泛的一种调查方式，它具有以下几个突出优点：（1）费用低，电话访谈不需要支付调查人员的出行费用，其费用仅相当于入户访谈费用的25%左右；（2）样本抽取非常方便，电话访谈常用的抽样方法是根据电话簿或其他姓名、地址名录来抽取，或者采用随机数字拨号；（3）容易得到被访者的配合，与个人访谈相比，电话调查的调查人员不与被访者直接面对，有助于减轻被访者的戒备心理，有些不便当面提出的敏感问题也可以通过电话进行访谈。

但是，电话调查的局限性也是显而易见的：（1）电话访谈不适用于电话普及率较低的地区；（2）在通常的电话访谈中，被访者看不到任何提示，如果访谈要求被访者看到产品形象和广告并做出反馈，电话访谈就不适用；（3）被访者如果感到不耐烦可以随时挂断电话，因此，电话访谈的时间不宜过长，也不适用于深度访谈和开放性问题较多的调查。

3. 邮件调查

邮件调查（mail survey）是通过邮件将问卷寄给被访者，他们作答后再寄回给调查人员。邮件调查的优点包括：（1）覆盖面广，邮件调查可以联系到各地区、各阶层的被访者，且成本很低；（2）方便被访者作答，被访者可以根据自己的时间填写问卷，尤其是一些需要回忆或核对的问题，被访者有充分的时间寻找答案；（3）可用于调查一些敏感性问题，邮件调查中被访者面对的是问卷而不是调查人员，有助于消除他们的顾虑。

邮件调查的缺点主要是：（1）时效性差，从第一封邮件寄出到调查结束通常需要6～8周的时间；（2）回答率低，由于没有调查人员的参与，被访者如果对调查内容不感兴趣或不愿花时间填写，很可能会直接把问卷扔进垃圾桶。

邮件调查的回答率一般在5%～50%之间，取决于问卷的长度、内容、鼓励方式、调查对象等因素。为了提高邮件调查的回答率，可以采取一些措施，包括用邮件或电话提前通知、用邮件或电话跟踪提醒、金钱或物质刺激、附上贴好邮票的回程信封、参加抽奖活动、表明与大学或研究所合作，等等。

4. 网络调查

网络调查是将调查问卷发布在网上，调查对象通过点击图标或键入答案来回答问题。很多调查研究领域的人士认为，网络调查将会成为未来搜集原始数据的主要方式。

网络调查的日益普及源于它的以下优势：（1）问卷的制作、发放及数据的回收速度非常快，由于省略了印刷、邮寄和数据录入过程，问卷可以在几小时之内完成，而调查数据可以直接利用统计软件进行处理；（2）成本低廉，网络调查不需要问卷的印刷和邮寄费用，也不需要调查人员和数据录入人员的费用，尤其在进行大规模调查时这种成本优势更为明显；（3）可视效果好，网络是展示可视资料的最佳媒介，如产品的照片、广告、功能介绍视频等；（4）适用于调查敏感性问题。

图2－5是新浪网对联通版iPhone上市进行的一项网络调查。

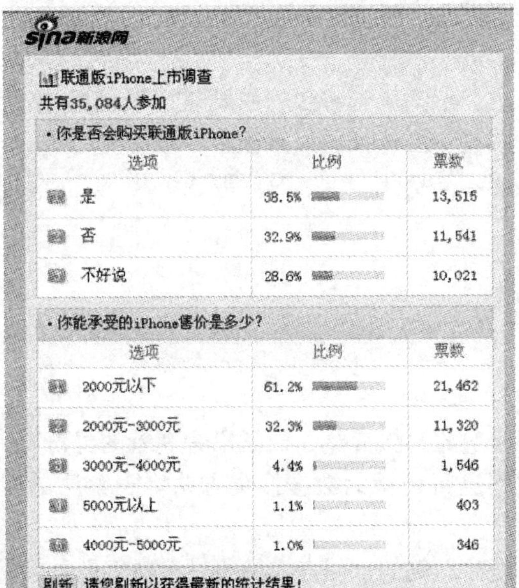

sina新浪网

联通版iPhone上市调查

共有35,084人参加

• 你是否会购买联通版iPhone?

选项	比例	票数
是	38.5%	13,515
否	32.9%	11,541
不好说	28.6%	10,021

• 你能承受的iPhone售价是多少?

选项	比例	票数
2000元以下	61.2%	21,462
2000元-3000元	32.3%	11,320
3000元-4000元	4.4%	1,546
5000元以上	1.1%	403
4000元-5000元	1.0%	346

刷新 请您刷新以获得最新的统计结果!

图2－5 联通版iPhone上市调查

网络调查最主要的缺点是样本的代表性不足，因为上网的人口毕竟只是总体的一部分，此外，如何保障网络的安全性和避免重复填写问卷也是应该考虑的问题。随着互联网技术的进步，网络调查将会越来越多地用于数据搜集。

各种调查方式的优点和缺点可以总结为表2-2所示。

表2-2 各种调查方式的优点和缺点比较

调查方法	优 点	缺 点
入户访谈	被访者安全且放松；可以展示相关资料，可以解释和追问	存在抽样误差和访员误差；对访员素质要求高；成本高
拦截式访谈	可以展示相关资料，可以解释和追问；样本寻找较为容易	存在抽样误差和访员误差；被访者通常比较匆忙，容易分心
电话访谈	费用较低；样本抽取较容易	时间不宜过长，调查内容不宜太复杂；受电话普及率的影响
邮件调查	覆盖面广；被访者可以从容作答；适于调查敏感问题	时效性差、回答率低
网络调查	费用低、速度快、可视效果好	样本的代表性不够

对于调查人员来说，选择调查方法的原则是以最低的成本获得符合要求的数据。在实际操作中，影响调查方法选择的因素很多，最主要的有抽样精度、预算约束、数据质量、问卷长度、问卷结构化程度、时间要求、样本发生率①、是否需要向被访者展示相关资料等。

2.3.2 观察法

1. 什么是观察法

观察法是不与调查对象直接交流，而是以旁观者的身份对具体事件、人物、行为模式等特征和演变过程进行记录的数据搜集方法。观察法的观察对象具体包括以下几类。

（1）实际行动和迹象。例如，调查人员通过对顾客购物行为的观察，猜测某种商品的销售情况；观察垃圾箱中雪糕包装袋的种类和数量，推测各种雪糕的销售情况。

① 发生率是指总体中符合调查要求的样本比率，如使用过某一产品的顾客所占比率。

（2）语言行为。例如观察顾客与售货员的谈话。

（3）表现行为。例如观察顾客谈话时的面部表情等身体语言的表现。

（4）空间关系和地点。例如利用交通计数器对车流量进行记录。

（5）时间。例如观察顾客进出商店以及在商店逗留的时间。

2. 观察法的分类

观察法可以分为不同的类型，实际使用时要根据观察成本和数据质量等方面的要求来选择。

（1）自然环境下的观察和设计环境下的观察。按照观察者是否对现场环境进行控制，可分为自然环境下的观察和设计环境下的观察。例如观察普通顾客在超市购买日常生活用品的整个过程，是自然环境下的观察。在这种情况下，观察者的目的是搜集观察对象最平常的行为举动，对观察现场的环境不做任何改变，对观察对象的行为不做任何规定和制约，观察对象也意识不到自己被观察，因此，观察到的行为完全是自然状态。如果调研人员想要了解顾客的行为是否会受到现场某些环境因素的影响，可以采用设计环境下的观察。例如招募一些顾客，让他们随意浏览货架，挑选出他们平时常用的商品，观察者记录下哪些因素会影响他们的购物行为。这种观察法有点类似于实验法，通过控制现场环境，观察人员能够得到想要的效果，但无法保证观察对象的行为与自然状态一致。

（2）公开观察与隐蔽观察。公开观察是指调查人员将观察目的甚至全过程的每个具体环节告诉观察对象。公开观察的情况下，观察对象多少会受到影响，导致行为失常。有时，调查人员会让观察对象知道自己被观察，但不告诉他们真实的观察目的，以得到他们的支持和配合。为了获得观察对象的真实信息，最好采用隐蔽观察，即在不告诉对方观察目的的情况下进行观察和记录。单向镜观察是一种常用的隐蔽观察法，观察者藏在一间带单向镜的观察室里，在观察对象不知情的情况下，通过单向镜观察他们的行为。例如，一家玩具制造商设计了几种玩具，想了解孩子们对玩具的偏好，就将玩具放在观察室里，让孩子们在里面自由玩耍，透过单向镜观察他们选择哪些玩具、各种玩具吸引他们的时间等。

（3）人员观察与机器观察。观察法中的观察者可以是人，也可以是机器。人员观察的例子有：观察员站在十字路口计算不同方向的交通流量；在广告牌附近观察行人对广告的反映；等等。机器观察的例子有：利用交通流量计数器测量特定路段的汽车流量；利用脑电图、测瞳仪等装置观察人的生理反应；利用电视测量仪测收视率；利用超市收银台的扫描仪搜集顾客购买商品的有关信息，等等。

机器观察的成本远低于人员观察，能够客观、精确、稳定地进行观察和记录，避免人员观察时掺杂主观因素，而且有的观察活动如果不借助机器，仅凭人力是无法完成的。例如，靠人员观察超市顾客的全部购买行为几乎是不可能的，但利用收银台的扫描仪来观察就非常方便。但是，机器只能机械地记录观察结果，不会根据观察目标的变化调整观察角度，一些比较复杂多变的情况仍然需要人员观察。

（4）直接观察与间接观察。大部分观察属于直接观察，即观察目前的行为和状态。实际上，通过寻找、观察、分析事物发展变化留下的痕迹，也能够获得有价值的信息，如考古学家根据挖掘出土的文物和遗址推测原始人类的生活方式。市场调查中一种特殊的、重要的方法——垃圾学，也是间接观察的例子。所谓的垃圾学是指调查人员通过对家庭垃圾的观察与记录，收集家庭消费资料的调查方法，其特点是调查人员并不直接对住户进行调查，而是通过察看住户所处理的垃圾来分析他们的日常消费模式。

3. 常用的几种观察法

（1）神秘顾客。神秘顾客是由经过严格培训的调查员，在规定的时间里扮演成顾客，对事先设计的一系列问题逐一进行评估或评定的一种调查方式。神秘顾客以普通顾客身份进入客户指定的门店，观察店面，对店面环境、服务人员行为语言、服务的规范性等方面进行暗访，对违规言行和情况可采用录音、拍照、录像等方式进行记录，并详细填写调查问卷。由于被评定的对象事先无法识别或确认神秘顾客的身份，因此能够真实、准确地反映客观存在的实际问题。神秘顾客通常将观察结果记录在观察表上，并对所得到的数据进行整理、解释和比较。表2－3是神秘顾客常用的对一个购物中心顾客行踪的分析观察表。

表2－3　　购物中心顾客行踪分析

1. 观察员姓名：__________　　2. 观察日期：__________
3. 观察序号：__________　　4. 观察开始时间：__________
5. 购物中心入口：______________________________
6. 单独光顾：
A. 性别：（1）女性（　）　　（2）男性（　）
B. 年龄：
（1）20岁以下　（2）20～30岁　（3）30～40岁
（4）40～50岁　（5）50～60岁　（6）60岁以上
7. 结伴光顾：
A. 成年人：（1）女性（　）　　（2）男性（　）
B. 儿　童：（1）女性（　）　　（2）男性（　）

续表

8. 购物中心顾客行踪： A. 寻购商品；B. 停留时间（分钟）；C. 购物是/否 （1）________ （2）________ （3）________ （4）________ （5）未寻购商品 9. 柜组出口：________ 10. 商场出口：________ 11. 交通工具： A. 步行（　）　B. 乘公共汽车（　）　C. 骑摩托车（　） D. 骑自行车（　）　E. 开汽车（　） 12. 观察结束时间：________ 13. 顾客行踪分析观察员注释： 地点，时间，签名：________

（2）购买者行为研究。购买者行为研究常常被零售商用于分析顾客的购买倾向。例如，大型超市的入口处经常陈列着厂家来推销的新产品或者商店要推销的季节性商品。顾客走进商店时，多半会驻足观看和选购这些商品。观察人员可以利用这一机会，观察和收集消费者对新产品或季节性产品的注意力以及购买情况的资料。

除了对购物者在各种场景中的行为进行现场观察，研究者还能够通过扫描仪对顾客信息进行追踪和分析。例如借助收银台扫描仪的记录对商场的促销活动进行调查，了解消费者对某些商品降价的反应，以及这些反应对公司利润的影响。美国信息资源公司（IRI）是以扫描仪为基础进行调查的创始者，其信息扫描系统每周从超过30000家超市、杂货店和大型商场收集销售数据。根据这些数据，研究人员能够推断消费者的消费倾向，还能够分析各种因素对销售量的影响。

（3）消费痕迹观察法。消费痕迹观察法是间接观察法的一种，通过观察消费者留下的痕迹（主要是生活垃圾）来推测其消费行为。例如，要调查几种雪糕的市场占有率，如果采用询问法中的个人访谈、电话调查等方式来搜集数据，不仅费时、费力、费钱，也无法保证信息的真实性和准确性。比较简便的做法是到几个客流量较大的地方，观察垃圾箱中各种雪糕包装袋的情况，就可大致了解各种雪糕的市场占有率。美国亚利桑那大学的几位社会学教授曾采用垃圾学的方法，调查士克桑市居民的食品消费情况。调查结果表明：士克桑市的居民每年浪费掉9500吨食品；被丢弃的食品中有许多是诸如一整块牛排、一个苹果或者一听打开的豆子罐头等可以食用的食品；低收入家庭比高收入家庭能更合理地安排食品消费；所有的家庭都减少对高脂肪、高蛋白食品的消费，但对方便食品的消费却有增无减。这项由政府资助的项目得到有关方面的高度重视，它对调查美国居民的食品消费提供了样本和数据。

4. 观察法的优点和缺点

与其他数据搜集方法相比，观察法具有以下优点：(1) 能够迅速、准确地收集到相关数据，避免由于调查人员和问卷设计等问题造成的误差。(2) 观察法在日常的、自然的情况下进行数据的搜集，不与被调查对象进行口头或书面的沟通，不会受到被观察者的回答意愿和回答能力等因素影响。(3) 观察法可以作为询问法的一种辅助手段。例如，调查人员在进行个人访谈时，除了直接与被调查者进行语言沟通以外，还可以通过观察其在访谈过程中的面部表情以及点头、摇头等身体语言的表现，增强对调查情景的了解。

当然，观察法的使用也有一定的局限性，主要包括：(1) 只有行为和自然物理特征才能被观察到，而动机、态度、想法、情感这些主观的信息无法被观察到，非公开的行为也无法被观察到。例如，通过观察顾客在超市的购买行为，可以知道哪个牌子的麦片更受欢迎，但其原因则无从得知。(2) 被观察的行为必须是重复的、频繁的、相对短期或可预测的，否则，观察的成本将会非常高。例如，客户购买一栋房子的决策过程可能要花费几个星期甚至几个月的时间，对其进行观察是不可行的。(3) 调查人员需要根据观察记录进行判断和推测，他们的素质和经验会直接影响分析结果。

2.3.3 实验法

1. 实验法的基本原理

提到实验，人们往往会联想到实验室里的各种自然科学实验，冒着气泡的试管、笼子里的小白鼠、自由落体的小球，等等。实际上，实验也能够用于数据的搜集。

实验法是通过实验来研究变量之间因果关系的一种方法，因此也称为因果调研。研究人员在控制调研环境的前提下，改变一个或多个变量（如价格、包装、设计、广告主题或广告费用等），然后观测这些变化对另外一个变量（如销售额）的影响。例如，荷兰瓦赫宁恩大学的“餐厅实验室”进行了一项实验，在其他条件相同的情况下，仅仅改变餐厅墙面和灯光的颜色，观察实验对象进餐情况。实验结果表明，餐厅颜色的确会影响就餐者的情绪，蓝色的背景和灯光会使食物显得不诱人，降低人们的食欲，而以橙色为主色的暖色调能够使食物显得新鲜诱人，增加人们的食欲。

为了证明变量 A 和变量 B 之间存在因果关系，即 A 的发生会引起 B，必须证明 A 和 B 符合以下 3 个条件。

(1) A与B存在相关关系。相关关系是两个变量之间的非确定性依存关系。如果A与B同方向变动，即A增大时B也相应增大，则称A与B正相关，如居民可支配收入与消费就是正相关关系；如果A与B反方向变动，即A增大时B减小，则称A与B负相关，如价格与销量就是负相关关系。

(2) A与B存在适当的时间顺序。要证明变量之间存在因果关系，必须首先证明存在相关关系，但单纯的相关关系还不足以保证因果关系的存在。为了证明A的发生引起B，必须证明A在B之前发生。例如，为了证明可支配收入变化会影响消费，必须能够说明收入变化发生在可观察到的消费变化之前。

(3) 除了A之外，不存在其他可能引起B的原因。即使A和B之间存在相关关系，且A发生在B之前，也不能证明A就是B的原因，因为B的变化可能是其他因素引起的。例如，某个厂商增加了广告投入，之后我们观察到销量明显增加，但我们不能断定这完全是增加广告投入的结果，因为影响销量的其他因素也可能发生了变化，如竞争对手提高价格或撤离市场。因此，实验法与询问法和观察法最主要的不同之处在于对环境的控制，除了要观测的自变量之外，其他变量对因变量的影响都会被剔除或控制。

2. 实验法的类型

常用的实验法主要有以下几种：

(1) 事前事后对比实验。这是最简单的一种实验调查形式。调查人员仅设置实验组，实验期前在正常的情况下进行测量，收集必要的数据；然后进行现场实验，经过一定的时间以后，再测量收集试验过程中（或事后）的资料数据，通过事前事后对比观察了解实验效果。

例如，为了测定新工艺对产品产量的影响程度，选择10家工厂进行为期30天的实验，在采用新工艺之前，10家工厂的平均日产量为100件，采用新工艺之后，10家工厂平均日产量为120件，则采用新工艺的实验效果为日产量增加（120 - 100 = 20件），但我们不能认为平均日产量增加20件是由于采用新工艺带来的，因为可能存在其他影响产量的因素。

(2) 控制组同实验组对比实验。控制组是与实验组作对照比较的，又称对比组。控制组同实验组对比实验，就是在赋予实验组以实验因子的同时，控制实验因子对控制组的所有可能影响，最后将实验组的结果同控制组的结果进行比较，得出实验效果。

同样为了测定新工艺对产品产量的影响程度，抽取20家工厂进行为期30天的实验，10家为实验组，10家为控制组，实验组采用新工艺，控制组仍采用旧工艺，实验结束后，实验组平均日产量为125件，控制组平均日产量为105件，则实验绝对效果为日产量增加（125 - 105 = 20件）。同样，增加的20件也不能完全认为是采用新工艺的结果。

（3）有控制组的事前事后对比实验。以上两种实验设计都无法排除实验环境变动对实验因变量的影响，也就是说实验效果中包含实验环境的影响。要消除实验环境的影响，就要确定环境对实验因变量的影响程度究竟有多大，再将其从实验效果中扣除。有控制组的事前事后对比实验能够在一定程度上消除环境因素的影响，它是选取控制组和实验组，并且对实验结果分别进行事前测量和事后测量，再进行事前事后对比。

例如，在实验开始前实验组和控制组的平均日产量分别为100件和98件，试验结束后两组的平均日产量分别为125件和105件。控制组在实验前后的差异7件，可认为是实验环境变动的结果。由于两组在实验前后面临的环境基本一致，可认为实验组受到的环境影响也是7件。因此，真正的实验因子影响效果为（125－100）－（105－98）＝18件。

（4）随机对比实验。随机对比实验是指按随机抽样法选定实验单位所进行的实验调查。

事前事后对比实验、控制组同实验组对比实验、控制组的事前事后对比实验等三种方法在选择实验单位上有一个共同点，即都是按照判断分析的方法选出的。在对调查对象情况比较熟悉、实验单位数目不多的条件下，采取判断分析法选定实验单位，简便易行，也能够获得较好的调查效果。但是，当实验单位很多，市场情况十分复杂时，按主观的判断分析选定实验单位就比较困难。这时可以采用随机对比实验，即采用随机抽样法选定实验单位。这样，就能够利用统计学的定量分析方法来处理实验记录，如方差分析、假设检验等，获得更为可靠的实验结果。

3. 市场测试

除了上述几种实验方法以外，在开发新产品，选定产品的规格、款式、型号时，还经常使用市场测试这种特殊的实验，即通过小规模市场实验、试销，在销售客户和使用对象中听取意见，了解需求，收集市场信息资料。

市场测试通常包括两方面的研究：一是在单个市场、一组市场或某个地区测试一种新产品或现有营销战略（如产品、价格、渠道、促销）的任何变化；二是模拟产品过程实验测试。

市场测试的具体步骤是：首先，选定一个小规模的实验市场，其条件、特性要与准备进入的市场有较强的相似性。其次，选定新产品或新设计的产品规格、款式、型号，在这个小规模市场上试验销售。最后，进行销售结果分析。根据结果决定是投产扩大规模，还是放弃新产品，或只选定某一种款式。

2.4 调查问卷设计

2.4.1 调查问卷的基本结构

调查问卷是搜集原始数据的一种常用工具，它由一系列问题构成，用于向被调查者了解具体事实和对某一问题的看法。

调查问卷提供了标准化和统一化的数据搜集程序。如果不采用调查问卷，每个调查人员随感而问，不同调查人员以不同方式提问，就很难保证调查结果的客观性和可比性。而采用调查问卷，每个被调查者面对相同的问题，每个调查人员提出相同的问题，就可以避免由于调查人员造成的主观误差。

一份完整的调查问卷通常由开头部分、甄别部分、主体部分和背景部分组成。

1. 开头部分

开头部分一般包括问候语、填表说明、问卷编号等。

（1）问候语。问候语的目的是为了让被调查者了解调查的意义，引起被调查者的重视，消除他们的顾虑，激发参与意识，以争取他们的积极合作。问候语通常要说明调查者的身份、调查内容、调查目的和要求、抽样原则和方法、调查结果的使用、保密措施和承诺，并对被调查者的参与表示感谢。问候语要求语气亲切、诚恳礼貌、简洁准确，尽可能争取被调查者的合作。例如：

> 您好！我们正在进行一项市民生活满意度的调查研究。这份问卷会询问到一些您生活的真实情况，请您如实填写；也会询问到您对生活的感受，没有对与错，请您选择最贴近您真实想法的选项。问卷将采取匿名的方式进行，所以您不必有任何顾虑。
>
> 您的填写，将对研究市民生活满意度有很大帮助，因此请您认真阅读每一个项目，填答问卷，不要遗漏题目。谢谢您对我们的支持与帮助。

（2）填表说明。填表说明的目的是让被调查者知道如何填写问卷以及如何将问卷返回到调查者手中。这部分内容可以集中放在问卷的前面，也可以分散到各有关问题的前面。例如：

> 填写说明：
>
> 请您在所选择答案的题号上画圈，对注明要求自己填写的项目，请在规定的地方填写。

（3）问卷编号。每一份问卷应该有一个唯一的编号，主要用于识别问卷，以便校对检查。

2. 甄别部分

甄别也称为过滤，是指对被调查者进行筛选，剔除不符合要求的被调查者，保证只对符合条件的被调查者进行调查。例如，要调查十一黄金周居民的出游情况，首先要询问被调查者黄金周期间是否出游，回答“否”的被调查者将被剔除。

3. 主体部分

这部分是调查问卷的核心内容，由问题和答案组成。调查问卷中的问题通常包括三类：封闭式问题、开放式问题、量表式问题。

（1）封闭式问题。封闭式问题是需要回答者从一系列答案中进行选择的问题。两项选择题是最简单的封闭式问题，它要求回答者在两个答案中选择一个，例如：

a. 您看过《2012》这部电影吗？

□是　　　　□否

b. 您认为目前存在通货膨胀吗？

□存在　　　　□不存在

除了像问题 a 这种是非型的问题，有时候两项之间的答案可能会被忽略，如问题 b，有人的回答或许是“不确定”。因此，很多时候两项选择题需要加上表示“中立”或“不知道”的选项。

多项选择题要求回答者在多个答案中进行选择，可以是一个或多个，例如：

您的年龄属于下面哪一组？

□17 岁以下　□17～24 岁　□25～34 岁　□35～49 岁　□50～65 岁

□65 岁以上

您在购买手机时会关注哪些因素？

□价格　□品牌　□款式　□功能　□售后服务　□其他

封闭式问题的突出优点是便于回答，被访者只需要在给定的答案中进行选择，调查人员不需要过多地解释和追问，从而避免了调查人员造成的误差，答案的编码与数据录入也非常简单。但是，封闭式问题可能无法把所有可能的答案都包括进来，如果列出的选项太长，回答者可能会感到不耐烦或失去兴趣，这种情况下需要增加“其他____”这一选项。

（2）开放式问题。开放式问题是回答者可以自由地用自己的语言来回答或解释有关想法的问题，调查人员不对其进行任何限制。以下几个问题都属于开放式问题。

您闲暇时间一般会做什么？

您觉得这款杀毒软件有哪些优点？

您为什么选择网上购物？

采用开放式问题，回答者完全按照自己的思路来回答，不受既定答案的限制，因此能够提供大量的信息，尤其是在一些探索性调研中，往往会有意外的发现。但是，开放式问题的缺点也是比较明显的。首先，开放式问题的回答难度较大。由于没有提供现成的答案，回答者需要有一个思考的过程，与封闭式问题相比，开放式问题更容易遭到拒绝，作答时间也会明显增加。其次，开放式问题答案的编码、录入、整理比较困难。

(3) 量表式问题。量表式问题是一种特殊的封闭式问题，它采用量表这种测量工具来搜集反映态度、想法、动机、意向等主观特征的数据。例如：

您是否会购买这种新口味的奶茶?

□肯定会购买　□可能会购买　□不确定　□可能不会购买　□肯定不会购买

关于量表的详细内容，将在后面进行讨论。

4. 背景部分

背景部分通常放在问卷的最后，主要是被调查者的一些个人资料，如性别、年龄、文化程度、职业、收入等。该部分包含的各项问题，可使研究者对被调查者进行分类比较分析，如分析不同年龄的人对某一问题的态度是否存在差异等。

2.4.2 调查问卷设计的基本流程

问卷设计是调查的核心工作，一份优秀的调查问卷有助于被调查者提供正确、完整的信息，保证调查数据的质量。调查问卷设计的基本流程如图 2－6 所示。

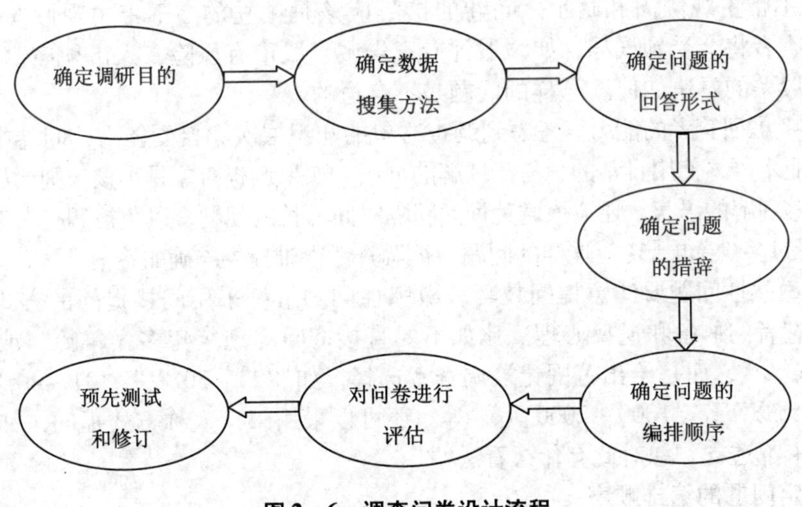

图 2－6　调查问卷设计流程

1. 确定调研目的

设计调查问卷之前，必须首先确定调研目的，才能进一步确定需要搜集和掌握哪些数据资料。

2. 确定数据搜集方法

数据搜集方法包括个人访谈、电话访谈、邮寄调查、网络调查等，不同调查方法对问卷的要求也不同。例如，拦截式访谈要求问卷尽可能简短，入户访谈则可以涉及比较细节的内容。

3. 确定问题的回答形式

数据搜集方法确定以后，接下来进入问卷设计过程，这时要根据调查目的来考虑采用封闭式问题还是开放式问题。

4. 确定问题的措辞

措辞是问卷设计中的一项重要技术，不当的措辞会影响回答者对问题的理解，从而给出不准确甚至错误的回答。具体地说，措辞设计应该遵循以下几条基本原则。

（1）用词准确。避免使用“一般”、“经常”等含义不确定的词语，如“您住在附近吗?”或者“您经常锻炼身体吗?”因为不同的被调查者对于这些词语可能会有不同的理解，正确的做法是给出具体的描述，如“从您家步行到这里需要多长时间?”和“您多久锻炼一次?”避免使用过于笼统的词语，如“您觉得这种洗洁精的功效如何?”可能会让有的回答者感到难以回答。比较明确的问法是“您觉得这种洗洁精去油污的效果如何?”还应该注意的是避免“双向式问题”，即在一个句子中出现两个问题，如“您认为这种饮料的口味和包装如何?”正确的做法是将其分为两个问题，即一个关于口味，另一个关于包装。

（2）不带主观倾向和暗示。问卷的措辞应该是中立的，不带主观倾向和暗示，否则被调查者将会受到误导，如“股评专家告诫‘股市有风险，入市须谨慎’，那么您对投资股票的看法如何”这样的问题是不合适的。

（3）考虑回答者的能力。考虑到调查对象的知识层次和接受能力，问卷中应该尽量避免专业术语，使用日常的、易于理解的词语。如果调查对象是小孩，则要尽可能使用他们能够理解的语言。还应该避免询问间隔时间过长的问题，以免被调查者遗忘，如“您去年看过多少部电影?”这样的问题，被调查者很难提供准确的答案。

（4）敏感性问题要注意提问技巧。敏感性问题最好采用间接提问的方式，避免引起被调查者的戒备和逆反心理。比如不要直接询问“您今年多大年龄”或“您的月收入是多少”，而是给出范围让被调查者选择，如“20～30岁”“31～40岁”等，或“1000元以下”“1000～2000元”等。还可以采用第三人称方式提问，如“许多人的信用卡都透支，您对此有什么看法?”

5. 确定问题的编排顺序

问题的排列应该有一定的逻辑顺序，符合正常的思维程序，一般应先易后难、先简后繁、先具体后抽象，先问事实性问题、后问态度和意向方面的问题，最后问原因方面的问题。

具体地说，调查问卷中的问题应该按照如下顺序来编排。

(1) 采用过滤性问题筛选出合格调查对象。有的情况下，只对符合一定条件的被访者进行调查，如某种杂志的读者、某品牌化妆品的使用者等，就需要通过过滤性问题筛选出符合要求的调查对象。例如：

您是否搭乘过南方航空公司的班机？

□是（继续回答第2题）　　　　□否（结束调查）

(2) 以易于回答的问题引起调查对象的兴趣。开始访谈后，最初提出的问题应当简单易答，如有关产品概念、类型等方面的问题，引起调查对象的兴趣，让他们认为完成调查并不难。

(3) 需要思考的问题放在中间。一般性问题之后，可以提出一些相对复杂、需要思考方能作答的问题，如要求被访者对某种产品的功能进行量表式评价。虽然回答这些问题会花费一些时间，但被访者出于完成调查任务的心理，仍然会做出回答。

(4) 敏感性问题和人口统计方面的问题放在最后。可能引起被访者反感的敏感性问题，以及被访者的个人信息通常放在问卷最后，这样可以保证在被访者出现反感和戒备心理之前获得大多数问题的答案。

6. 对问卷进行评估

问卷草稿设计好之后，应该回过头来对其进行评估。评估的主要内容包括：问题是否必要；问卷长度是否合适；问卷是否能够提供所需的信息。

(1) 问题是否必要。问卷中的每一个问题都必须服从于一定的目的，要么直接与调查目的有关，要么是过滤性的，要么是为了引起回答者兴趣，如果一个问题不具有上述任何一项功能，就应该从问卷中删除。

(2) 问卷长度是否合适。拦截式访谈和电话访谈中使用的问卷，通常不宜超过20分钟，入户访谈的问卷长度也应控制在45分钟之内。如果超过这个长度，应对问卷进行精简，或提供比较有吸引力的刺激物，如电影票、笔、小额现金等。

(3) 问卷是否能够提供所需的信息。问卷中问题的类型和数量应该满足调查目标的要求，可以采用以下的方式对此进行评估：将调查目标详细列出，在每个目标旁写下针对该目标的问题题号，如问题3用于目标1，问题5用于目标2。如果有些目标没有对应的问题，应该考虑在问卷中增加相关问题。

7. 预先测试和修订

问卷正式付诸使用前，应该进行预先测试，以发现问卷中存在的问题，如产生歧义的语句、不连贯的地方、封闭式问题遗漏的答案等。对这些问题进行修订之后，方可将问卷用于正式调研。

2.5　量表

2.5.1　什么是量表

在搜集统计数据时，经常需要对调查对象的某些特性进行测量。如果测量的是客观特性，如年龄、收入、购买数量和频率等，可以通过直接观察来获取数据；如果测量的是主观特性，如顾客对品牌的认知程度、忠诚度、购买意向、满意程度等，就必须将其量化。在对主观概念进行定量测度时，常常要用到量表。

量表是以数字或其他符号代表客体的某一特征，从而对所考察客体的不同特征以多个数字来代表的测量工具①。例如，通过表2－4所示的量表，可以将社交焦虑程度这样的主观特性量化为1～5之间的数字。

表2－4　　社交焦虑程度自测

你焦虑吗——社交焦虑自测量表

请认真阅读下面各项描述，并在后面的横线上标出相应的分数，其中1＝完全不相符；2＝基本不相符；3＝中等程度相符；4＝基本相符；5＝完全相符。

1. 即使在非正式的聚会上，我也感到紧张。______
2. 与一群不认识的人在一起时，我感到不自在。______
3. 与一位异性交谈时我通常会感到紧张。______
4. 在必须同老师或上司谈话时，我感到紧张。______
5. 我在与权威人士谈话时感到紧张。______
6. 与大多数人相比，在社交中比较容易羞怯。______
7. 与不太熟悉的同性交谈时，我感到紧张。______
8. 在求职面试时我感到紧张。______
9. 我希望自己在社交时更有信心。______
10. 在给一位不太熟悉的人打电话时我会感到紧张。______

得分评价与解释：

总分范围为10～50分，焦虑程度与总分成正比，如果测试分数超过40分，即可认为是患有社交焦虑症。

① ［美］小卡尔·迈克丹尼尔、罗杰·盖兹著，范秀成等译：《当代市场调研》（第4版），机械工业出版社2000年版，第188页。

2.5.2 几种常用的量表

1. 列举评比量表

列举评比量表是一种应用非常广泛的量表，在这种量表中，调查者向调查对象提供已经拟好的差距尺度，两端是极端答案，中间点一般是中性答案，将一组都使用同一差距尺度的不同问题排列在一起，既便于调查对象作答，也便于调查人员对结果进行对比分析。表2-5中的社交焦虑自测量表就是一个列举评比量表。下面的量表A、量表B和量表C也都是列举评比量表的例子。

表2-5　列举评比量表

量表A

请您从以下几个方面对欧莱雅防晒霜进行评价：

	极好	非常好	好	一般	差
防晒效果	5（ ）	4（ ）	3（ ）	2（ ）	1（ ）
清爽不油腻	5（ ）	4（ ）	3（ ）	2（ ）	1（ ）
无刺激性	5（ ）	4（ ）	3（ ）	2（ ）	1（ ）
卸妆容易	5（ ）	4（ ）	3（ ）	2（ ）	1（ ）
包装精美	5（ ）	4（ ）	3（ ）	2（ ）	1（ ）
价格合理	5（ ）	4（ ）	3（ ）	2（ ）	1（ ）

量表B

您对苏泊尔公司的售后服务满意吗？

非常满意（ ）　比较满意（ ）　一般（ ）　不太满意（ ）　非常不满意（ ）

量表C

您认为××市的交通状况怎么样？

好（ ）　一般（ ）　差（ ）

2. 等级顺序量表

列举评比量表是非比较性的，在有的情况下，我们需要用到等级顺序量表，它要求调查对象将某个事物与另一个进行比较。表 2 - 6 是一个等级顺序量表的例子。

表 2 - 6　　快递公司综合评价的等级顺序量表

请从送货速度、服务态度、价格三方面对以下几家快递公司进行排序，1 表示最好，5 表示最差

快递公司	送货速度	服务态度	价格便宜
顺丰快递			
中通快递			
圆通快递			
申通快递			
韵达快递			

3. 配对比较量表

配对比较量表是调查对象按照一定的要求，在多个客体之间进行一系列的成对比较判断。表 2 - 7 是一个配对比较量表的例子。按照调查要求，调查对象将防晒产品的 6 个特点两两配对进行比较。

表 2 - 7　　防晒产品的配对比较量表

下面是防晒产品的一些特点，请指出您在选择防晒产品时，更关注每组中的哪一个特点

防晒效果	清爽不油腻
价格合理	防晒效果
清爽不油腻	无刺激性
卸妆容易	防晒效果
包装精美	清爽不油腻
清爽不油腻	价格合理
无刺激性	卸妆容易
防晒效果	无刺激性
无刺激性	包装精美
包装精美	清爽不油腻
无刺激性	价格合理
防晒效果	卸妆容易
卸妆容易	包装精美
卸妆容易	价格合理
价格合理	包装精美

配对比较量表适用于比较对象的个数不多的情况，因为当比较对象的数量以算术级数增加时，配对比较的数量是以几何级数增加的。

4. 利克特量表

利克特量表由一系列能够表达所研究概念是肯定还是否定态度的陈述构成。要求被调查者回答对每一种陈述同意或不同意的程度，每个答案都被赋予一个分数，将分数加总起来就可以测定被调查者的态度。

利克特量表的建立步骤：（1）确认所要测量的概念并收集大量有关这一概念的陈述。（2）拟定一定数量的正负态度语句，每条语句的答案一般可分为5类，如完全同意、基本同意、不确定、基本不同意、完全不同意。给每个回答一个数字，如5=完全同意；4=基本同意；3=不确定；2=基本不同意；1=完全不同意。（3）选择若干被访者进行预先测试，将他们在所有项目上的得分加总。（4）根据预先测试的结果，选出那些能够较好地体现出差别的项目，即总分最高和最低的问题。（5）将选定的项目组成量表，进行正式测试。

根据利克特量表能够识别出调查对象对于某个概念的态度是肯定还是否定。例如，在一个包括20个项目的量表中，最高的总分是100分，若某人的得分是90分，就可以认定他持有赞同态度。需要注意的是，得分相同的两个人对于各项目的态度可能完全不同。

2.5.3 设计量表时考虑的主要因素

1. 量表类型的选择

量表类型应该根据实际需要来选择，例如，如果涉及的问题较多，就不适合采用配对比较量表。

2. 平衡量表还是非平衡量表

如果肯定态度的答案数目与否定态度的答案数目相等，这样的量表为平衡量表，反之则为非平衡量表。为了得到一般性的意见，采用平衡量表比较好。但如果现有研究或预先测试已表明大多数意见是肯定或否定的，那么量表就应该具有一定的倾向。例如，已经知道消费者对某商场的免费送货服务是肯定的，则在调查该项问题时，应将答案设计成非平衡的：非常好、较好、好、一般、不好。

3. 量级层次的个数

如果量表的层次太少，如只有好、一般、差三个层次，这样的量表是粗糙的、不全面的，测量结果不够精确。如果量表的层次太多，又会超过人们的分辨能力，使他们很难做出选择。一般来说，评比量表以5~9层为宜，尤以5层量表的应用最为广泛。

4. 量级层次是奇数还是偶数

如果量级是偶数，说明没有中间答案，这种情况下，持中立意见的被访者只能被迫选择一个正向或负向答案。常用的中间答案有一般、无所谓、不知道等。

本章小结

1. 数据是用以描述和解释的事实和数字，它的主要作用是描述、评价和预测。按照测量尺度的不同，数据可分为定类数据、定序数据、定距数据、定比数据；按照来源的不同，数据可分为原始数据和二手数据。

2. 二手数据可以来源于内部，如公司的内部数据库、财务报表、股东报告等，也可以来源于外部，如政府机构和国际组织资料、各种经济信息中心和专业调查机构等提供的行业情报以及新闻媒体资料等。利用互联网可以方便快捷地获得二手数据。

3. 原始数据的搜集方法主要有询问法、观察法、实验法三类。询问法通过与代表性样本进行交流来搜集相关信息，常用方式有个人访谈、电话访谈、邮件调查、网络调查等。观察法是以旁观者的身份对事件、人物、行为等进行观察和记录的数据搜集方法，常用的观察法有神秘顾客、购买者行为研究、消费痕迹观察法等。实验法通过实验来研究变量之间的因果关系，常用的实验法有事前事后对比实验、随机对比实验等。

4. 调查问卷是搜集原始数据的常用工具，问卷设计是调查的核心工作，应该遵照一定的流程来进行。

5. 量表是对主观概念进行定量测度时常用的一种工具，常有的量表有列举评比量表、等级顺序量表、配对比较量表、利克特量表等。设计量表时应考虑量表类型、量级层次等因素。

思 考 题

1. 统计数据按照测量尺度的不同可分为哪几类？各有什么特点？
2. 询问法中各种调查方式分别具有哪些优点和缺点？
3. 观察法具有哪些优点和缺点？
4. 封闭式问题和开放式问题各自的适用条件是什么？
5. 设计调查问卷时，应该按怎样的顺序来编排问题？
6. 什么是量表？它主要用于测量调查对象的哪些特性？

第三章　数据的整理和显示

学习目标

1. 了解数据整理的作用。

2. 掌握定性数据和定量数据的整理方法，掌握频数分布表的编制方法，学会用统计图显示定性数据和定量数据。

3. 了解钟型分布、U 型分布、J 型分布的含义；了解绘制统计表和统计图的原则。

关键名词

频数　频率　组数　组限　组距　组中值　统计图　统计表

前一章学习了数据的搜集方法，一般情况下，搜集到的原始数据是零乱、分散、没有规律的，只能表明各个被调查单位的个体情况，反映事物的表面现象或某个侧面，不能说明事物的全貌和总体特征，因此，需要对数据进行整理，并用合适的图表将其显示出来，使其系统化、条理化、直观化，便于我们研究总体的内部规律、各个部分之间的相互联系及结构情况。

数据包括定性数据和定量数据，下面将分别介绍这两类数据的整理和显示方法。

3.1　定性数据的整理和显示

定性数据反映事物的品质特征，一般不能用数值表示。定性数据包括定类数据和定序数据。

3.1.1 频数分布表

1. 定类数据

对定性数据的整理主要是将总体划分为若干个类别，然后将每个单位归入其中一类，并计算每一类的频数和频率，编制频数分布表。

频数也称次数，是指各类别所包含的数据个数。频率也称比重，是指各类中的数据个数占全部数据总数的比例，通常以百分数来表示。将各个类别及相应的频数用表格表示出来，就形成频数分布表。

【例 3-1】某高校就业指导中心为了解毕业生就业意向，随机调查了 80 名应届毕业生，询问他们毕业后的就业意向，被访者回答的原始数据如表 3-1 所示。

表 3-1　应届毕业生就业意向调查原始数据

直接就业	直接就业	考研	直接就业	出国留学	考研	直接就业	直接就业
考研	直接就业	考研	直接就业	直接就业	直接就业	考研	直接就业
直接就业	出国留学	直接就业	直接就业	直接就业	直接就业	直接就业	考研
直接就业	直接就业	直接就业	直接就业	考研	直接就业	直接就业	直接就业
出国留学	直接就业	出国留学	考研	直接就业	出国留学	考研	自主创业
直接就业	考研	考研	出国留学	直接就业	直接就业	直接就业	直接就业
直接就业	直接就业	直接就业	直接就业	考研	直接就业	直接就业	直接就业
直接就业	考研	直接就业	直接就业	考研	直接就业	直接就业	直接就业
考研	直接就业	考研	自主创业	直接就业	考研	直接就业	出国留学
直接就业	直接就业	出国留学	直接就业	出国留学	直接就业	考研	直接就业

从表 3-1 的原始数据中很难发现应届毕业生的就业意向具有什么样的规律，为了从中获取有价值的信息，我们需要对数据进行分类整理，形成频数分布表。

利用 Excel 软件可以自动生成频数分布表。由于定性数据在 Excel 中不便直接汇总，因此，需要将各类别用一个数字代码来表示，本例中设定的代码为：1——直接就业；2——考研；3——出国留学；4——自主创业。

将各类别的代码输入 Excel 工作表中，选择【工具】菜单下的【数据分析】命令，点击【直方图】，打开如图 3-1 所示的“直方图”对话框。

Microsoft Excel - Data

文件(F) 编辑(E) 视图(V) 插入(I) 格式(O) 工具(T) 数据(D) 窗口(W) 帮助(H)

E15

	A	B	C	D	E	F	G	H
4	直接就业	1						
5	直接就业	1						
6	出国留学	3						
7	直接就业	1						
8	直接就业	1						
9	直接就业	1						
10	考研	2						
11	直接就业	1						
12	直接就业	1						
13	直接就业	1						
14	出国留学	3						
15	直接就业	1						
16	直接就业	1						
17	考研	2						
18	直接就业	1						
19	考研	2						
20	直接就业	1						
21	直接就业	1						

直方图
输入
输入区域(I):
接收区域(B):
标志(L)
输出选项
输出区域(O):
新工作表组(P):
新工作薄(W)
柏拉图(A)
累积百分率(M)
图表输出(C)
确定
取消
帮助(H)

图3-1 Excel的【直方图】对话框

在【输入区域】中输入数据所在区域（例3-1中即为代码所在的列B2：B81）；在【接收区域】输入代码区域（Excel要求将各个代码单独作为一列，即图中的“代码类别”列C2：C6）；在【输出区域】输入结果输出的区域；选中【图表输出】复选框，单击【确定】，即得到频数分布表和直方图，如图3-2所示。

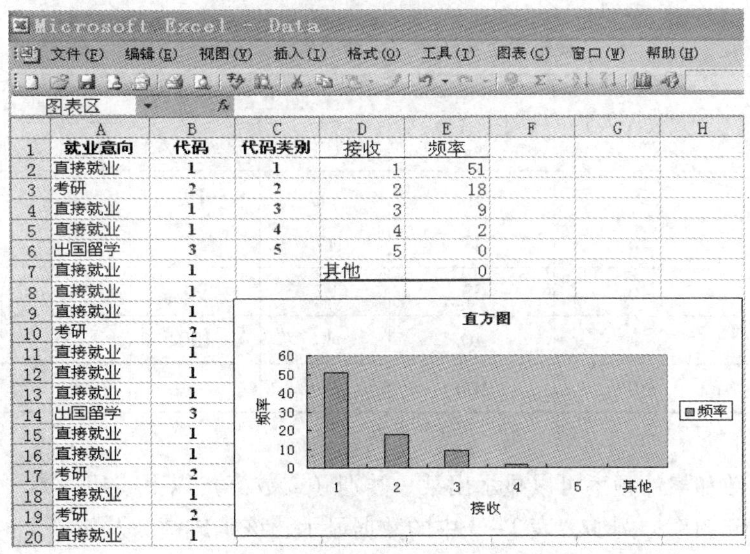

	A	B	C	D	E
1	就业意向	代码	代码类别	接收	频率
2	直接就业	1	1	1	51
3	考研	2	2	2	18
4	直接就业	1	3	3	9
5	直接就业	1	4	4	2
6	出国留学	3	5	5	0
7	直接就业	1		其他	0
8	直接就业	1			
9	直接就业	1			
10	考研	2			
11	直接就业	1			
12	直接就业	1			
13	直接就业	1			
14	出国留学	3			
15	直接就业	1			
16	直接就业	1			
17	考研	2			
18	直接就业	1			
19	考研	2			
20	直接就业	1			

图3-2 Excel输出的频数分布

Excel 自动生成的频数分布表不便于阅读，需要对其进行一些调整，将代码还原为具体的就业意向，增加“合计”栏，并计算各类的频率，经调整的频数分布如表 3－2所示。

表 3－2　　应届毕业生就业意向频数分布

就业意向	频数（人）	频率（%）
直接就业	51	63.75
考研	18	22.50
出国留学	9	11.25
自主创业	2	2.50
合计	80	100.00

2. 定序数据

对于定序数据，除了计算频数和频率之外，还可以计算累计频数和累计频率，它们是将各组数据的频数和频率逐级累加起来的和。累计频数和累计频率的计算方法有向上累计和向下累计两种。

【例 3－2】某班学生英语考试成绩的累计频数分布如表 3－3 所示。

表 3－3　　某班学生英语考试成绩的累计频数分布

考试成绩	频数（人）	频率（%）	向上累计		向下累计	
			频数（人）	频率（%）	频数（人）	频率（%）
优	3	10	3	10	30	100
良	14	47	17	57	27	90
及格	10	33	27	90	13	43
不及格	3	10	30	100	3	10
合计	30	100	—	—	—	—

累计频数和累计频率可以显示出某一类别（或数值）以下或某一类别（或数值）以上的频数和频率，例如，表 3－3 中的数据显示，该班成绩为及格以上的学生共 27 人，及格率为 90%。

3.1.2　定性数据的图形显示

显示定性数据常用的图形有条形图、饼图等，如果要对多组数据进行比较分析，可以绘制环形图。

1．条形图

条形图是用宽度相同的条形来表示数据多少的图形，可用于观察不同类别数据的多少或分布状况。根据表 3－2 中应届毕业生就业意向频数分布绘制的条形图如图 3－3所示，从图中可以直观地看出，应届毕业生的就业意向主要集中在“直接就业”，然后依次是考研、出国留学、自主创业。

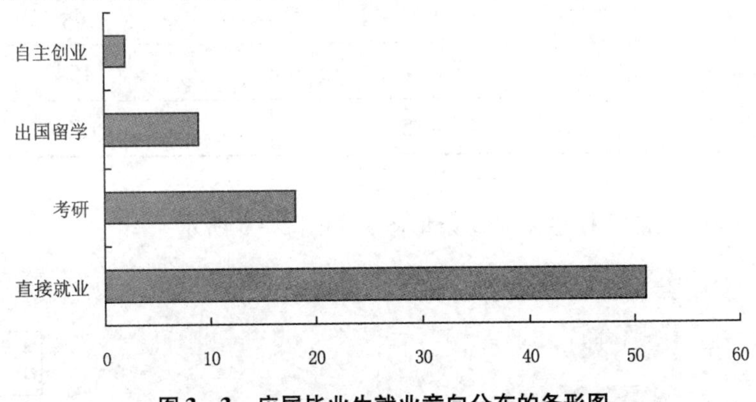

图 3－3　应届毕业生就业意向分布的条形图

绘制条形图时，类别可以放在纵轴，也可以放在横轴。如果将条形图的横轴与纵轴交换，就成为柱状图，如图 3－4 所示。

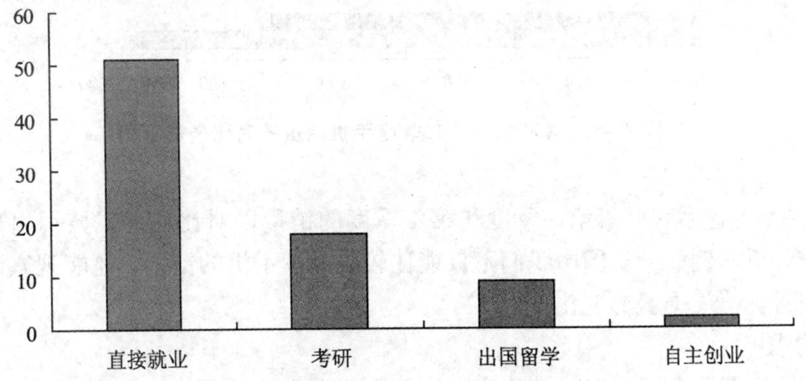

图 3－4　应届毕业生就业意向分布的柱状图

如果要比较两组或多组数据的差异，可以绘制对比条形图。

【例 3－3】某商场不同品牌手机一季度和二季度的销售数据见表 3－4。

表 3－4　　某商场一、二季度手机销量数据　　单位：台

手机品牌	一季度	二季度
诺基亚	352	458
摩托罗拉	218	305
索尼爱立信	275	327
三星	144	168
LG	80	95
其他	116	154
合计：	1185	1507

根据表 3－4 中的数据绘制对比条形图，如图 3－5 所示。

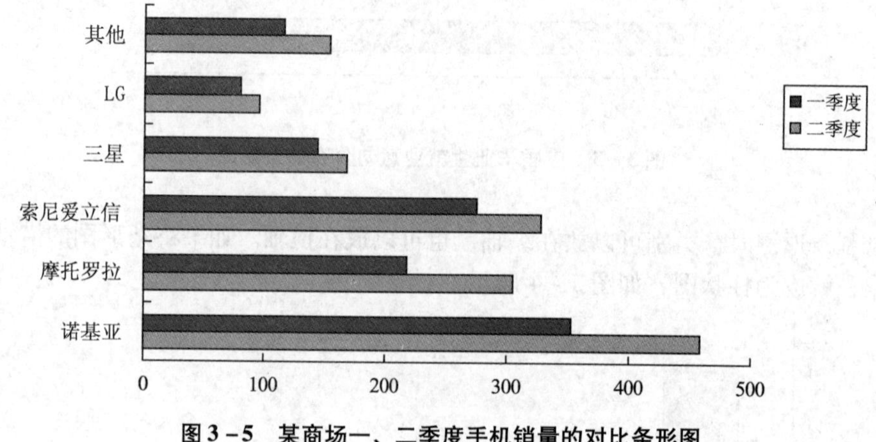

图 3－5　某商场一、二季度手机销量的对比条形图

图 3－5 将各品牌手机第一季度和第二季度的销量以对比的形式显示出来，便于进行比较分析。例如，从图中我们不仅能比较各品牌手机的销量，还能观察到第二季度销量相对于第一季度的变化。

2. 饼图

饼图是用圆形及圆内扇形的角度来表示数值大小的图形，它主要用于表示一个样本（或总体）中各组成部分的数据占全部数据的比例，对于研究数据的内部构成非

常有用。

根据表 3－2 中的数据绘制饼图，如图 3－6 所示，图中各个扇形角度表示样本中各部分所占的百分比，从图中我们可以直观地看出，选择“直接就业”的应届毕业生最多，占调查对象总数的 63.75%；然后依次是考研、出国留学和自主创业。

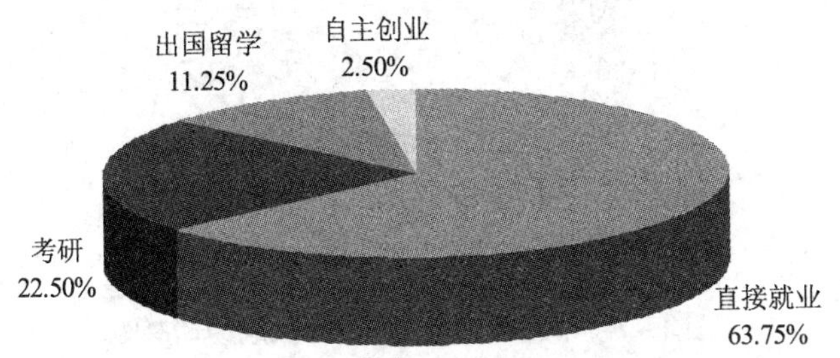

图 3－6　应届毕业生就业意向分布的饼图

饼图能够清晰、直观地显示总体的内部结构，但如果数据的分布过于分散，绘制出的饼图就会被分割为许多个扇形，不便于观察和分析。在这种情况下不宜采用饼图来显示数据。

3. 环形图

饼图只能显示一个样本各部分所占的比例，如果要对多个样本的结构进行比较分析，就需要绘制多个饼图，而且不便于进行比较。这种情况下可以绘制环形图，环形图由几个圆环构成，每个圆环表示一个样本，圆环的每一段表示样本的每一类。

【例 3－4】甲、乙两个班各有 30 名学生，期末英语考试成绩的分布如表 3－5 所示。

表 3－5　　甲、乙班学生英语考试成绩分布

考试成绩	甲班		乙班	
	频数（人）	频率（%）	频数（人）	频率（%）
优	3	10	5	17
良	14	47	16	53
及格	10	33	7	23
不及格	3	10	2	7
合计	30	100	30	100

根据表中数据绘制环形图，如图 3－7 所示。

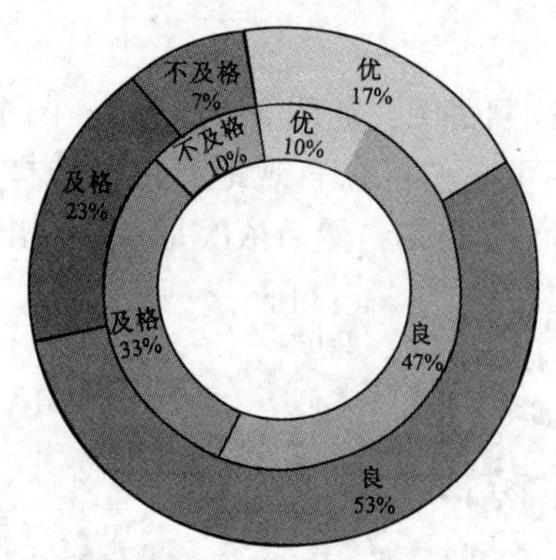

图 3-7　甲、乙班学生英语考试成绩环形图

图 3-7 中内环为甲班学生考试成绩的分布，外环为乙班学生考试成绩的分布。从图中可以很方便地对两个班学生考试成绩的分布进行比较。

在 Excel 中可以自动生成各种统计图，具体步骤是在【插入】菜单选择【图表】（或直接单击工具栏上的【图表向导】快捷键），打开【图表向导】对话框，如图 3-8 所示。对话框左边列出了各种常用统计图的类型，如条形图、折线图、饼图、散点图、雷达图等。单击选择图表类型，点击右下角的【按下不放可查看示例】按钮可以查看示意图。图表向导一共有 4 个步骤，分别为图表类型、图表源数据、图表选项、图表位置，点击【下一步】可进入下一个步骤，如果要按系统默认参数生成图表，可直接点击【完成】按钮。

图 3-8　Excel“图表向导”界面

3.2 定量数据的整理和显示

定量数据反映事物的数量特征，通常表现为数值形式。上述定性数据的整理和显示方法同样适用于定量数据，由于定量数据本身的特点，决定了它还有一些特定的整理和显示方法。

3.2.1 定量数据的分组

定量数据的整理主要是分组，即根据统计分析的需要，按照某种标准将数据划分为不同的组别。定量数据的分组包括单项式和组距式两种方式。

1. 单项式分组

单项式分组是按具体的变量值对总体进行分组，每组只包括一个变量值。

【例3－5】在某项调查中，将居民家庭按人数分组，如表3－6所示。

表3－6　居民家庭按人数分组

按家庭人口分组（人）	居民户数（户）	频率（%）
1	8	6.7
2	38	31.7
3	46	38.3
4	22	18.3
5	6	5.0
合计	120	100.0

单项式分组只适用于离散型变量且变量值不多、变动范围有限的情况。在离散型变量取值范围大、项数较多的情况下，若采用单项式分组，把每个变量值作为一组，必然会使分组的组数过多，各组次数过于分散，不能反映总体内部各部分的性质和差异，失去分组的意义。而连续型变量的变量值无法一一列举，也不能采取单项式分组。在这些情况下，需要采用组距式分组。

2. 组距式分组

组距式分组是把全部变量值划分为几个区间，每一区间的变量值作为一组。与单项式分组不同，各组的变量值不是一个具体的数值，而是一个区间。

【例 3-6】某企业有 100 名员工，按月工资分组如下（见表 3-7）。

表 3-7 企业员工按月工资分组

月工资（元）	人数（人）	频率（%）
1500 以下	8	8
1500～2500	22	22
2500～3500	45	45
3500～4500	20	20
4500 以上	5	5
合计	100	100

组距式分组的几个要素是组数、组限、组距、组中值。

（1）组数。组数即分组的个数，这是组距式分组中首先要考虑的问题。如果组数太少，就无法将事物区分开，失去分组的意义；如果组数太多，又会使分组数据过于繁杂，难以显示总体内部的特征和分布规律。因此在确定组数时，应保证各组都有足够的单位数并能够充分体现总体的分布特征。

组数的确定可以参考美国统计学家 Sturges 提出的公式：

$$n = 1 + 3.322\lg N$$

公式中 n 为组数；N 为数据的个数，对计算结果四舍五入即为组数。例如，对表 3 的数据计算得 $n = 1 + 3.322\lg 100 \approx 8$，即分为 8 组。当然，该公式只是一个经验公式，实际应用时应该根据数据的多少及分析的要求，参考这一标准来确定组数。例 3-6中如果分为 8 组，各组之间的差异过小，有的组中数据点过少，不利于进行分析，分为 5 组则较为合适。

（2）组限。组距式分组后，每一组的最大值和最小值称为组限，其中最大值称为上限，用 U 表示；最小值称为下限，用 L 表示。如表 3-7 中，“月工资”栏数据都是组限，即第二组中 1500 元为下限，2500 元为上限。

如果分组标志为离散型变量，则相邻组的组限可以用确定的数表示；如果分组标志是连续型变量，则相邻组的组限必须重合。如表 3-7 中各组的组限 1500 元、2500 元、3500 元、4500 元，既是前一组的上限，又是后一组的下限。那么这些变量值应归入哪一组呢？统计上一般按“上限不在内”的原则进行处理，即作为上限的变量值应归入下一组，如 2500 元应该归入第三组，以此类推。

组距式分组中，如果全部数据中的最大值和最小值与其他数据相差悬殊，为了避免出现某些组没有变量值或个别极端值被遗漏的情况，可以采取开口式组距，即第一组用“××以下”，最后一组用“××以上”来表示，表 3－7 中的第一组和最后一组就都是开口组。开口组通常以相邻组的组距作为组距。

（3）组距。组距是各组上限与下限之间的距离，当组数确定后，可根据组距＝全距/组数来计算组距，其中全距为全部变量中的最大值与最小值之差。对于给定的总体，组距与组数一般成反比关系，组数越多则组限越小，组数越少则组限越大。

在组距式分组中，如果各组的组距相等，称为等距分组，如果各组组距不完全相等，称为不等距分组。表 3－7 就是一个等距分组的例子。

（4）组中值。组中值是每组上、下限之间的中点数值，反映各组标志值的一般水平。

组中值＝（下限＋上限）/2

缺下限组中值＝上限－邻组组距/2

缺上限组中值＝下限＋邻组组距/2

表 3－7 中各组的组中值分别为 1000 元、2000 元、3000 元、4000 元、5000 元。

如果各组数据在组内呈均匀分布或在组中值两侧呈对称分布，用组中值来代表一组数据的平均水平比较合适，如果数据分布不具有这样的特点，用组中值作为一组数据的代表值会有一定的误差。

组距式分组要遵循“不重不漏”的原则，“不重”是指一项数据只能分在其中的某一组，不能在其他组中重复出现；“不漏”是指每项数据都能分在其中的某一组，不会被遗漏掉。

下面以一个具体的例子说明利用 Excel 软件进行数据分组和编制频数分布表的过程。

【例 3－7】对 76 只混合型基金 2009 年前 8 个月累计回报率数据进行分组汇总（见表 3－8）。

第 1 步：对数据进行排序。选中“回报率”一列的所有数据，单击【数据】菜单中的【排序】选项，选择按照“回报率”的降序排列，如图 3－9 所示。

第 2 步：在【工具】菜单中单击【数据分析】选项，在打开的对话框中选择【直方图】，打开“直方图”对话框。

表 3-8 混合型基金 2009 年前 8 个月累计回报率

基金简称	回报率（%）	基金简称	回报率（%）	基金简称	回报率（%）	基金简称	回报率（%）
华夏回报混合	23.75	中银行业优选混合	6.82	广发大盘成长混合	56.84	汇添富蓝筹稳健混合	37.88
华夏红利混合	58.62	中欧新蓝筹混合	38.08	泰信优势增长混合	36.78	新世纪优选分红混合	60.28
华夏回报二号混合	24.76	银华和谐主题混合	7.13	诺安平衡混合	36.97	新世纪泛资源优势混合	-7.10
华安宝利配置混合	38.19	长城久恒平衡混合	26.61	诺安灵活配置混合	44.41	浦银安盛精致生活混合	-2.80
博时价值增长混合	42.86	长城安心回报混合	38.54	兴业有机增长混合	1.24	万家和谐增长混合	38.45
博时平衡配置混合	39.27	长城景气行业混合	-2.90	上投摩根双息平衡混合	28.30	万家双引擎灵活配置混合	40.18
长盛成长价值混合	33.75	金鹰红利价值混合	37.59	上投摩根双核平衡混合	28.72	交银稳健配置混合	69.59
长盛创新先锋混合	40.43	宝盈核心优势混合	9.23	中海蓝筹混合	21.26	长信双利优选混合	33.70
富国天源平衡混合	35.95	招商安泰平衡混合	19.21	东方龙混合	24.41	建信优化配置混合	59.37
富国天成红利混合	47.18	招商先锋混合	33.84	华富竞争力优选混合	31.45	汇丰晋信 2016 周期混合	14.99
易方达平稳增长混合	22.55	大摩基础行业混合	24.56	华富策略精选混合	8.72	信诚四季红混合	42.54
易方达科汇灵活配置混合	44.94	华宝兴业宝康配置混合	43.28	华富价值增长混合	-9.30	益民红利成长混合	33.70
国投瑞银稳健增长混合	39.38	华宝兴业收益增长混合	62.16	天弘精选混合	27.98	诺德灵活配置混合	16.90
银河银泰混合	34.22	国联安安心成长混合	28.08	国富中国收益混合	33.19	东吴嘉禾优势精选混合	24.75
华夏蓝筹混合	48.70	国联安稳健混合	36.64	海富通收益增长混合	39.42	东吴进取策略混合	-2.00
泰达荷银效率优选混合	37.20	景顺长城动力平衡混合	29.80	海富通强化回报混合	35.12	信达澳银精华配置混合	37.57
泰达荷银品质生活混合	17.55	广发聚富混合	42.37	汇添富优势精选混合	39.67	金元比联成长动力混合	31.71
兴业趋势投资混合（LOF）	52.74	广发稳健增长混合	63.32	海富通精选混合	44.07	农银平衡双利混合	4.84
中银收益混合	36.02	广发策略优选混合	56.44	海富通精选贰号混合	33.95	民生品牌蓝筹	7.69

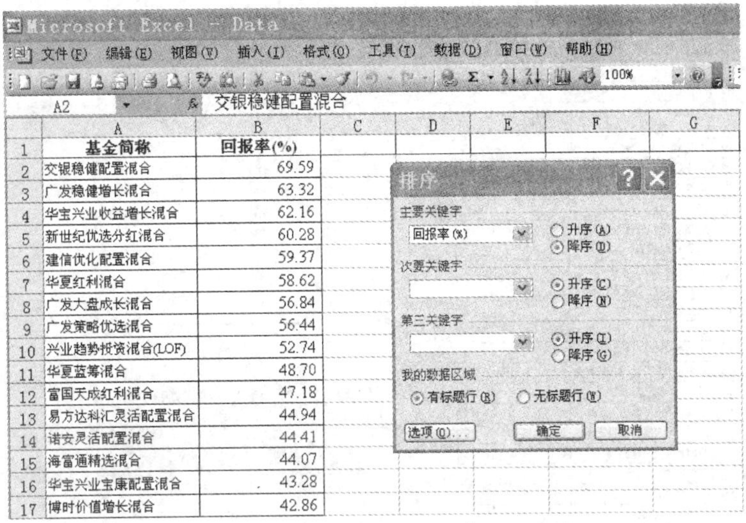

	A	B
1	基金简称	回报率(%)
2	交银稳健配置混合	69.59
3	广发稳健增长混合	63.32
4	华宝兴业收益增长混合	62.16
5	新世纪优选分红混合	60.28
6	建信优化配置混合	59.37
7	华夏红利混合	58.62
8	广发大盘成长混合	56.84
9	广发策略优选混合	56.44
10	兴业趋势投资混合(LOF)	52.74
11	华夏蓝筹混合	48.70
12	富国天成红利混合	47.18
13	易方达科汇灵活配置混合	44.94
14	诺安灵活配置混合	44.41
15	海富通精选混合	44.07
16	华宝兴业宝康配置混合	43.28
17	博时价值增长混合	42.86

图 3－9　在 Excel 中对基金回报率数据排序

第 3 步：在【输入区域】和【接收区域】分别输入所在单元格的数值，输入区域指回报率数据所在区域，接收区域指分布标志所在的区域。例 3－7 中以 60%～70%、50%～60%、40%～50%、30%～40%、20%～30%、10%～20%、0～10%、－10%～0 来分组，把 76 只基金回报率的分组标志值输入到“E2：E9”单元格，需要注意的是，这里只输入每一组的上限值，即 70、60、50、40、30、20、10、0。

第 4 步：选择输出选项，本例中选择【输出区域】，因为并不确定具体的输出区域有多大，故只输入一个单元格 F2。

第 5 步：选中【图表输出】复选框，单击【确定】按钮，可以得到输出结果，如图 3－10 所示。

图 3－10 中的直方图实际上是一个条形图而非直方图，若想要其成为直方图的形式需要做以下修改：（1）双击图中的条形区域，在弹出的数据系列格式对话框的【选项】中把分类间距调整为 0，这样各个条形之间就是连续的了；（2）Excel 在对数据进行分组时总会增加一组（大于接收区域最后一个组限的数据个数），将 F11 中的“其他”清除，直方图中的“其他”直方会随之消失；（3）图中的图例“频率”实际上是频数（次数），将其删除；（4）修改横轴和纵轴标题，清除背景色，最后得到的直方图如图 3－11 所示。

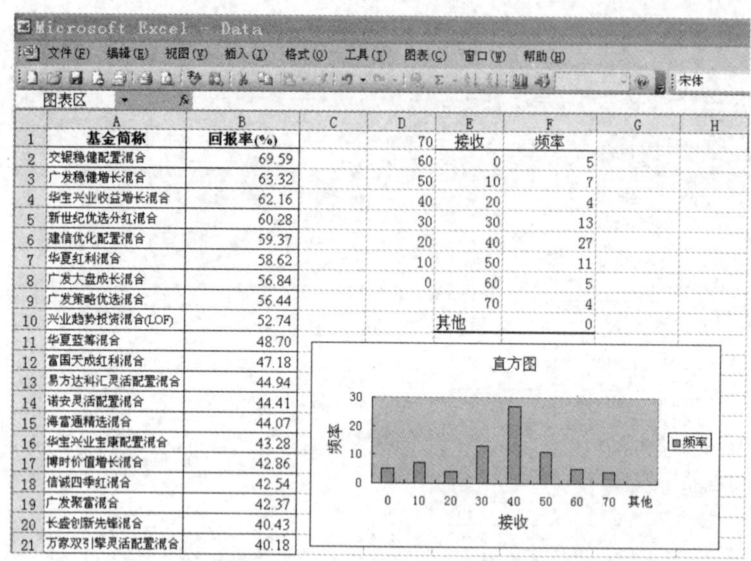

	A	B	C	D	E	F
1	基金简称	回报率(%)		70	接收	频率
2	交银稳健配置混合	69.59		60	0	5
3	广发稳健增长混合	63.32		50	10	7
4	华宝兴业收益增长混合	62.16		40	20	4
5	新世纪优选分红混合	60.28		30	30	13
6	建信优化配置混合	59.37		20	40	27
7	华夏红利混合	58.62		10	50	11
8	广发大盘成长混合	56.84		0	60	5
9	广发策略优选混合	56.44			70	4
10	兴业趋势投资混合(LOF)	52.74			其他	0
11	华夏蓝筹混合	48.70				
12	富国天成红利混合	47.18				
13	易方达科汇灵活配置混合	44.94				
14	诺安灵活配置混合	44.41				
15	海富通精选混合	44.07				
16	华宝兴业宝康配置混合	43.28				
17	博时价值增长混合	42.86				
18	信诚四季红混合	42.54				
19	广发聚富混合	42.37				
20	长盛创新先锋混合	40.43				
21	万家双引擎灵活配置混合	40.18				

图 3-10 Excel 生成的次数分布表和直方图

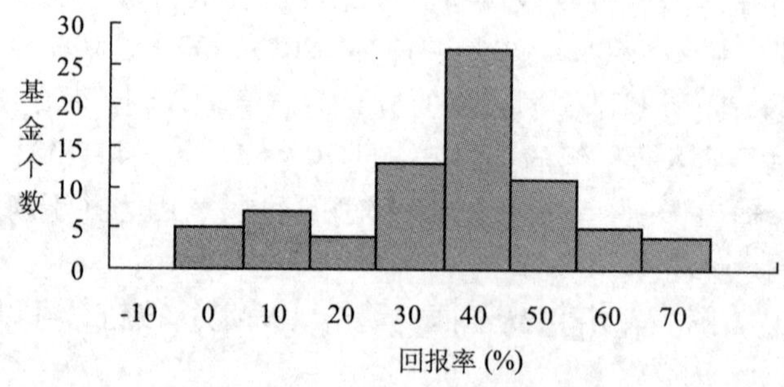

图 3-11 调整后的直方图

用 Excel 中的【直方图】命令对数值型数据进行分组汇总和绘制直方图不够直观，更简便的方法是使用 SPSS 软件中的【Recode into Different Variables】命令，仍以例 3-7 中的数据为例，按照回报率分为 6 组，分别为大于 40%、30%~40%、20%~30%、10%~20%、0~10%、小于 0，具体步骤为：

第 1 步：选择【Transform】菜单下的【Recode into Different Variables】命令，选中需要进行汇总的变量“回报率”，将其移动到中间的【Numerical Variable → Output Variable】框中，在右边的【Output Variable】框中设定产生的新变量，Name：

Rate，Lable：回报率汇总。

第2步：单击【Old and New Values】进行分组区间定义，如图3－12所示。在该对话框中指定分组的上限和下限，并在【New Value】框中给出对应的分组值，单击【Add】按钮确认分组区间，单击【Change】和【Remove】按钮可以修改和删除分组区间。

第3步：单击【Continue】回到上一页面，单击【OK】得到新变量Rate。

第4步：选择【Analyze】→【Descriptive Statistics】→【Frequencies】，打开对话框，将变量Rate移动到右边的【Variable】框中，选中左下角的【Display frequency tables】，单击【OK】，即可得到频数分布表，如表3－9所示。

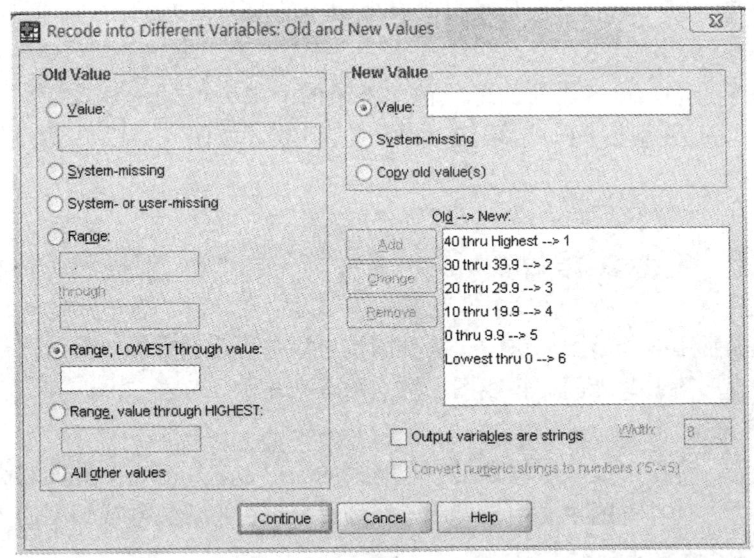

图3－12 分组区间定义对话框

表3－9 混合型基金回报率频数分布

Valid	Frequency	Percent	Valid Percent	Cumulative Percent
1	20	26.3	26.3	26.3
2	27	35.5	35.5	61.8
3	13	17.1	17.1	78.9

统计学

续表

Valid	Frequency	Percent	Valid Percent	Cumulative Percent
4	4	5.3	5.3	84.2
5	7	9.2	9.2	93.4
6	5	6.6	6.6	100.0
合计	76	100.0	100.0	

从表 3 - 9 中可以看出，回报率在 30% ~40% 之间的基金最多，为 27 只，占混合型基金总数的 35.5%；其次是回报率 40% 以上的基金，为 20 只，占混合型基金总数的 26.3%。

需要注意的是，SPSS 默认的组限包含各组的上限和下限，为了保证分组结果的准确性，在设定分组区间时上限可多取一位小数，如图 3 - 12 中取 39.9、29.9、19.9、9.9。

3.2.2　定量数据的图示

定性数据常用的条形图、饼图、圆环图也可以显示定量数据，除此之外，定量数据还可通过直方图、茎叶图、箱线图、散点图等来显示。

1. 直方图

直方图是一种用来反映定量数据分布特征的图形，它用矩形的宽度和高度来表示数据的频数分布。直方图主要用于显示已经经过分组、形成频数或频率的数据，通过它可以观察数据分布的大体形状。

虽然 Excel 的分析工具库提供了绘制直方图的功能，但 Excel 所绘制的直方图实际上是先对数据进行分组，然后根据分组资料绘制的条形图，而不是统计意义上的直方图。因此，下面介绍如何在 SPSS 中绘制直方图。

在 SPSS 中生成直方图的步骤为：选择【Graphs】菜单下的【Histogram】，弹出 Histogram 对话框，将变量 Rate 加入右边的【Variable】框中，如果要显示正态曲线，则选中下方的【Display normal curve】复选框，单击【OK】按钮，即可得到直方图，如图 3 - 13 所示。

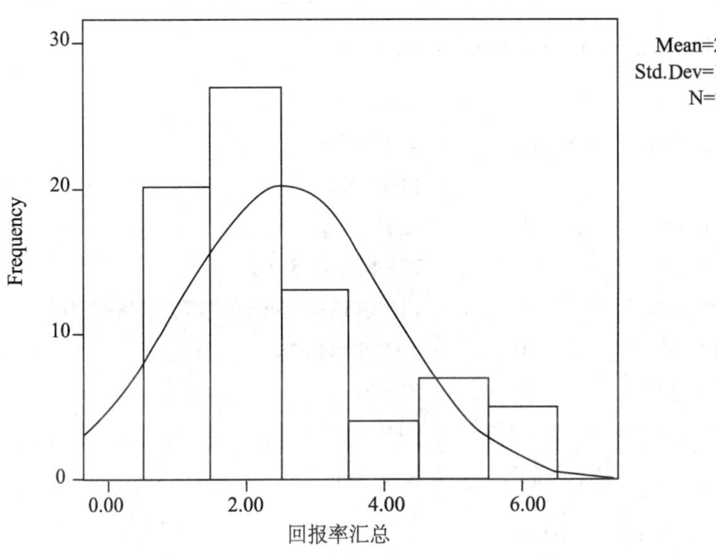

图 3－13　混合型基金回报率直方图

直方图与条形图不同，首先，条形图中的每个矩形表示一个类别，其宽度没有意义，而直方图的宽度表示各组的组距。其次，条形图中相邻矩形之间有间隔，而直方图中相邻的矩形之间没有间隔。最后，条形图一般用来显示定性数据，直方图一般用来显示定量数据。

2. 茎叶图

直方图可以清楚地显示出数据的分布，但显示不出原始数据的信息，茎叶图则不仅能显示各组数据的分布状况，还能保留原始数据的信息。

茎叶图由“茎”和“叶”两部分构成，每条茎表示一个组别，每片叶代表一个原始数据。绘制茎叶图时，首先把一个数字分成两部分，以高位数值作为茎，叶上只保留该数值的最后一个数字，后面数据位的数值则被舍弃。例如，81 分成 8/1；8.13 分成 8/1；123 分成 12/3，等等。

绘制茎叶图不需要对数据进行分组，当数据量较少时，可以手工绘制，当数据量较大时，可以利用统计软件 SPSS 自动生成。仍以表 3－8 中的基金回报率数据为例，在 SPSS 中绘制茎叶图的具体步骤为：在【Analyze】菜单下选择【Descriptive Statistics】子菜单下的【Explore】，打开 Explore 对话框，将变量“回报率”加入【Dependent list】中，点击右边的【Plots】按钮，在弹出的对话框中选择【Stem－and－leaf】，单击【Continue】回到主对话框，点击【OK】即可得到混合型基金回报率的茎叶图，如图3－14所示。

```
回报率 Stem-and-Leaf Plot

Frequency    Stem  &  Leaf
    5.00   Extremes    (=<-2)
    7.00       0 .   1467789
    4.00       1 .   4679
   13.00       2 .   1234444678889
   27.00       3 .   113333334556666777788889999
   11.00       4 .   00222344478
    5.00       5 .   26689
    3.00       6 .   023
    1.00   Extremes    (>=70)

Stem width:   10.00
Each leaf:      1 case(s)
```

图3－14 混合型基金回报率茎叶图

图3－14中第一列给出每个茎上叶子的频数，第二列是“茎”，第三列是“叶”，上方和下方分别标出了极端值的个数，茎的宽度为10（Stem width：10），每个叶代表一个数据。以第二组数据为例，茎为1，叶分别为4、6、7、9，说明这一组的实际数值分别为14、16、17和19，共有4个数据。

3．箱线图

箱线图由一组数据的最大值、最小值、中位数、两个四分位数[①]共5个值绘制而成。它不仅可用于反映一组数据分布的特征，比如分布是否对称、是否存在离群点等，还可以进行多组数据分布特征的比较。股票分析中常用的K线图与箱线图非常类似，只不过K线图是由开盘价、收盘价、最高价、最低价4个数据绘制而成。

绘制箱线图时，先将一组数据的最大值、最小值、中位数、两个四分位数按大小依次排列，然后用两个四分位数画出箱子，再将最大值和最小值与箱子用线段连接起来，箱子中间为中位数。

在SPSS中生成箱线图的步骤为：在【Graphs】菜单中选择【Boxplot】，打开

① 中位数是一组数据排序后处于中间位置上的变量值，四分位数是一组数据排序后处于数据25%位置和75%位置上的两个分位数值。

Boxplot 对话框；选中【Simple】选项，在下方的【Data in Chart are】中选择【Summaries of Separate Variables】；单击【Define】按钮进行定义，将变量加入右边的【Boxes Represent】框中，点击【OK】即可生成箱线图。

根据表 3－8 中的数据作出箱线图如图 3－15 所示，从图中可以清楚地观察到 76 只混合型基金回报率的中位数、最大值和最小值，中位数的位置偏上，说明数据不是对称分布。图中用“○”标出的点为离群点，分别是第 60 只、72 只、64 只基金的回报率①。

如果要比较几组数据的分布特征，可在【Define】对话框中将所有变量选入【Boxes Represent】，即可生成多组数据的箱线图。

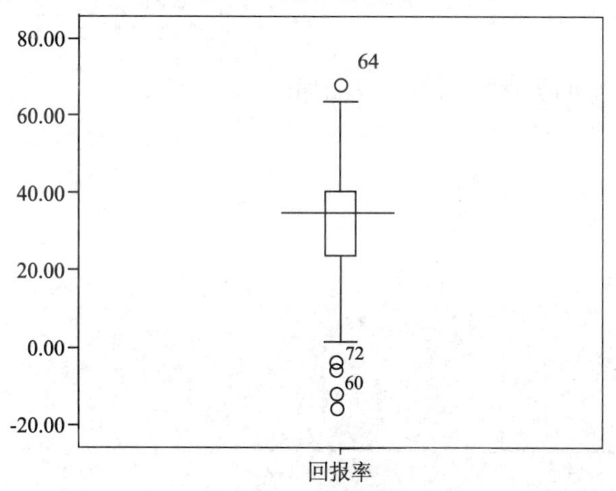

图 3－15　混合型基金回报率箱线图

4. 散点图

散点图是用二维坐标展示两个变量之间关系的一种图形。横轴代表变量 x，纵轴代表变量 y（两个变量的坐标轴可以互换），每对数据（x，y）在坐标系中用一个点表示。在研究两个变量之间的关系时，可以先画散点图，通过观察图形特点大致了解变量之间的关系。

【例 3－8】随机抽取 12 家商场，得到其广告费支出和销售额数据如表 3－10 所示。

① SPSS 中将超过两个四分位数之差 1.5 倍距离的数值定义为离群点，在箱线图中用“○”来表示；将超过两个四分位数之差 3 倍的数值定义为极端值，在图中用“＊”表示。

表 3－10　　商场销售额和广告费支出数据

商场编号	销售额（万元）	广告费（万元）	商场编号	销售额（万元）	广告费（万元）
1	40	1.30	7	84	1.65
2	42	1.52	8	100	1.70
3	50	1.55	9	166	1.67
4	55	1.41	10	125	1.81
5	65	1.51	11	130	1.75
6	78	1.54	12	140	1.85

根据表 3－10 中的数据绘制出散点图如图 3－16 所示。

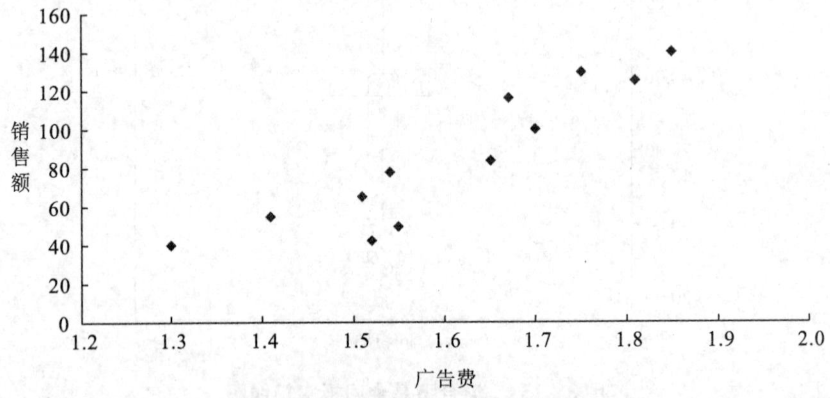

图 3－16　商场销售额与广告费散点图

从图 3－16 可以看出，商场销售额与广告费之间具有比较明显的线性关系，随着广告费的增加，销售额也随之增加。

5. 雷达图

雷达图是显示多个变量时常用的一种图。当研究的变量只有两个时，可以在平面直角坐标中绘图；当变量个数达到 3 个时，虽然可以在三维坐标中绘图，但很不方便；当变量个数超过 3 个时，就很难采用一般的点图方法来绘图了。雷达图则可以方便地显示多个变量。设有 m 个变量，每个变量测得 n 组变量值，则相应的雷达图是在一个 m 维的坐标系中，用每条坐标轴代表一个变量，对于每一组样本，将各变量值的大小在相应的坐标轴上标出，再将同一样本在各坐标轴上的点连成线，n 组样本形成 n 个多边形，就成为雷达图。

以表 3－3 中甲、乙两班学生英语考试成绩为例，绘制出的雷达图如图 3－17 所示。

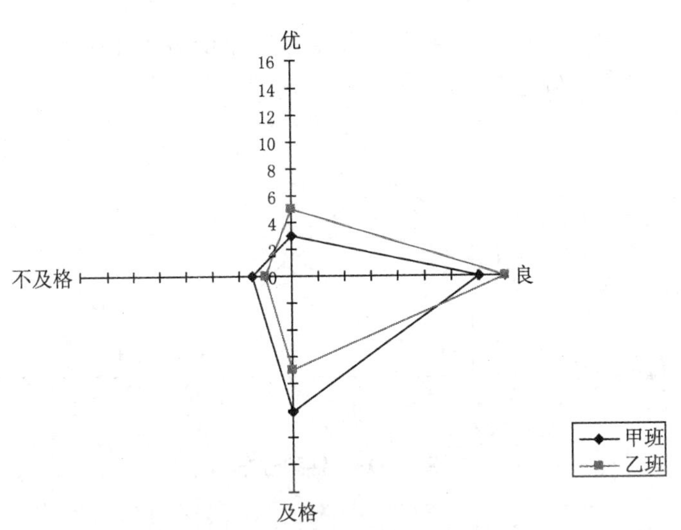

图 3－17 甲、乙两班学生英语考试成绩雷达图

图 3－17 是 4 个变量（优、良、及格、不及格）、2 组样本（甲班、乙班）的雷达图，从图中可以看出，甲班和乙班学生成绩分布具有相似性，得良的学生所占比例最大，然后依次是及格、优和不及格。

当数据包含多组样本、多个变量时，绘制的雷达图纵横交错，像蜘蛛网一样，因此雷达图也称为蜘蛛图。雷达图在显示和对比各变量的数值总和时十分有用，假定各变量取值的正负号相同，则各变量绝对值之和与雷达图所围成区域的面积成正比。利用雷达图还可以研究多个样本之间的相似程度。

3.2.3 定量数据次数分布的类型

由于社会经济现象的性质不同，导致各种统计总体形成不同的次数分布类型。社会经济现象次数分布的类型可概括为三类：钟型分布、U 型分布、J 型分布。

1．钟型分布

钟型分布的特征是“两头小、中间大”，即靠近中间的变量值分布的次数多，靠近两边的变量值分布的次数少，其分布曲线的形状宛如古钟，钟型分布也因此得名。

钟型分布可分为正态分布和偏态分布。当中间变量值分布次数最多，其余变量值对称地分布在左右两侧，就称为正态分布，如图 3－18（a）所示。当中间变量值分布次数最多，其余变量值非对称地分布在左右两侧，就称为偏态分布。偏态分布又分为左偏分布和右偏分布，如果多数变量值落在右半边区域，分布曲线的最高点偏左，则是右偏分布，如图 3－18（b）所示；如果多数变量值落在左半边区域，分布曲线的最高点偏右，则是左偏分布，如图 3－18（c）所示。

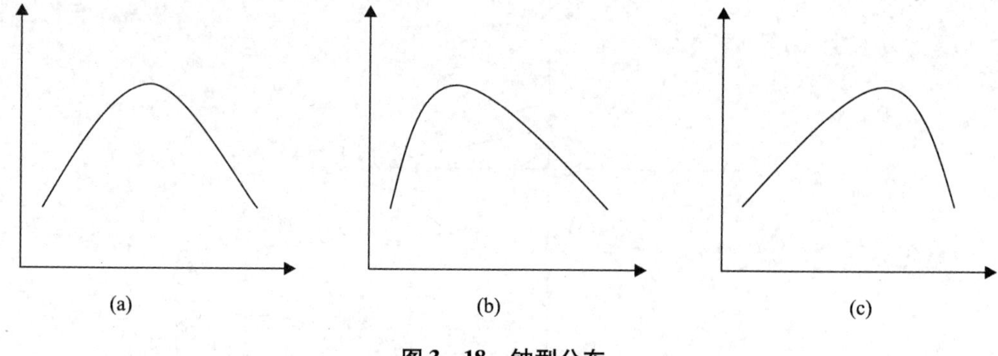

图 3－18　钟型分布

社会经济现象中，大多数统计总体的次数分布都服从正态分布，如人的身高、体重、智商、收入；农作物单位面积产量；电池使用寿命等。

2. U 型分布

U 型分布的形状与钟型分布相反，其特征是"两头大，中间小"，即靠近中间的变量值分布次数少，靠近两端的变量值分布次数多，其分布曲线很像英文字母"U"，故称为 U 型分布。例如，婴儿和老年人的死亡率较高，而中青年的死亡率较低，因此人口自然死亡率按年龄的分布就是 U 型分布（见图 3－19）。

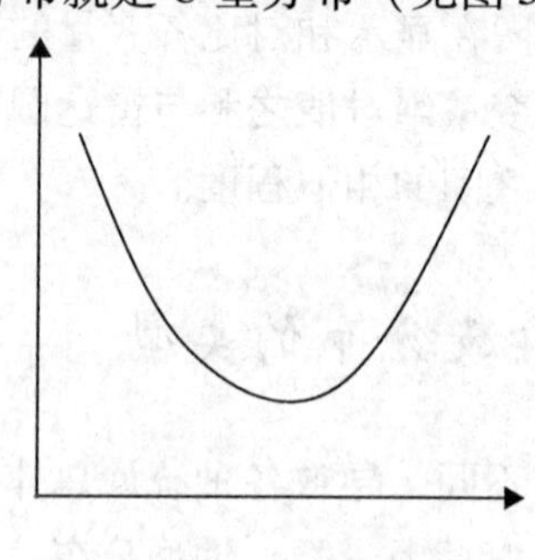

图 3－19　U 型分布

3. J 型分布

J 型分布有两种类型，一种是随着变量值增大，分布次数也随之增加，称为正 J 型分布，如图 3－20（a）所示；另一种是随着变量值增大，分布次数反而减少，称为反 J 型分布，如图 3－20（b）所示。例如，一般情况下，随着商品价格升高，供给量将增大而需求量将减少，因此，一般商品的价格与供给量呈正 J 型分布，与需求量呈反 J 型分布。

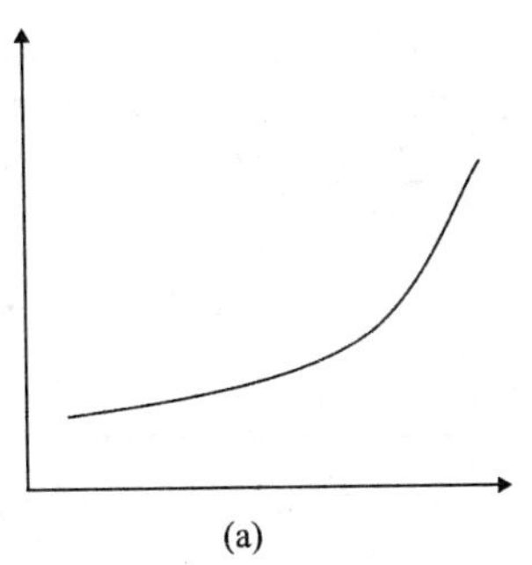

(a)

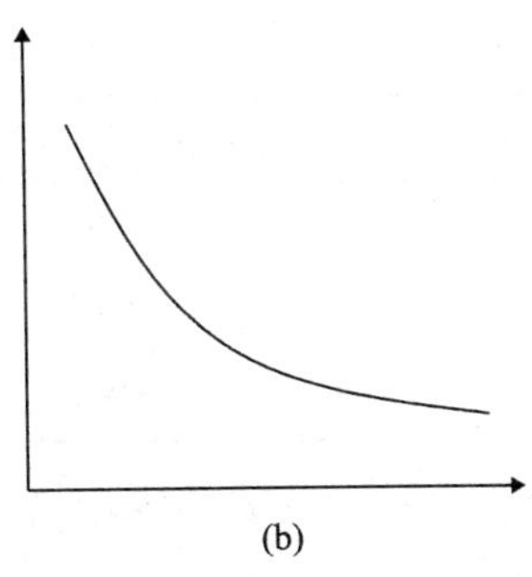

(b)

图 3-20 J 型分布

3.3 绘制图表的原则

统计表和统计图是显示数据的基本工具，正确使用图表是进行统计分析的基本技能。本章前两节介绍了显示定性数据和定量数据的常用统计图表，本节将介绍绘制图表时需要注意的一般性问题。

3.3.1. 统计表的设计原则

经过整理的数据按照一定的顺序排列在相应的表格内，就形成了统计表。统计表可以清晰地显示数据，直观反映统计分布的特征和各部分之间的关系，便于进行对比、计算和分析，而且便于保存数据。

统计表主要由总标题、行标题、列标题和指标数值四部分构成。总标题是统计表的名称，概括说明表的主要内容，应放在表的正上方。行标题代表统计表所要说明的总体及其分组，通常放在表的第一列。列标题用来说明总体情况的统计指标名称，通常放在表的第一行。具体的指标数值放在表中。有时表的下方还有附注，用来说明数据来源、指标含义等。表 3-11 就是一个常见的统计表。

表 3-11　　开放式基金业绩数据 ←总标题

基金名称	单位净值（元）	近一月回报率（%）	排名
A	1.082	5.580	2
B	3.138	4.239	4

（表旁标注：列标题 ← 指向表头行；行标题 → 指向第一列）

续表

基金名称	单位净值（元）	近一月回报率（%）	排名
C	1.334	9.221	1
D	1.423	4.671	3
E	1.278	−0.263	5

←指标植

资料来源：Morningstar 晨星（深圳）基金数据中心。

←附注

统计表的设计应符合科学、实用、简明、美观的总体原则，具体地说应注意以下几点。

（1）总标题、行标题、列标题应简明、准确地概括出表的内容，如数据的含义和时期。

（2）统计表一般是开口式，即左右两边不封口；表的上下两条横线一般用粗线；纵栏之间应用直线分开，横行之间可不画线，但合计行与分行之间应用直线分开。在 Word 里可以自动插入统计表，方法是在【表格】菜单里选择【插入】→【表格】，选择表格的行数和列数；还可在【自动套用格式】里选择表格类型，常用的是【古典型 1】。

（3）表中数字部分一般不留空白，数字为零时要填上"0"，无数字时填上"—"，相同的数字应分别填写，不得以"同上"等字样代替。

（4）必须注明数据的计量单位，如果表中所有数据的计量单位相同，可在表的右上角标出；如果各指标的计量单位不同，应在每个指标后标明。

（5）如果统计表的栏次较多，可对各栏进行编号，为了说明各栏之间的关系，还可以用加、减、乘、除等数学运算符标出各栏之间的数字关系。

3.3.2 统计图的设计原则

统计图只是显示数据的工具，因此，不论是手工还是使用电脑，绘制统计图时都应该尽量避免使用与数据无关的内容，或与数据有关的多余内容，使描述数据的部分在整张图中所占的比例达到最大。耶鲁大学的爱德华·R·塔夫特教授指出，任何与数据无关或没有必要的装饰都是多余的。他将统计图中那些会分散看图者注意力的元素称为图表垃圾。塔夫特提出了图优原则，即以最短的时间、最少的笔墨、最小的篇幅传达最大量的信息。他认为一张合适的统计图应该具有的基本特征[①]：（1）显示数据；（2）让读者把注意力集中在图的内容，而不是作图的程序上；（3）避免歪曲；

① ［美］戴维·R·安德森等，张建华等译：《商务与经济统计》（第 9 版），机械工业出版社 2006 年版，第 93 页。

(4) 强调数据之间的比较；(5) 服务于一个明确的目的；(6) 有相关的统计描述和文字说明。

一张好统计图的最核心特征是第（3）条“避免歪曲”，即图的视觉效果与数据的数值特征一致。具体地说，绘制统计图应该遵循以下几条基本原则：

(1) 客观真实地表述数据，形式简明，突出所要传达的信息，没有不必要的标签、背景、网格线等。

(2) 图必须有标题和必要的说明，明确图形的含义、计量单位、坐标轴代表的变量、资料来源等。

(3) 二维图中每个轴都应该包含刻度，如果显示的数值是非负的，纵轴的刻度应该从零开始。

本 章 小 结

1. 本章主要介绍数据的整理和显示方法。定性数据的整理主要是将总体划分为若干个类别，计算各类的频数和频率，并编制频数分布表。显示定性数据常用的统计图有条形图、饼图、环形图等。

2. 定量数据的整理主要是将总体划分为不同的组别，包括单项式分组和组距式分组。单项式分组每组只包括一个变量值；组距式分组的各组变量值是一个区间。组距式分组的要素是组数、组限、组距和组中值。显示定量数据常用的统计图有直方图、茎叶图、箱线图和散点图等。

定性数据和定量数据常用的图示方法总结如下：

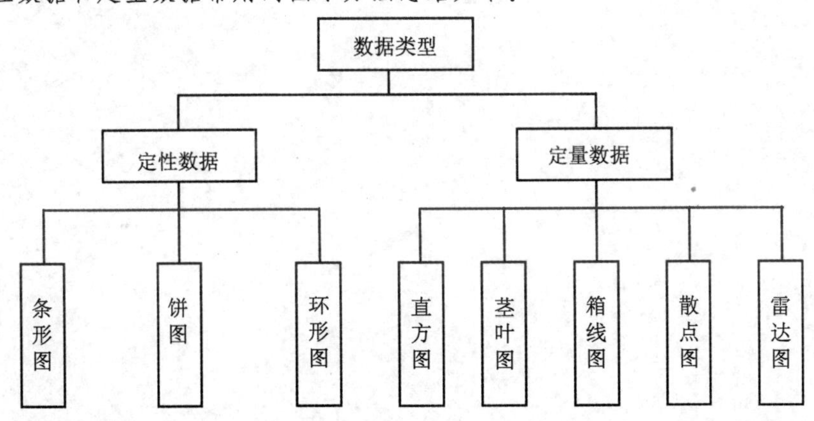

3. 定量数据次数分布的类型可概括为三类：钟型分布、U 型分布和 J 型分布。

4. 统计图表是显示数据的基本工具，绘制图表时要遵循一定的原则。

思　考　题

1. 频数、频率、累计频数、累计频率的含义各是什么？
2. 组距式分组有哪几个要素？其含义各是什么？
3. 哪种统计图可以反映两个变量之间的关系？
4. 统计表的设计原则有哪些？统计图的绘制原则有哪些？

第四章　数据分布特征的描述

学习目标

1. 了解数据集中趋势的含义，掌握众数、中位数、算术平均数、几何平均数、调和平均数及各自的计算方法。

2. 了解数据离散趋势的含义，掌握极差、平均差、方差、标准差、变异系数及各自的计算方法。

3. 了解偏度和峰度的概念和测度方法。

关键名词

众数　中位数　算术平均数　调和平均数　几何平均数　极差　平均差　方差　标准差　偏度系数　峰度系数

数据的分布特征包括集中趋势、离散趋势和分布形态，本章将介绍描述数据分布特征的常用统计量及其计算方法。

4.1　数据集中趋势的描述

集中趋势是指一组数据向某一中心值靠拢的情形，反映一组数据分布的一般水平。通常用来描述数据集中趋势的统计量有众数、中位数、平均数等。

4.1.1　众数

众数是一组数据中出现次数最多的变量值，用 M_o 表示。众数表示社会经济现象中最经常、最普遍出现的标志值，有些情况下，用众数来代表数据的一般水平既简便又具有代表性。例如，在选举或决策中，“少数服从多数”的规则实际上就是众数的一种应用。再如，某农贸市场有许多摊位，其中大多数摊位上某种蔬菜的价格就是该种蔬菜价格的众数，可用来反映该种蔬菜的一般价格水平。

1. 定性数据的众数

对于定性数据，如商品品牌、满意程度、文化程度等，以频数最多的组作为众数组，该组的变量值即为众数。

【例4－1】某品牌外套本月的销售情况按型号分组如表4－1所示，求外套型号的众数。

表4－1　　外套销售情况

型　号	销售数量（件）
S	15
M	88
L	36
XL	10
XXL	5
合计	154

根据表4－1数据，M号的外套销售量最大，为88件，故M号就是已售外套型号的众数。

2. 未分组数据的众数

【例4－2】对某款汽车进行油耗测试，13辆汽车分别在城市和乡村两种路况条件下行驶，每百公里耗油量（升）如下：

城市：10.1　10.4　9.9　9.0　8.3　9.6　10.5　10.0　10.1　9.6　9.5　9.6　10.1

乡村：12.1　12.9　11.4　11.6　12.0　10.9　10.8　11.6　11.9　13.2　12.1　11.6　11.7

计算该汽车在城市行驶的百公里油耗的众数。

解：出现最多的数值为9.6，共出现3次，故众数为9.6，即 $M_o = 9.6$(升)

3. 分组数据的众数

对于分组数据，众数的计算公式为：

$$M_o = L + \frac{f_1}{f_1 + f_2} \cdot d \qquad 式4－1$$

或 $$M_o = U - \frac{f_2}{f_1 + f_2} \cdot d$$ 式 4-2

式 4-1 和式 4-2 中：L 为众数组的下限；U 为众数组的上限；f_1 为众数组频数与前一组频数之差；f_2 为众数组频数与后一组频数之差；d 为众数组的组距

【例 4-3】某公司 100 名员工的月工资数据如表 4-2 所示，计算该公司员工工资的众数。

表 4-2　某公司员工月工资各组人数

月工资（元）	人数（人）
1500 以下	8
1500～2500	22
2500～3500	45
3500～5000	20
5000 以上	5
合计	100

解：由表 4-2 中的数据可知，频数最多的为第三组，即月工资在 2500～3500 元之间的组。根据式 4-1、式 4-2 计算如下：

$$M_o = L + \frac{f_1}{f_1 + f_2} \cdot d = 2500 + \frac{23}{23 + 25} \times (3500 - 2500) = 2979.17(\text{元})$$

或 $$M_o = U - \frac{f_1}{f_1 + f_2} \cdot d = 3500 - \frac{25}{23 + 25} \times (3500 - 2500) = 2979.17(\text{元})$$

众数属于位置平均数，具有不受极端值影响的特点，但是，只有当数据具有明显的集中趋势时，众数的确定才有意义，如果数据接近于均匀分布，众数就不存在或不唯一。因此，众数适用于变量值较多，且具有明显集中趋势的情况。

注意：

式 4-1 和式 4-2 仅适用于组距相等的分组数据，至少频数较多的几个组组距应该相等，否则众数组和众数值会随着分组组距的变化而变化。

4.1.2 中位数和四分位数

1. 中位数

中位数是将一组数据按顺序排列后，位于中间位置的变量值，用 M_e 表示。中位数将全部数据分为两部分：一半数据比它大；另一半数据比它小，而且两部分数据的个数相等。

中位数的计算分为两个步骤，先确定中点位置，然后找出中点位置对应的变量值。

（1）根据未分组数据计算中位数。先对数据进行排序，再按下面的公式确定中位数位置：

$$中位数位置 = \frac{n+1}{2}$$

中位数位置公式中，若 n 为奇数，则计算结果即为中位数位置；若 n 为偶数，则以计算结果左右相邻两个变量值的平均数作为中位数。

【例 4－4】根据例 4－2 中的数据，计算该汽车在城市行驶的百公里油耗的中位数。

解：先将数据从小到大排序如下：

8.3　9.0　9.5　9.6　9.6　9.6　9.9　10.0　10.1　10.1　10.2　10.4　10.5

中位数的位置为 $(13+1)\div 2=7$

中位数为排序后的第 7 个数值，即 $M_e = 9.9$（升）

如果有 14 个数据，则取第 7 和第 8 个数据的算术平均数作为中位数。

（2）根据分组数据计算中位数。对于变量个数较多且已经分组的数据，可先按下面的公式确定中位数位置：

$$中位数位置 = \frac{\sum f}{2}$$

然后找出中位数组，即包含累计次数（$\sum f$）一半的组，该组变量的观察值即为中位数。

对于组距式分组数据，同样先确定中位数组，然后根据以下公式计算中位数：

$$M_e = L + \frac{\sum f/2 - S_{m-1}}{f_m} \times d \qquad 式 4－3$$

或

$$M_e = U - \frac{\sum f/2 - S_{m+1}}{f_m} \times d \qquad 式 4－4$$

式 4－3 和式 4－4 中：L 为中位数组的下限；U 为中位数组的上限；f_m 为中位数组的频数；d 为中位数组的组距；S_{m-1} 为中位数组之前各组的累计频数；S_{m+1} 为中位数组之后各组的累计频数。

【例 4－5】根据表 4－2 中的数据，计算该公司员工月工资的中位数。

解：中位数位置 $= \frac{\sum f}{2} = 50$

无论是向上累计还是向下累计，中位数均处于第3组，即工资在2500~3500元的组。将数据代入式4-3和式4-4，计算结果为：

$$M_e = 2500 + \frac{50-30}{45} \times 1000 = 2944.44(\text{元})$$

或 $$M_e = 3500 - \frac{50-25}{45} \times 1000 = 2944.44(\text{元})$$

中位数也是一种位置平均数，它用中间位置上的数值来代表数据的平均水平，不会受到极端值的影响。中位数的应用较为广泛，例如，用年龄的中位数代表人口总体年龄的一般水平，用收入的中位数代表人口总体收入的一般水平。

2. 四分位数

四分位数是用三个点将全部数据等分为四部分，其中每部分包含1/4的数据，处在分位点上的数值就是四分位数。显然，中间的四分位数就是中位数。因此通常所说的四分位数是指处在1/4位置上的数值（称下四分位数，记为 Q_L ）和处在3/4位置上的数值（称上四分位数，记为 Q_U ）。

四分位数与中位数的计算方法类似，根据未分组数据计算四分位数时，首先对数据进行排序，然后确定四分位数所在的位置。具体地说，下四分位数的位置为 $\frac{n}{4}$ ；上四分位数的位置为 $\frac{3n}{4}$ 。

4.1.3 平均数

平均数是测度数据集中趋势的重要指标，按照计算方法不同可分为算术平均数、调和平均数、几何平均数。

1. 算术平均数

算术平均数又称均值，是用一组数据中所有观察值之和除以观察值的个数得到。

（1）简单算术平均数。如果数据是未分组的原始数据，可计算简单算术平均数。统计学中，通常用希腊字母表示总体或总体参数，用英文字母表示样本或样本统计量。总体算术平均数用希腊字母 μ 表示，样本算术平均数用 $\bar{x}$ 表示。

样本算术平均数的计算公式为：

$$\bar{x} = \frac{\sum_{i=1}^{n} x_i}{n} = \frac{x_1 + x_2 + \cdots + x_n}{n} \qquad \text{式} 4-5$$

总体平均数的计算公式为：

$$\mu = \frac{\sum_{i=1}^{N} X_i}{N} = \frac{X_1 + X_2 + \cdots + X_N}{N} \qquad 式4-6$$

其中：n 为样本个数；N 为总体个数。

【例4－6】根据例4－2中的数据，计算某汽车在城市和乡村行驶的平均耗油量。

解：在城市行驶的平均耗油量为：

$$\bar{x}_1 = \frac{\sum_{i=1}^{n} x_i}{n} = \frac{10.1 + 10.4 + \cdots + 10.1}{13} = 9.8(升)$$

在乡村行驶的平均耗油量为：

$$\bar{x}_2 = \frac{\sum_{i=1}^{n} x_i}{n} = \frac{12.1 + 12.9 + \cdots + 11.7}{13} = 11.8(升)$$

（2）加权算术平均数。

如果数据经过分组形成频数分布，可计算加权算术平均数。计算公式为：

$$\bar{x} = \frac{x_1 f_1 + x_2 f_2 + \cdots + x_k f_k}{f_1 + f_2 + \cdots + f_k} = \frac{\sum_{i=1}^{k} x_i f_i}{\sum_{i=1}^{k} f_i} \qquad 式4-7$$

其中：k 为分组的组数；f_i 为第 i 组的频数。

【例4－7】根据表4－2中的数据，计算某公司员工工资的平均值。

解：全部人员的平均工资应该等于工资总额除以总人数，计算过程列于表4－3中。

表4－3　　某公司员工平均月工资

月工资（元）	组中值(x)	人数(f)	各组工资总额(xf)	人数比重 $\left(\frac{f}{\sum f}\right)$	平均月工资 $x \times \frac{f}{\sum f}$
1500以下	1000	8	8000	0.08	80
1500～2500	2000	22	44000	0.22	440
2500～3500	3000	45	135000	0.45	1350
3500～4500	4000	20	80000	0.20	800
4500以上	5000	5	25000	0.05	250
合计	—	100	292000	1.00	2920

$$\bar{x} = \frac{\sum_{i=1}^{k} x_i f_i}{\sum_{i=1}^{k} f_i} = \frac{292000}{100} = 2920(\text{元})$$

加权算术平均数的大小不仅受各组变量值大小的影响，而且受权数（即各组变量值出现的频数）影响，哪一组变量的权数越大，对加权算术平均数的影响也越大。

（3）算术平均数的数学性质。算术平均数在统计学中具有重要的地位，它是进行统计分析和统计推断的基础。从统计思想上看，算术平均数是一组数据的重心，是数据误差相互抵消后的必然结果。比如我们对同一事物进行多次测量，测量结果的不一致可能是由于测量误差导致，也可能是其他因素的偶然影响，采用算术平均数作为代表值，可以使误差相互抵消，反映出事物的真实数量特征。算术平均数具有两个重要的数学性质：

一是各个观察值与算术平均数的离差之和等于零（即式4-8）。这条性质说明，算术平均数的实质含义是采用截长补短的办法，把观察值小于平均数的负离差全部用大于平均数的正离差抵消补齐。

$$\sum_{i=1}^{n}(x_i - \bar{x}) = 0 \qquad \text{式4-8}$$

二是各个观察值与算术平均数的离差平方之和最小（即式4-9）。这条性质说明，以算术平均数之外的任意数值为中心计算的离差平方和总是大于以算术平均数为中心计算的离差平方和，因此，算术平均数是误差最小的总体代表值。

$$\min \sum_{i=1}^{n}(x_i - x)^2 = \sum_{i=1}^{n}(x_i - \bar{x})^2 \qquad \text{式4-9}$$

2. 调和平均数

调和平均数又称倒数平均数，它的计算方法是先求各变量值倒数的算术平均数，将结果再取倒数。调和平均数用 $\overline{X}_H$ 来表示。

简单调和平均数的计算公式如式4-10所示。

$$\overline{X}_H = \frac{n}{\frac{1}{x_1} + \frac{1}{x_2} + \cdots + \frac{1}{x_n}} = \frac{n}{\sum_{i=1}^{n} \frac{1}{x_i}} \qquad \text{式4-10}$$

加权调和平均数的计算公式如式4-11所示。

$$\overline{X}_H = \frac{m_1 + m_2 + \cdots + m_k}{\frac{m_1}{x_1} + \frac{m_2}{x_2} + \cdots + \frac{m_k}{x_k}} = \frac{\sum_{i=1}^{k} m_i}{\sum_{i=1}^{k} \frac{m_i}{x_i}} \qquad \text{式4-11}$$

加权调和平均数常常作为加权算术平均数的变形应用，用于某些经济现象由于数量（产量、销量等）未知、无法直接用算术平均数的公式计算的情况。

【例 4 - 8】根据表 4 - 4 中的数据，计算某公司员工的平均月工资。

表 4 - 4　　某公司员工月工资各组数额　　单位：元

月工资	各组工资额
1500 以下	8000
1500～2500	44000
2500～3500	135000
3500～5000	80000
5000 以上	25000
合计	292000

解：根据表 4 - 4 中的数据，若要计算员工的平均月工资，需要先求出员工人数，再用工资总额除以总人数，计算过程如表 4 - 5 所示。

表 4 - 5　　某公司员工平均月工资

月工资(元)	组中值(x)	各组工资总额(m)	各组人数(m/x)
1500 以下	1000	8000	8
1500～2500	2000	44000	22
2500～3500	3000	135000	45
3500～4500	4000	80000	20
4500 以上	5000	25000	5
合计	—	292000	100

根据式 4 - 11 的计算结果如下：

$$\bar{X}_H = \frac{\sum_{i=1}^{k} m_i}{\sum_{i=1}^{k} \frac{m_i}{x_i}} = \frac{292000}{100} = 2920(\text{元})$$

这一结果与加权算术平均数的计算结果相同，可见，在根据分组数据计算平均数时，若已知条件为各组的变量值（ x_i ）及各组变量值总和（ m_i ）时，可计算加权调和平均数；若已知条件为各组的变量值（ x_i ）及各组的频数（ f_i ）时，可计算加权算术平均数。

3. 几何平均数

几何平均数是 n 个变量值乘积的 n 次方根，用 $\bar{X}_G$ 来表示。几何平均数主要应用于计算比率或速度的平均数，如连续生产的产品合格率、连续销售的本利率、连续储蓄的本息率和环比发展速度等。

（1）简单几何平均数的计算公式如式 4－12 所示。

$$\bar{X}_G = \sqrt[n]{x_1 \cdot x_2 \cdot \cdots \cdot x_n} = \sqrt[n]{\prod_{i=1}^{n} x_i} \qquad \text{式 4－12}$$

【例 4－9】景泰蓝的制作需要经过烧蓝、打磨和镀金三道工序，某工厂生产景泰蓝各工序的合格率分别为 92%、87% 和 93%，求平均合格率。

解：$\bar{X}_G = \sqrt[3]{0.92 \times 0.87 \times 0.93} = \sqrt[3]{0.7444} = 0.9063 = 90.6\%$

该工厂生产景泰蓝三道工序的平均合格率为 90.6%。

（2）加权几何平均数的计算公式如式 4－13 所示。

$$\bar{X}_G = \sqrt[f_1+f_2+\cdots+f_k]{x_1^{f_1} \cdot x_2^{f_2} \cdot \cdots \cdot x_k^{f_k}} = \sqrt[\sum f]{\prod_{i=1}^{k} x_i^{f_i}} \qquad \text{式 4－13}$$

【例 4－10】投资银行某笔投资的年利率是按复利计算的，20 年的利率数据整理如表 4－6 所示，求平均年利率。

表 4－6　某笔投资的年利率分配数据

年　限	年利率（%）	本利率（%）	年数（年）
第 1 年	2	102	1
第 2～3 年	3	103	2
第 4～6 年	4	104	3
第 7～10 年	5	105	4
第 11～15 年	8	108	5
第 16～20 年	10	110	5
合计	—	—	20

解：20 年本利率的几何平均数为：

$$\begin{aligned}\bar{X}_G &= \sqrt[20]{1.02 \times 1.03^2 \times 1.04^3 \times 1.05^4 \times 1.08^5 \times 1.10^5} \\ &= \sqrt[20]{3.5012} \\ &= 1.065 \\ &= 106.5\%\end{aligned}$$

因此 20 年的平均年利率为 6.5%，即 106.5% －1。

几何平均数的应用范围较窄，如果数列中有一个标志值为零或负值，就无法计算几何平均数。

4.1.4 众数、中位数、算术平均数三者的关系

众数、中位数和算术平均数是描述数据集中趋势的3个主要统计量，三者的关系可概括如下：

（1）适用的数据类型有差别。众数适用于所有的定性数据和定量数据；中位数适用于定序数据和所有的定量数据；算术平均数只适用于定量数据。

（2）众数和中位数属于位置平均数，其数值仅仅取决于数据的位置，相比之下，算术平均数利用了更多的数据信息，因此，算术平均数适于进行较为严格的数理推导和统计推断，而众数和中位数则不适合。但也正是因为这一点，算术平均数容易受到数列中极端数值的影响，在这种情况下，中位数和众数往往能更好地反映数据的集中趋势。

（3）众数、中位数、算术平均数三者的数量关系为：如果数据的分布是对称的，则三者的值相等，即 $\bar{x} = M_e = M_o$，如图4－1（a）所示；如果数据分布是右偏的（也称正偏），则有 $\bar{x} > M_e > M_o$，如图4－1（b）所示；如果数据分布是左偏的（也称负偏），则有 $\bar{x} < M_e < M_o$，如图4－1（c）所示。

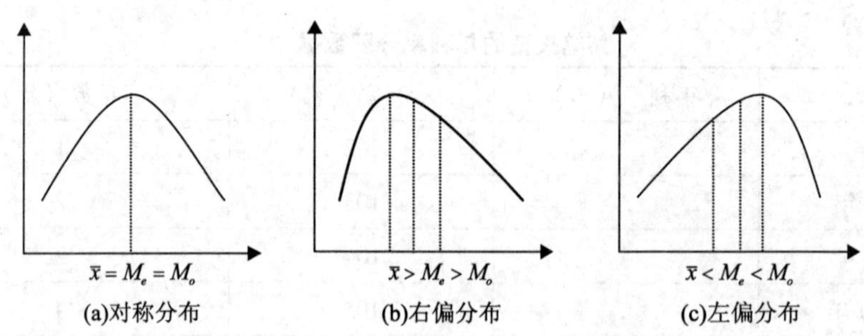

图4－1 众数、中位数和算术平均数的分布

英国统计学家皮尔逊（Pearson）根据大量的统计资料，得出了这3个指标之间的统计关系，如式4－14所示。利用这一关系，可以进行不太精确的推算。

$$\bar{x} - M_o = 3(\bar{x} - M_e) \qquad \text{式4－14}$$

4.2 数据离散趋势的描述

数据的离散趋势是指一组数据远离其中心的程度，也称为离中趋势，用于描述数据离散趋势的常用统计量包括极差、四分位差、平均差、方差、标准差和离散系数等。

4.2.1 极差和四分位差

极差也称全距，是一组数据的最大值与最小值之差，用 R 来表示。

【例 4－11】计算例 4－2 中该款汽车在城市行驶的百公里油耗的极差。

解：
$$R = 10.4 - 8.3 = 2.1\text{（升）}$$

对于分组数据，极差的计算公式为：R ＝最大组的上限－最小组的下限；其中，最大组的上限＝前一组的上限＋组距，最小组的下限＝下一组的下限－组距。

极差的计算非常简单，但它只考虑数据两端的数值，忽略了中间数据的变动情况，不能说明整体的差异程度，尤其是存在极端值的情况下，使用极差衡量数据的离散程度往往不够准确。为了弥补极差的这一不足，可以计算四分位差。

四分位差是数据两个四分位数之差，它反映了中间 50% 数据的离散程度，其数值越小，说明中间的数据越集中；其值越大，说明中间的数据越分散。四分位差不受极端值的影响，此外，由于中位数处于数据的中间位置，因此四分位差的大小在一定程度上也说明了中位数对数据一般水平的代表程度。

4.2.2 平均差、方差和标准差

1. 平均差

平均差（MAD）是各数据对平均数的离差绝对值的平均数。平均差的计算公式如式 4－15 所示。

$$MAD = \frac{\sum_{i=1}^{n} |x_i - \bar{x}|}{n} \qquad \text{式 } 4-15$$

平均差以样本平均数为中心，反映了每个数据与平均数的平均差异程度，平均差越大，说明数据的离散程度越大。但是，平均差为了避免离差之和等于 0 的问题，采用了取离差绝对值来将正负离差抵消，不适合于代数方法的演算，在测度数据离散程度时，更常用的统计量是方差和标准差。

2. 方差

方差是各变量值与平均数离差平方的平均数。

总体方差的计算公式如式 4－16 所示。

$$\sigma^2 = \frac{\sum_{i=1}^{N}(X_i - \mu)^2}{N} \qquad \text{式 } 4-16$$

样本方差的计算公式如式 4－17 所示。

$$s^2 = \frac{\sum_{i=1}^{n}(x_i - \bar{x})^2}{n-1} \qquad \text{式 } 4-17$$

注意：

在式 4－17 中离差平方和是除以 $n-1$，而不是除以 n，这是因为，一般说来总体均值是未知的，在计算离差时用样本均值来代替。数学上已经严格证明，各个样本数值与样本均值的偏差往往比它们与总体均值的偏差小一点，而我们计算方差或者标准差的目的是度量总体的离散程度，因此除以 $n-1$ 而不是 n 正好进行了精确的修正。

3. 标准差

标准差是方差的平方根，也称均方差。

总体标准差的计算公式如式 4－18 所示。

$$\sigma = \sqrt{\frac{\sum_{i=1}^{N}(X_i - \mu)^2}{N}} \qquad \text{式 } 4-18$$

样本标准差的计算公式如式 4－19 所示。

$$s = \sqrt{\frac{\sum_{i=1}^{n}(x_i - \bar{x})^2}{n-1}} \qquad \text{式 } 4-19$$

根据抽样估计的相关知识，样本方差 s^2 是总体方差 σ^2 的无偏估计量。方差和标准差的值越大，说明数据与算术平均数的平均差距越大。

【例 4－12】根据例 4－2 中的数据，计算某款汽车在城市和乡村行驶的百公里油耗的方差和标准差。

解：在城市行驶的百公里油耗的方差为：

$$s_1^2 = \frac{\sum_{i=1}^{n}(x_i - \bar{x})^2}{n-1} = \frac{(10.1-9.8)^2 + (10.4-9.8)^2 + \cdots + (10.1-9.8)^2}{12}$$

$$= 0.36$$

标准差为 $s_1 = 0.60$

在乡村行驶的百公里油耗的方差为：

$$s_2^2 = \frac{\sum_{i=1}^{n}(x_i - \bar{x})^2}{n-1} = \frac{(12.1-11.8)^2 + (12.9-11.8)^2 + \cdots + (11.7-11.8)^2}{12}$$

$$= 0.46$$

标准差为 $s_2 = 0.68$

与平均差相比，方差和标准差是以离差平方的方法来消除正负离差的影响，在数学性质上具有更多的优越性。因此，方差和标准差是应用最广泛的测度数据离散程度的统计量。

4.2.3 离散系数

标准差是反映数据差异水平的绝对值，它既要受到原始数据数值大小的影响，也受原始数据计量单位的影响，因此，对于平均水平不同或计量单位不同的两组数据，采用标准差来测度离散程度是不准确的。为了消除数值大小和计量单位的影响，需要计算离散系数。

离散系数也称为变异系数、标准差系数，是测度数据离散程度的相对量。离散系数（v_s）等于一组数据的标准差（s）与其相应的平均数（$\bar{x}$）之比，计算公式如式4－20所示。

$$v_s = \frac{s}{\bar{x}} \qquad \text{式 4－20}$$

离散系数可用于比较不同样本数据的离散程度，离散系数大说明数据离散程度大，离散系数小说明数据离散程度小。

【例4－13】根据例4－2中的数据，比较某款汽车在两组行驶环境中耗油量数据的离散程度。

已知 $s_1 < s_2$，但是由于两组数据的均值不等，不能直接进行比较，需要计算离散系数：

$$v_1 = \frac{s_1}{\bar{x}_1} = \frac{0.60}{9.8} = 0.061$$

$$v_2 = \frac{s_2}{\bar{x}_2} = \frac{0.68}{11.8} = 0.058$$

则 $v_1 > v_2$，即在城市行驶百公里油耗的离散程度大于在乡村行驶百公里油耗的离散程度。

4.3 数据分布形态的描述

集中趋势与离散趋势是数据分布的两个重要特征，除此之外，数据分布还存在形状是否对称、偏斜状况及扁平程度等，要反映数据分布的这些特点，还需要进一步测定数据的偏度和峰度。

4.3.1 偏度和偏度系数

偏度是指数据分布的偏斜方向和程度。最早由统计学家皮尔逊于 1895 年提出。前面已经提到，利用众数、中位数、算术平均数之间的关系可以大体上判断数据分布是对称、右偏，还是左偏。显然，判断数据偏斜的方向并不困难，但要测度偏斜的程度则需要计算偏度系数，偏度系数是反映数据偏度的统计量，记作 SK。

偏度系数的计算公式如式 4－21 所示。

$$SK = \frac{n}{(n-1)(n-2)} \sum \left(\frac{x_i - \bar{x}}{s}\right)^3 \qquad \text{式 4－21}$$

当数据为对称分布时，正负离差刚好抵消，则 $SK = 0$；如果正离差数值较大，则 $SK > 0$，表示数据分布为右偏；如果负离差数值较大，则 $SK < 0$，表示数据分布为左偏。偏度系数的绝对值越大，说明数据的偏斜程度也越大。

4.3.2 峰度和峰度系数

峰度是指数据分布峰值的高低。测度数据峰度的统计量称为峰度系数，记作 K。峰度一词最早是由统计学家皮尔逊于 1905 年提出的。

用峰度系数说明分布的尖峭和扁平程度，是与标准正态分布的峰度系数进行比较而言的。通常情况下，标准正态分布的峰度系数为 3，所以当 $K > 3$ 时，数据分布较为尖峭，如图 4－2（a）所示；当 $K < 3$ 时，数据分布较为扁平，如图 4－2（b）所示。

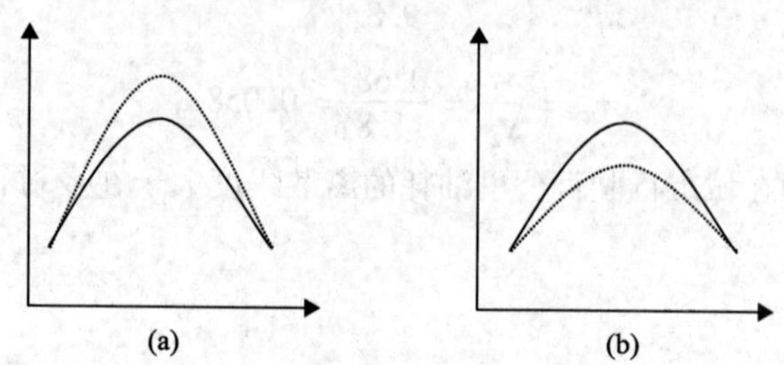

图 4－2 尖峰分布与平峰分布

峰度系数的计算公式如式 4－22 所示。

$$K = \frac{n(n+1)}{(n-1)(n-2)(n-3)} \sum \left(\frac{x_i - \bar{x}}{s}\right)^4 - \frac{3(n-1)^2}{(n-2)(n-3)} \qquad \text{式 4－22}$$

4.3.3 利用统计软件计算描述统计量的方法

1. 利用 Excel 软件计算描述统计量的方法

具体步骤：选择【工具】→【数据分析】→【描述统计】，单击【确定】；在弹出的对话框中，在【输入区域】输入原始数据所在的区域，在【输出区域】中输入结果的输出位置，点击【汇总统计】复选框，单击【确定】，即可得到各统计量的值，如图 4－3 所示。

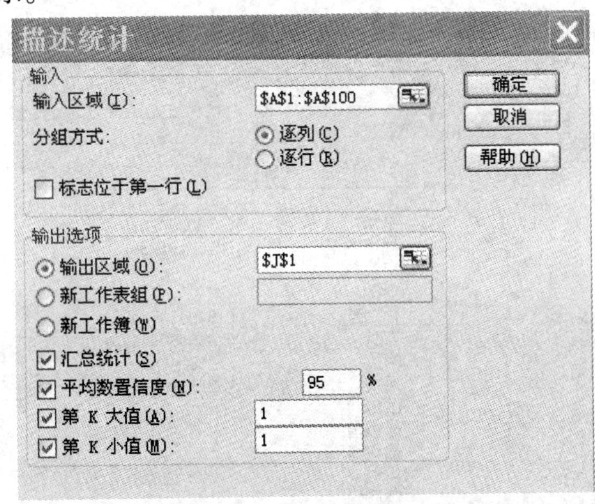

图 4－3 Excel 的【描述统计】对话框

此外，使用 Excel 中的描述统计函数也可以计算描述统计量，常用的描述统计函数列于表 4－7 中。

例 4－2 中各描述统计量的计算结果如图 4－4 所示。

表 4－7 Excel 的常用描述统计函数

函数名称	功　能
AVEDEV	计算平均差
AVERAGE	计算算术平均数
GEOMEAN	计算几何平均数
HARMEAN	计算调和平均数
MODE	计算众数

续表

函数名称	功 能
MEDIAN	计算中位数
STDEV	计算标准差
KURT	计算峰度系数
SKEW	计算偏度系数

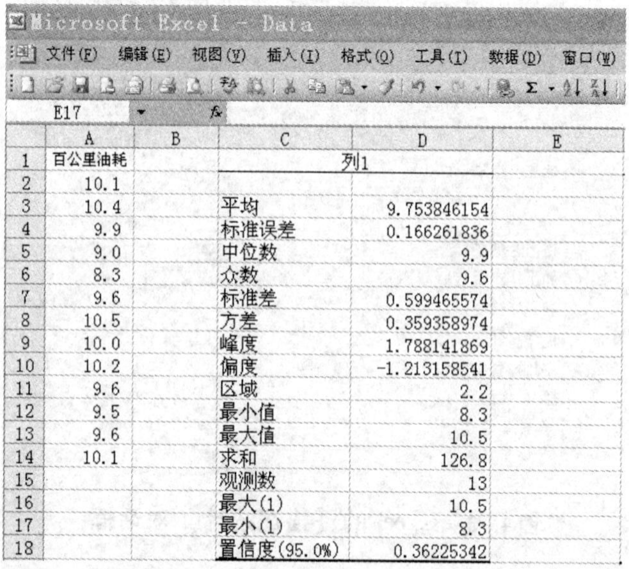

Microsoft Excel - Data

文件(F) 编辑(E) 视图(V) 插入(I) 格式(O) 工具(T) 数据(D) 窗口(W)

E17

	A	B	C	D	E
1	百公里油耗		列1		
2	10.1				
3	10.4		平均	9.753846154	
4	9.9		标准误差	0.166261836	
5	9.0		中位数	9.9	
6	8.3		众数	9.6	
7	9.6		标准差	0.599465574	
8	10.5		方差	0.359358974	
9	10.0		峰度	1.788141869	
10	10.2		偏度	-1.213158541	
11	9.6		区域	2.2	
12	9.5		最小值	8.3	
13	9.6		最大值	10.5	
14	10.1		求和	126.8	
15			观测数	13	
16			最大(1)	10.5	
17			最小(1)	8.3	
18			置信度(95.0%)	0.36225342	

图 4-4 Excel 计算描述统计量输出结果

例如，要计算例 4-2 中汽车行驶每百公里油耗的算术平均数，可单击任意空白单元格，输入“=AVERAGE（）”，在括号内输入数据所在的区域，回车后可得到算术平均数的值。

2. 利用统计软件 SPSS 计算各类描述统计量

具体步骤为：在【Analyze】菜单中选择【Descriptive Statistics】→【Frequencies】，打开【Frequencies】对话框，在对话框中将需要进行统计的变量选入【Variables】框中，点击右边的【Statistics】按钮，打开如图 4-5 所示的对话框。

对话框中包含了各类描述统计量，如测度集中趋势的平均数、中位数、众数，测度离散趋势的全距、方差、标准差，以及偏度和峰度值。选中所需统计量前面的复选框，单击【Continue】→【OK】，即得到各统计量的值。

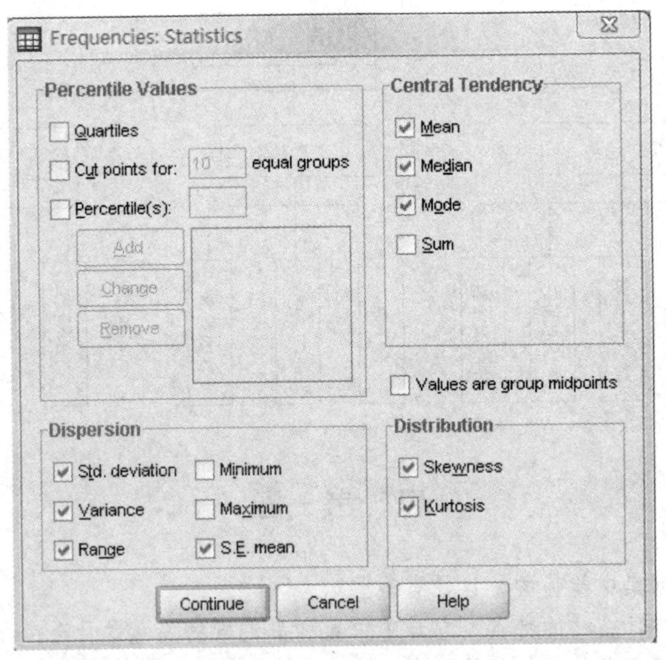

图 4-5 SPSS 的【Statistics】对话框

本章小结

1. 数据的分布特征包括集中趋势、离散趋势和分布形态。集中趋势是指一组数据分布的一般水平。用来描述集中趋势的统计量有众数、中位数、算术平均数、调和平均数、几何平均数等。

2. 离散趋势是指一组数据远离其中心的程度。用于描述数据离散趋势的统计量包括极差、平均差、方差、标准差、离散系数等。

3. 偏度指数据分布的偏斜方向和程度，峰度指数据分布峰值的高低，分别用偏度系数和峰度系数来反映。

数据的分布特征和适用的描述统计量总结如下：

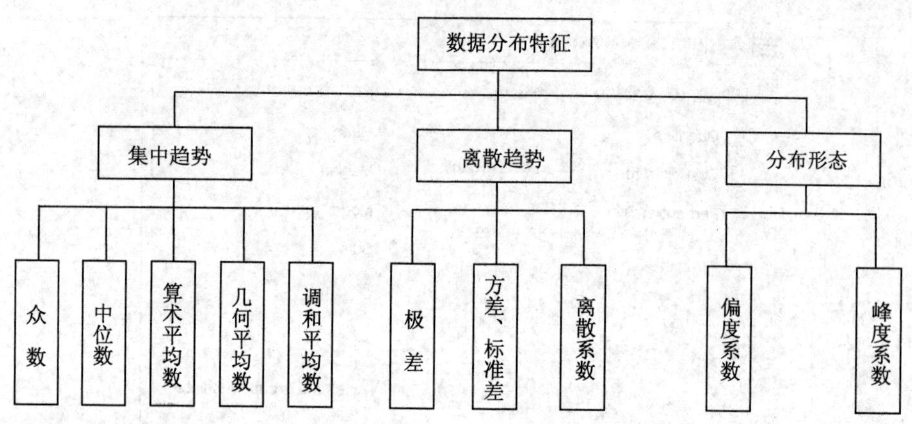

思　考　题

1. 描述数据集中趋势的统计量有哪些?
2. 众数具有什么样的特点?它与中位数和平均数的关系是什么?
3. 描述数据离散趋势的统计量有哪些?各自的含义是什么?
4. 什么是偏度?什么是峰度?各用什么统计量来描述?

第五章　抽样调查与参数估计

学习目标

1. 掌握抽样调查、总体、样本、重复抽样、不重复抽样、总体指标、样本指标和抽样误差等基本概念。

2. 了解抽样调查的特点、抽样调查的作用、抽样调查的一般步骤、分层抽样、等距抽样和集团抽样等基本方法。

3. 掌握简单随机抽样、抽样误差的计算和总体均值的点估计和区间估计方法。

关键名词

抽样调查　重复抽样　不重复抽样　总体指标　样本指标　抽样误差　简单随机抽样

在前面几章中，我们介绍了统计数据的搜集、整理和显示的有关内容，还讨论了统计数据特征的描述性方法，这些内容在统计学上都属于描述性统计。从本章开始，我们将介绍统计推断的基础知识，统计推断主要包括：参数估计、假设检验、方差分析、相关和回归分析，由于抽样调查是统计推断的基础，我们将在本章中先介绍抽样调查，然后介绍参数估计。

5.1　抽样调查的一般问题

在日常生活中，抽样调查的活动非常普遍，所谓抽样调查就是人们通过调查群体中的一部分个体来了解整个群体的情况，大家在电视画面中经常看见记者拿着话筒在街头随意采访碰到的民众对某种现象的看法，就是一种抽样调查；电视台调查某个节目的收视率，厂家对生产的产品了解市场反应，也都是通过抽样调查进行；为了了解河流湖泊的水质和大气污染情况，也都要做抽样调查的工作。因此，抽样调查具有非常广泛的应用性。

5.1.1　抽样调查的概念

1. 抽样调查的含义

1802 年法国数学家拉普拉斯受政府委托对法国人口数目进行估计的工作，是历史上较早进行的抽样调查。抽样调查是按照随机原则从总体中抽取部分单位组成样本进行观察，并以这部分单位的观察结果推断总体数量特征的一种统计分析方法。例如，某轮胎生产企业设计开发一种新产品，这种新型轮胎的使用寿命超过了企业现在生产的产品，为了对这种新型轮胎的平均使用寿命做出估计，企业选择 120 个这种新型轮胎组成样本进行检验，检验结果为样本平均值等于 6 万公里，于是，这个企业生产的这种新型轮胎平均使用寿命的估计值为 6 万公里。显然，在这个问题中，我们通过检验企业生产的每个新型轮胎的使用寿命是不可行的，抽样调查是获取这种新型轮胎平均使用寿命的唯一方法。我们再考虑另外一个例子，某所大学有 20000 名学生，要了解这些学生的每周上网时间，我们可以采用全面调查的方法，对每一位学生的上网时间情况进行调查，得到他们的每周平均上网时间，但这样所花费的时间和投入的人力、物力会比较多，我们通过调查其中部分学生（如 300 名同学）的上网时间情况，然后算出这部分学生的每周平均上网时间，并用这部分学生的每周上网时间去推断全校几万名学生的每周上网时间。

所谓“随机原则”就是在抽取样本单位时，不掺杂调查者的主观意愿，使总体中每一个单位都有同等的机会被抽到。按照随机原则抽取样本单位是抽样调查的前提，因为抽样调查是以概率论中一系列定理为数学依据来进行的，只有在随机原则的基础上才可能利用概率论中的有关定理来研究样本指标和总体指标之间的关系，确定合理估计量，并为抽样调查寻求有效的抽样组织形式建立科学的理论基础。

由于在挑选样本时未能按照随机原则进行而造成失误的例子，在应用上不少见。历史上一个有名的例子，就是美国的刊物《文学文摘》预测 1936 年美国总统选举结果发生的重大失误，当年有两位候选人，即民主党候选人罗斯福和共和党候选人罗登，当时，大多数民意测验、新闻机构和政治观察家都预测罗斯福会获胜，但《文学文摘》却预言兰登会以 57%:42% 的优势战胜罗斯福。最后结果，罗斯福以 59%:41% 的压倒优势胜选。由于这个重大的失误，这家杂志不久就宣布破产。《文学文摘》做出的这个预测，并非是一种主观臆断，而是根据样本容量为 240 万人的民意测验做出的，问题出在样本选择上，该刊物是从电话号码簿和汽车登记名单中选择的样本，而在 1936 年美国许多家庭没有汽车或电话，只有那些富有的家庭才有电话或汽车，而这些人倾向于支持共和党候选人，从而造成了其估计结果产生如此大的偏差。

类似于这样的情况，在实际工作中也时有发生，如调查某地区的农民经济状况，为图方便，更多地在交通沿线和城镇附近多找些调查对象，从而造成最终结果的偏差。

2. 抽样调查的特点

抽样调查同其他统计调查方法相比，具有以下特点：

第一，抽样调查属于非全面调查。统计调查中有全面调查和非全面调查，全面调查要调查总体中每个单位，一个也不遗漏，而抽样调查只是调查总体中的部分单位。

第二，抽样调查是按照随机原则抽取部分单位进行调查。统计调查中的重点调查和典型调查也属于非全面调查，但是在选择调查单位时，都不是按照随机原则进行的，重点调查是对总体客观上存在着的重点单位进行的调查，典型调查则是有意识地选择部分单位进行调查，抽样调查是按照随机原则抽取单位进行调查。

第三，抽样调查的目的是推断总体的数量特征。重点调查的目的是为了掌握总体的基本情况，典型调查则是对具有典型意义或具有代表性的个别事物进行深入的调查研究。

第四，抽样调查会产生抽样误差，但是，这种误差可以事先估计，并可以控制在允许的范围之内。例如，对某高校5%学生的消费水平进行调查，得到人均月消费额是300元，利用该结果对全校学生的人均月消费水平进行推断，是会产生误差的，但是其误差不超过55元的概率保证程度不低于90%，如果认为这个估计的可靠程度能够满足要求，我们就可以用这5%学生的人均消费额代表某高校大学生人均消费水平。如果不能满足要求，则需要调整抽样方式或样本容量，来提高结论的可靠程度。

3. 抽样调查的作用

抽样调查是一种投入少、成效大、事半功倍的调查方法，这种调查方法在世界多数国家得到广泛的应用，联合国于1947年在其“统计司”中建立了一个抽样分委员会，发布过一些指导性文件，对抽样调查方法在全球的推广应用起到了很大作用。近几年来，抽样调查方法在我国统计调查中也发挥了很大作用，处于主要的地位，如5岁以下儿童死亡情况的抽样调查、全国粮食受农药污染情况的抽样调查、妇女社会地位的抽样调查等。抽样调查的作用主要体现于以下几个方面：

第一，有些不可能进行全面调查的总体，而又要了解全面情况的，只能采用抽样调查。例如，对于全国居民家庭生活消费情况的调查，如果对全国每个家庭进行逐一考察，其费用将达到惊人的数目。

第二，有些不具备考察总体所有单位的可行性。例如对水库里鱼的存量、森林地区的蓄材量等。

第三，有些试验是破坏性的，也只能采用抽样调查。例如在工业生产领域，对钢板、金属丝等类似产品需要保证最小的拉伸力，为确保产品达到了最低标准要求，质检部门从产品中抽取样本，进行拉伸试验。显然，如果所有产品都进行拉伸力试验，那么所有的产品都会被破坏，只能使用抽样调查的方法。

第四，有些能够进行全面调查的总体，但没有必要进行全面调查，通过抽样调查这种非全面调查，既可以节省大量的人力、物力、时间，又可以达到调查的要求。特别是有些信息的时效性很强，也只能通过抽样调查才能为决策和实施及时提供支持。

第五，抽样调查结果还可以用于对全面调查质量的检验。例如，在人口普查后，往往用抽样调查来检验人口普查的质量。

5.1.2　抽样调查中的基本概念

抽样调查涉及到的基本概念有：总体和样本、重复抽样和不重复抽样、总体指标和样本指标。有些概念前面有所涉及，这里我们再重申一下。

1. 总体和样本

（1）总体。总体是调查对象所包括的所有单位，是我们所要研究事物的全体。例如某城市居民家计调查中的所有居民家庭数；某大学学生每周上网调查中的全部学生；某种需要检验说明其质量状况的所有产品。总体是我们最终要说明或认识的对象的全体。总体单位数目用大写字母“N”表示，说明总体规模的大小。在具体的一项抽样调查中，总体是确定的、唯一的。

（2）样本。样本是按照随机原则从总体中抽取出来的单位所构成的集合。例如，从某城市所有居民家庭中抽取出来500户居民家庭组成的样本；从某大学中抽取5%的学生组成的样本；从某产品中抽取出100件产品组成的样本等。样本单位数又称样本容量，通常用小写字母“n”表示，n的大小由调查要求和总体标准差等因素决定。

因此，作为抽样调查对象的总体是确定的、唯一的，但作为观察对象的样本则是随机的、不确定的，不同的人进行调查抽取的观察对象可能不同。抽样调查就是由这随机、不确定的样本观察值去估计确定的、唯一的总体数值。

（3）样本个数。样本个数又称样本可能数目，是指从一个总体中可能抽取多少个样本，样本个数的多少与抽样方法有关。

2. 重复抽样和不重复抽样

从抽样方法来看，抽样可以分为：重复抽样和不重复抽样。

（1）重复抽样也称回置抽样，是指从总体中随机抽取一个单位，记录其标志值后，把它放回总体中继续参加下一轮样本单位的抽取。也就是说，每次都是从N个单位中抽选，同一个单位有可能被重复抽中。

（2）不重复抽样也称不回置抽样，是指从总体中随机抽取一个单位后，登记后不放回，而从剩下的总体单位中抽取下一个样本单位。也就是说，每抽取一个样本单位后，总体单位数就少一部分，因而每个单位中选的可能性在各次是不同的。每个单位最多被抽中一次，不会被重复抽中。

重复抽样和不重复抽样这两种抽样方法，对抽样误差的影响是不同的，重复抽样的抽样误差要大于不重复抽样的抽样误差。

3. 总体指标和样本指标

（1）总体指标也称为总体参数，是根据总体各个单位的标志值计算的统计指标，是进行统计推断的对象，因为总体是确定的、唯一的，所以总体指标也是确定的、唯一的。例如某城市居民家庭的平均人数、人均收入；某学校全体学生的平均身高、平均成绩等。在抽样调查中，我们事先并不知道这个数值的大小，需要通过抽样调查，根据样本的数值来估计。常见的总体指标有：总体的平均数指标（μ）、总体成数（比率）指标（P）、总体方差（σ^2）和总体标准差（σ）。

设 X_1，X_2，…，X_N 是总体单位为 N 的总体中各个总体单位的标志值，总体指标的公式分别如式 5 -1、式 5 -2、式 5 -3、式 5 -4 所示。

总体均值：$\mu = \frac{\sum_{i=1}^{N} X_i}{N}$ 式 5 -1

总体成数：$P = \frac{N_1}{N} = \frac{\text{总体中具有某种特征的单位数}}{\text{总体单位数}}$ 式 5 -2

总体方差：$\sigma^2 = \frac{1}{N}\sum_{i=1}^{N}\left(X_i - \mu\right)^2$ 式 5 -3

总体标准差：$\sigma = \sqrt{\sigma^2}$ 式 5 -4

当总体确定后，上述指标都是确定的常数。

（2）样本指标就是根据样本各个单位的标志值计算的指标，如抽取某城市 500 户居民家庭得到的人均月收入、人均生活费支出；某学校抽取 5% 学生的平均身高、平均成绩等。

样本指标不是唯一的。有一个样本，就有一个样本指标值，一个总体有多少个样本，就会有多少个样本指标值。因此，样本指标是随机变量，它只与给定的样本有关，这样的样本指标也称为统计量。统计量是用来估算总体参数的，因此，和常用的总体参数对应的样本指标有样本均值（$\bar{x}$）、样本成数（p）、样本方差（s^2）和样本标准差（s）。各样本指标的公式分别用式 5 -5、式 5 -6、式 5 -7、式 5 -8 表示。

样本均值：$\bar{x}=\frac{\sum_{i=1}^{n}x_i}{n}$　　式 5－5

样本成数：$p=\frac{n_1}{n}=\frac{\text{样本中具有某种特征的单位数}}{\text{样本单位数}}$　　式 5－6

样本方差：$s^2=\frac{1}{n-1}\sum_{i=1}^{n}\left(x_i-\bar{x}\right)^2$　　式 5－7

样本标准差：$s=\sqrt{s^2}$　　式 5－8

当样本给定后，上述指标值都是已知的数值。

5.1.3　抽样调查的一般步骤

一项完整的抽样调查，从开始到结束包含若干个既互相独立又互相联系的工作阶段，一般来说，包括以下几个阶段。

1. 确定调查目的与要求

任何抽样调查都是在一定的目的下进行的，不同的研究目的和要求，决定着不同的调查内容和范围。因此，在进行抽样调查时，首先要明确调查目的和要求，在此基础上，进一步明确调查对象和调查单位，调查对象是解决在什么范围内进行调查，调查单位是确定由谁提供调查资料的问题。然后，要明确需要估计的总体指标和具体的精度要求，以便确定样本容量。最后，指定调查的具体实施计划，包括调查的时间、地点、进度安排、调查人员的培训和经费预算等。

2. 设计抽样方案

抽样方案就是指抽取样本的方法和样本容量的大小。抽取样本的方法有简单随机抽样、等距抽样、分层抽样和集团抽样等。样本容量的大小与总体差异程度、抽样方法和抽样调查的精度要求等方面有关。科学的设计抽样方案，可以取得事半功倍的效果。

3. 抽取样本

抽取样本包括编制抽样框和样本抽取。将总体中的所有单位划分为抽样单元，对抽样单元编上号码的工作就是编制抽样框，抽样单元应该互不重叠，并且能够合成总体。抽样框必须全面完整、及时更新、尽量减少偏差。抽样单元不一定是组成总体的最小单位，如家计调查中把户作为抽样单元。常见的抽样框如选民名单、电话号码簿、工资名单等。然后根据抽样方案利用随机数在抽样单元中抽取样本。

4. 样本调查

样本调查包括调查问卷设计、调查员的培训和调查内容的搜集。问卷设计又称调查表，是保证调查质量的关键环节，调查问卷应该根据调查目的和最终要形成的调查报告或汇总表的内容来设计，为了保证质量，可以对初步拟定的问卷先做试点调查，以便对问卷作进一步修改。在进行调查时调查员对于调查数据的质量起着关键性作用，为使他们明确调查目的和要求、准确理解调查问卷中的问题和掌握一定的调查技巧，必须对调查员进行事先培训。调查内容的搜集是指调查方式的选择，调查方式包括邮件调查、网络调查、入户访谈等方式。

5. 数据整理

对于调查得到的数据，首先进行检查，这包括数据计算检查、资料逻辑检查；其次根据事先拟定的要求进行输入、分类、汇总、计算和打印汇总表等。

6. 分析数据结果撰写调查报告

调查报告是整个调查工作的集中体现，人们往往通过调查报告对整个项目的完成状况进行评价，撰写调查报告涉及的方面很多，这里我们不进行详细论述。

5.2 抽样方案

抽样可以按照多种不同的组织形式来进行。不同的抽样方法意味着对总体信息不同程度的利用和不同的调查成本，它们之间的抽样效果存在较大的差异。一种科学的抽样方法往往能以更小的样本容量、更小的调查费用，取得更好的调查效果。在统计实践中采用的抽样方法主要有简单随机抽样、分层抽样、等距抽样和集团抽样等。这里我们进行概要的介绍。

5.2.1 简单随机抽样

1. 简单随机抽样的概念

简单随机抽样也称为纯随机抽样，就是在选取样本时，总体中每个单位或个体有同样的概率被抽中。简单随机抽样分为有放回抽样和无放回抽样，无放回抽样更为常用。

我们以一个简单的例子来说明这种方法。

例如，某社区有人口 1 万，使用简单随机抽样的方法进行 1% 的抽样调查。我们首先将 10000 人从 1 ~ 10000 编号，每人各有一个号码；其次，准备 10000 个大小质地一样的球，其上面分别写上数字 1 ~ 10000，将球放在一个不透明的大口袋中，充分打乱顺序，使得每个球被抽出的可能性相同，从中抽出 100 个球，这 100 个球上的数字所对应的那 100 个人，就构成了样本。

2. 简单随机抽样的特点

简单随机抽样从理论上来说比较简单，是许多更复杂的抽样方法的理论基础，但是，在实施上却是最复杂的一种随机抽样方法，在大型的抽样调查工作中很少使用。

如果总体的规模比较大，那么给总体中每个个体编号就比较麻烦，但是，也没有什么简便方法可以代替，如果组织工作做得好，可以使调查工作有条不紊减少错误。有时，总体中的单位已经被标记了号码，例如，每个成年人都有身份证码，大学中的每个学生都有学生号码，但是，有的情况下，现有的编号方式具有内在的缺陷，使其不适宜作为总体编号的方法，例如，运用电话号码进行简单随机抽样就不合适，因为并不是所有的人都有电话，因而电话簿无法列出给定区域内的所有人。

对样本中的每个个体进行调查，也不是一件容易的事情。如果样本中的个体在地域上分布很广，调查就非常麻烦；如果使用电话、邮寄等方式进行通讯调查，往往出现“调查对象不回答”的问题，造成的影响比当面访问更严重，仅仅根据愿意回答者所提供的资料进行分析，其统计分析结果会产生偏差。

为了避免因抽签而准备“工具”的麻烦，现在人们往往运用随机数表或根据计算机随机数生成器产生的随机数进行简单随机抽样。随机数表是一本完全由数字 0，1，…，9 组成的表，其中每个数字都是用随机的方式决定的。历史上第一个这样的表是由英国统计学家 Tippett 于 1927 年出版的《随机抽样数表》，该书共 26 页，含 41600 个数字，表 5 - 1 是该书中的一部分，是按 4 个数字一组排列，5 组成一单元，这种排列是为了使用上的方便。

我们举例说明使用随机数表进行简单随机抽样。假设我们有一个由 90 个个体组成的总体，要从中随机抽取 10 个作为样本。首先把总体中的个体按 0 ~ 89 编号，查随机数表 5 - 1，取最左边的两位，组成一些 2 位数，由上至下依次是：78、32、29、83、55、26、32、27、74、53、92、58、28、51……其中 32 重复出现，只保留一个；92 超过了 89，不能要。最后得到 10 个既不重复又不超过 89 的数，即 78、32、29、83、55、26、27、74、53、58。这些号码所对应的个体被选入样本。如果样本容量不止 10，就要继续往下，找出 28、51，如果两列不够，再用第 3、4 列，找出 16、04 等，直到取足所需个数为止；如果总体的单位数多于 100，但不多于 1000，就要把表中前 3 列联合起来使用，得到 781、320 等号码，依次类推。

简单随机抽样往往适用于总体规模较小，抽样框完备的调查。

表 5-1 随机数表

7816	6572	0802	6314	0702	4369	9728	0198
3204	9243	4935	8200	3623	4869	6938	7481
2976	3413	2841	4241	2424	1985	9313	2322
8303	9822	5888	2410	1158	2729	6443	2943
5556	8526	6166	8231	2438	8455	4618	4445
2635	7900	3370	9160	1620	3882	7757	4950
3211	4919	7306	4916	7677	8733	9974	6732
2748	6198	7164	4148	7086	2888	8519	1620
7477	0111	1630	2404	2979	7991	9683	5125
5379	7076	2694	2927	4399	5519	8106	8501
9264	4607	2021	3920	7766	3817	3255	1640
5858	7766	3170	0500	2593	0545	5370	7814
2889	6628	6757	8231	1589	0062	0047	3815
5131	8186	3709	4521	6665	5325	5383	2702
9055	7196	2172	3207	1114	1384	4359	4488
7900	5870	2606	8813	5509	4324	0030	4750
3693	9212	0557	7369	7162	9568	1312	9438
0380	3338	0138	4560	4230	6496	3806	0347
0246	4469	9719	8316	1285	0357	2389	2390
7266	0081	6897	2851	4666	0620	4596	3400
9312	4779	5737	8918	4550	3994	5573	9229
6111	6098	0965	7352	6847	3034	9977	3770
2310	4476	9148	0679	2662	2062	0522	9234
9826	8857	8675	6642	5471	8820	4308	2105
6703	8248	6064	6962	0053	8188	6494	4509
1110	9486	6533	3954	1944	1516	1682	3404
9651	1456	5613	0357	4244	3341	9605	3567
8350	5728	4338	0824	7899	1307	5814	8688
6982	5126	7736	3383	6215	3441	8578	2277
6490	7644	7085	8361	5662	4141	9877	3747
8570	2150	8140	4355	5321	2548	0208	7543
9169	0408	4353	6122	8912	9930	4169	6032
2127	0162	6176	4969	8185	9312	8748	8575
8090	9872	1968	0263	0081	2662	6831	3106
2959	9011	1448	4346	7019	8148	1557	8400

资料来源：［英］Tippett：《随机抽样数表》，1927 年出版，第 14 页。

5.2.2 分层随机抽样

分层随机抽样也称分类抽样或类型抽样，是通过将总体各个单位按照某种标志加以分类，然后再从各层中按随机原则抽取一定数量的单位组成一个样本。

分层随机抽样能够保证样本在宏观上具有更好的代表性。如果按照简单随机抽样的方式抽取样本，则随机的作用可以使在样本中各层的比例与其在总体中的比例产生较大的差距，特别是在样本容量较小时更显著。

进行分层随机抽样要求分层合理，并且要清楚各层所含个体数的比例，如果对各层所含个体数的认定有较大的偏差，则在样本中将产生系统性偏差而影响结果的精度。

任何分层都必须确保各层之间是互斥的，总体中的每个单位都必须唯一地分配到特定的层中。

5.2.3 等距抽样

等距抽样也称机械抽样或系统抽样，是对各单位按照某一标志进行排队，在抽样框中随机抽取一个单位作为起始单位，然后按相等间隔抽取样本单位组成样本。

例如，对一个100000条的名册抽样框进行2%等距抽样，就是按照一定的间隔选取2000个样本。我们在前50个名字中随机抽取起始单位，因为50×20=100000，所以为了确保抽够2000个单位，起始单位必须在前50个样本内，抽取间隔也是50个样本，假定抽中的起始单位是第35个名字，那么按照间隔依次抽取，直到抽满2000人（第35人，第85人，第135人，……）。

等距抽样的最大特点是组织方便，易于实施。因为每个样本单位的间隔相等，所以当第一个单位随机确定后，整个样本的所有单位也就确定了。在通常情况下，等距抽样可以保证被抽取的单位在总体中均匀散布，有利于提高样本代表性。

然而，等距抽样不是严格意义上的随机抽样，只有初始单位是随机确定的，其他单位由初始单位和间隔决定，这样，若第一个样本单位抽取不当，将影响抽样结果的代表性。因此，在等距抽样中，应该避免抽样间隔与现象本身的周期性节奏相重合，以至于破坏样本的代表性。

5.2.4 集团抽样

集团抽样也称整群抽样，它是将总体单位按照某种标准划分为一些集团，先抽取一些集团（凡未被抽中的集团，其中的个体皆不进入样本），然后在每一个抽出的集团中按照某种方式抽出一些个体，组成样本。

当总体的分布比较分散时，集团抽样就是比较合适的抽样方法，因为只调查一个或几个地区的样本比进行大范围的调查要容易方便得多。

集团抽样的优点在于当没有合适抽样框的情况下，这可能是唯一适合的方法，集团抽样能够缩小调查的地理范围，降低调查费用。集团抽样的缺点在于抽中的集团可能具有相似特征，使得样本的代表性不足。

5.3 抽样误差

在抽样调查中，误差不可避免，其中有的误差是由抽样引起的，称为抽样误差，有的误差不是由抽样引起的，称为非抽样误差或偏差。抽样误差的大小表明抽样效果的好坏或抽样质量的高低，因此，抽样误差是抽样调查中的一个重要概念，这里我们对抽样误差进行专门论述。

5.3.1 抽样误差的概念及其影响因素

1. 抽样误差的概念

抽样误差是指具体的样本数值和总体指标之间的差异。例如，某公司全体职工的每周平均加班工资为110元，而抽样调查得到的职工每周平均加班工资为100元，抽样误差为10元；如果抽样调查得到的职工每周平均加班工资为90元或120元，则抽样误差为-10元或20元。这里要注意的是，在抽样调查的实际工作中，由于总体指标未知，所以，这种误差是无法计算的。

在抽样工作中经常产生误差，有的误差是由于在调查工作过程中观察、测量、登记、汇总、计算上的差错所引起的误差，这类误差我们称为工作误差，也称作登记误差；有的误差是由于违反了抽样调查的随机性原则，有意识地选择较好或较差的单位进行调查而出现的误差，这类误差我们称为系统性误差，往往带有整体偏高或偏低的倾向。这两类误差都是非抽样误差，误差的大小与样本容量大小之间没有关系，可以防止或避免。

抽样误差是在遵守随机原则的前提下，可能抽到的各种不同组合的样本，其样本指标值同总体指标之间的差异。抽样误差是不可避免的，其大小取决于样本容量，样本容量越大，抽样误差越小。

抽样误差的重要性质是我们可以计算出任意样本容量下的误差值。抽样调查中的误差是由抽样误差和非抽样误差两部分构成，只有同时减小这两类误差才可能减少整个误差，如果抽样设计存在问题，即使增加样本容量也不能减少抽样误差。

2. 影响抽样误差的因素

具体来说，抽样误差的大小受以下几个方面因素的影响。

第一，总体各单位标志值的差异程度。在其他条件不变的情况下，总体差异程度越大，抽样误差越大，反之，抽样误差越小。

第二，样本容量的大小。在其他条件不变的情况下，样本容量越大，样本对总体的代表性就越强，抽样误差就越小，反之，抽样误差就越大。若样本容量等于总体单位数目，抽样调查就变成全面调查，抽样误差就不存在了。

第三，抽样方法不同。一般来说，抽样方法不同，抽样误差也不同。重复抽样的抽样误差往往比不重复抽样的抽样误差大。

第四，抽样组织方式不同。不同的组织方式，会有不同的抽样误差。这方面的内容我们在后面具体讨论。

5.3.2　样本均值的标准差

抽样误差的大小常用样本均值的标准差（又称标准误）来度量。这里我们来介绍样本均值的标准计算公式。

设有一个总体含有 N 个总体单位，从该总体中随机抽取 n 个单位组成一个样本，此种样本的个数 M 为：

$$M=\begin{cases} N^n & \text{在重复抽样的情况} \\ N!\ /\ (N-n)! & \text{在不重复抽样的情况} \end{cases}$$

对于总体某个指标 X 的均值 $E(X)=\mu$，相应地第 i 个样本也有一个样本均值记为 $\bar{x}_i$，随着抽取的样本不同，样本均值与总体均值 $E(X)$ 总是有偏差，该偏差可大可小，可正可负，我们将这些偏差的平均平方和称为样本均值的方差，公式为式 5－9。

$$\sigma_{\bar{x}}^2=\frac{1}{M}\sum_{i=1}^{M}(\bar{x}_i-\mu)^2 \qquad \text{式 5－9}$$

样本均值的标准差，简称标准误，公式为式 5－10。

$$\sigma_{\bar{x}} = \sqrt{\sigma_{\bar{x}}^2} = \sqrt{\frac{1}{M}\sum_{i=1}^{M}(\bar{x}_i-\mu)^2} \qquad 式 5-10$$

如果我们考察该总体中具有某一特征的单位在总体中所占比率 P，那么对第 i 个样本有一个样本比率 p_i，所有样本比率 p_i 对总体比率 P 的偏差的平均平方和，称为样本比率的方差：

$$\sigma_p^2 = \frac{1}{M}\sum_{i=1}^{M}(p_i-P)^2 \qquad 式 5-11$$

样本比率的标准差，简称比率的标准误，表示为式 5－12：

$$\sigma_p = \sqrt{\sigma_p^2} = \sqrt{\frac{1}{M}\sum_{i=1}^{M}(p_i-P)^2} \qquad 式 5-12$$

【例 5－1】设有 A、B、C、D 四个学生，他们某门学科的考试成绩分别为 68 分、74 分、85 分、95 分，这一总体的平均成绩分 $E(X)=\mu=80.5$（分），成绩的标准差 σ 为 10.36 分。

总体均值（根据式 4－6）：$\mu = \frac{\sum_{i=1}^{N}X_i}{N} = \frac{68+74+85+95}{4} = 80.5$（分）

总体标准差（根据式 4－18）：

$$\sigma = \sqrt{\frac{\sum_{i=1}^{N}(X_i-\mu)^2}{N}}$$

$$= \sqrt{\frac{(68-80.5)^2+(74-68.5)^2+(85-80.5)^2+(95-68.5)^2}{4}}$$

$$= \sqrt{\frac{429}{4}} = 10.356(分)$$

按照重复抽样的方法从 4 个人中每次抽取 2 个人的成绩组成样本，一共有 16 种可能的样本组合，样本指标的分布见表 5－2。

表 5－2　样本均值的方差计算（重复抽样情况）

编号	样本	样本变量	样本均值 x_i	均值偏差 $(x_i-\mu)$	偏差平方 $(x_i-\mu)^2$
1	A，A	68，68	68	－12.5	156.25
2	A，B	68，74	71	－9.5	90.25

统计学

续表

编号	样本	样本变量	样本均值 x_i	均值偏差 $(x_i-\mu)$	偏差平方 $(x_i-\mu)^2$
3	A，C	68，85	76.5	-4	16
4	A，D	68，95	81.5	1	1
5	B，A	74，68	71	-9.5	90.25
6	B，B	74，74	74	-6.5	42.25
7	B，C	74，85	79.5	-1	1
8	B，D	74，95	84.5	4	16
9	C，A	85，68	76.5	-4	16
10	C，B	85，74	79.5	-1	1
11	C，C	85，85	85	4.5	20.25
12	C，D	85，95	90	9.5	90.25
13	D，A	95，68	81.5	1	1
14	D，B	95，74	84.5	4	16
15	D，C	95，85	90	9.5	90.25
16	D，D	95，95	95	14.5	210.25
合计			1288	0	858

根据表5-2中的数据，样本均值的期望、样本均值的方差和样本均值的标准差都可算出，具体为：

样本均值的期望：$E(\bar{x})=\frac{\sum_{i=1}^{M}\bar{x}_i}{M}=\frac{1288}{16}=80.5$（分）

样本均值的方差：$\sigma_{\bar{x}}^2=\frac{1}{M}\sum_{i=1}^{M}(\bar{x}_i-\mu)^2=\frac{858}{16}=53.625$

样本均值的标准差：$\sigma_{\bar{x}}=\sqrt{\frac{\sum_{i=1}^{M}(\bar{x}_i-\mu)^2}{M}}=\sqrt{\frac{858}{16}}=7.32$（分）

按照随机原则，这16种组合的样本都有可能被抽到，如果抽到第1号样本，抽样误差是12.5分；抽到2号样本，抽样误差为9.5分，因此，抽样误差是随机的，但是样本均值的标准差是7.32分是确定的、唯一的。

【例5－2】根据例5－1资料，按不重复抽样的方法抽取样本，从4个人中每次抽去2个人组成样本，一共可以有12种组合，得到表5－3。

表5－3　　　　样本均值的方差计算（不重复抽样情况）

编号	样本	样本变量	样本均值 x_i	均值偏差 $(x_i-\mu)$	偏差平方 $(x_i-\mu)^2$
1	A，B	68，74	71	－9.5	90.25
2	A，C	68，85	76.5	－4	16
3	A，D	68，95	81.5	1	1
4	B，A	74，68	71	－9.5	90.25
5	B，C	74，85	79.5	－1	1
6	B，D	74，95	84.5	4	16
7	C，A	85，68	76.5	－4	16
8	C，B	85，74	79.5	－1	1
9	C，D	85，95	90	9.5	90.25
10	D，A	95，68	81.5	1	1
11	D，B	95，74	84.5	4	16
12	D，C	95，85	90	9.5	90.25
合计			966	0	429

根据表5－3中的数据，样本均值的期望、样本均值的方差和样本均值的标准差都可算出。

样本均值的期望：$E(\bar{x})=\frac{\sum_{i=1}^{M}\bar{x}_i}{M}=\frac{966}{12}=80.5$（分）

样本均值的方差：$\sigma_{\bar{x}}^2=\frac{1}{M}\sum_{i=1}^{M}(\bar{x}_i-\mu)^2=\frac{429}{12}=35.75$

样本均值的标准差：$\sigma_{\bar{x}}=\sqrt{\frac{\sum_{i=1}^{M}(\bar{x}_i-\mu)^2}{M}}=\sqrt{\frac{429}{12}}=5.98$（分）

从例5－1和例5－2中可以看出，抽样误差的基本特征：（1）抽样误差是随机的，样本均值的标准差是确定的、唯一的。（2）不论重复抽样还是不重复抽样，样本均值的期望总是等于总体均值，样本均值的标准差总是小于总体标准差。样本均值的标准差也称为抽样标准误。(3）不重复抽样的抽样标准误小于重复抽样的抽样标准误。

5.3.3 抽样标准误的计算

从抽样标准误的概念和计算公式中，我们可以看出，在现实中是不可能用这个公式去计算抽样标准误。因为我们事先不知道总体均值和总体比率，也不可能把所有可能的样本都抽取出来，计算相应的指标。这只是理论公式，实际工作中的抽样误差是通过其他资料计算的。

现在来研究抽样标准误的计算公式。在数理统计中已经证明，在重复抽样情况下，抽样标准误 $\sigma_{\bar{x}}$ 和总体标准差 σ 之间存在式5－13的关系。

$$\sigma_{\bar{x}} = \sqrt{\sigma^2/n} \qquad \text{式 5－13}$$

公式中仅仅含有总体标准差和样本容量，这样我们就能方便地计算抽样标准误。

抽样标准误有均值的抽样标准误和比率的抽样标准误，这两种抽样标准误的计算方法原则上是相同的，但是在计算公式上略有差别。

1. 均值的抽样标准误的计算

（1）重复抽样情况下的计算。在重复抽样情况下，均值的抽样标准误的大小与总体方差和样本容量两个因素有关，当总体方差未知时，用样本方差来代替。

【例5－3】根据例5－1资料可以得到：总体方差 $\sigma^2 = 107.25$；样本单位数为 $n=2$。

解：根据式5－13则有：

$$\sigma_{\bar{x}} = \sqrt{\sigma^2/n} = \sqrt{107.25/2} = 7.32\text{（分）}$$

由此可见，计算结果和按照样本均值的标准差公式计算的结果完全一致。

（2）不重复抽样情况下的计算。在不重复抽样情况下，均值的抽样标准误不仅和总体方差、样本容量有关，还与样本容量与总体单位数的比重有关，它们的关系如式5－14所示。

$$\sigma_{\bar{x}} = \sqrt{\frac{\sigma^2}{n}\left(\frac{N-n}{N-1}\right)} \qquad \text{式 5－14}$$

式中的 N 为总体单位数。当总体单位数比较大时，$N-1 \approx N$，所以不重复抽样情况下抽样标准误的计算公式可用式5－15表示。

$$\sigma_{\bar{x}} \approx \sqrt{\frac{\sigma^2}{n}\left(1-\frac{n}{N}\right)} \qquad \text{式 } 5-15$$

由于$0<\frac{n}{N}<1$，所以$\left(1-\frac{n}{N}\right)<1$，因此，在其他条件相同的情况下，不重复抽样的标准误比重复抽样的标准误小；当总体单位数充分大以后，$\left(1-\frac{n}{N}\right)\approx 1$，两种标准误近似相等。

【例5-4】根据例5-2资料可以得到：总体方差$\sigma^2=107.25$；总体单位数$N=4$，样本单位数为$n=2$。

解：根据式5-14，则有：

$$\sigma_{\bar{x}}=\sqrt{\frac{\sigma^2}{n}\left(\frac{N-n}{N-1}\right)}=\sqrt{\frac{107.25}{2}\left(\frac{4-2}{4-1}\right)}=\sqrt{35.75}=5.98 \text{（分）}$$

由此可见，计算结果和按照定义式5-10计算的结果完全一致。因此，在计算抽样标准误时，无论采用重复抽样还是不重复抽样，都可以通过总体方差和样本容量来计算。在实际工作中，总体方差我们往往不知道，这时，可以用样本方差来代替总体方差，根据数理统计中的结果，在样本容量充分大以后，样本方差可以充分接近总体方差。

2. 比率的抽样标准误的计算

比率（成数）P可以看作两点分布b（1，P）中的一个参数，这个分布的期望、方差和标准差分别为：

$$E(X)=P,\sigma^2(X)=P(1-P),\sigma(X)=\sqrt{P(1-P)}$$

比率的抽样标准误是指按照随机原则对所有可能抽到的样本比率与总体比率的平均偏差平方和的平方根。比率的抽样标准误的计算方法和均值的抽样标准误的计算方法原则上是一致的，区别在于比率的均值和比率的方差与一般变量的均值和方差不同，所以用公式表示也有所不同。

（1）重复抽样情况下的计算，比率的抽样标准误的公式为式5-16。

$$\sigma_p=\sqrt{\frac{\sigma^2}{n}}=\sqrt{\frac{P(1-P)}{n}} \qquad \text{式 } 5-16$$

（2）不重复抽样情况下的计算，比率的抽样标准误的公式为式5-17。

$$\sigma_p=\sqrt{\frac{\sigma^2}{n}\left(\frac{N-n}{N-1}\right)}=\sqrt{\frac{P(1-P)}{n}\left(\frac{N-n}{N-1}\right)} \qquad \text{式 } 5-17$$

当总体单位数比较大时，则$N-1\approx N$，所以不重复抽样情况下抽样标准误的计算公式可表示为式5-18。

$$\sigma_p \approx \sqrt{\frac{P\ (1-P)}{n}\left(1-\frac{n}{N}\right)} \qquad 式5-18$$

通常，总体比率 P 都是未知的，这时我们可以用样本比率来代替。

【例5-5】要了解在校大学生上网情况，在某大学9000名学生中，随机抽取2%的学生进行调查，测得学生每周都上网的学生的比例为75%，求该校学生每周都上网的比率的抽样标准误。

解：根据已知条件，可得 $N=9000$，$n=9000\times2\%=180$，$p=75\%$

按重复抽样计算：

$$\sigma_p=\sqrt{\frac{p(1-p)}{n}}=\sqrt{\frac{0.75(1-0.75)}{180}}=0.0323=3.23\%$$

按不重复抽样计算：

$$\sigma_p=\sqrt{\frac{p(1-p)}{n}\left(1-\frac{n}{N}\right)}=\sqrt{\frac{0.75(1-0.75)}{180}\left(1-\frac{180}{9000}\right)}=0.03195=3.195\%$$

5.4 参数估计

抽样调查的目的，是通过得到的样本，了解样本所来自的总体的情况，那么如何根据样本的情况对总体指标进行估计？这就是统计学中参数估计的主要内容。

5.4.1 参数估计的基本概念

在实际问题中，如果我们掌握了总体的全部信息，那么只要做一些简单的统计描述，就可以得到有关总体的数字特征，比如，总体均值、方差、成数等。但是，实际上我们不可能得到总体中每个单位的信息，只能通过抽样调查的方法，得到样本的信息。

所谓参数估计，顾名思义，就是根据样本统计量确定总体参数。参数估计有两种方法：一种是点估计；另一种是区间估计。

1. 点估计和区间估计

点估计就是根据样本计算得到用于估计总体参数的统计量。样本均值、样本比例和样本标准差分别是总体均值、总体比例和总体标准差的点估计。从直观的角度来看，对总体进行推断时，如果样本容量比较大，那么得到的结果应该更接近未知的参数，但是点估计不能反映样本容量对估计结果的影响，而参数估计的第二种方法区间估计就能够反映样本容量的影响。区间估计就是根据样本数据构造一个区间，该区间以一定的概率包含总体参数。

为了说明点估计和区间估计的区别，我们考虑下面一个例子。

假设某位统计学教授想要估计某地区建筑工人的平均收入，他随机选择500名建筑工人，了解到这500名建筑工人的平均工资20000元，进而认为该地区建筑工人的平均收入为20000元，这里的点估计量就是样本均值。他可以使用区间估计的方法，有90%的把握认为该地区建筑工人的平均收入在17000~24000元之间。

2. 点估计的评价标准

对于给定的样本，我们可以得到各种各样的点估计，为了在不同的点估计之间进行比较，就必须对各种点估计的好坏给出评价标准。

在统计学中给出了众多的估计量评价标准，对同一估计量使用不同的评价标准可能会得到完全不同的结论，因此，在评价某一个估计好坏时首先要说明是在哪一个标准下，否则所谓好坏就没有意义。

通常，如果一个估计量是一个好估计量，需要具有三个方面的性质。

首先，估计量的无偏性。一个总体参数的无偏估计是指其期望值等于参数真值的估计量。根据数理统计中的结果，样本均值是总体均值的无偏估计量。

其次，估计量的一致性。如果随着样本容量的增大，估计量和总体参数的差异变小，那么我们说这个无偏估计量具有一致性。

最后，估计量的相对有效性。如果一个参数有两个估计量，我们说方差较小的估计量是相对有效的。

给定样本后，我们对于每个参数都可以构造几个估计量，在这几个估计量中，我们应该选择具有上述三个性质的估计量。

5.4.2 总体均值μ的点估计和区间估计

1. 总体均值μ的点估计

设x_1，x_2，…，x_n是从某个总体单位数为N的总体中，经随机抽样、问卷调查得到的一个样本，则可以用此样本均值$\bar{x}$去估计总体均值μ，即

$$\hat{\mu}=\bar{x}=\frac{x_1+x_2+\cdots+x_n}{n} \qquad \text{式 5-19}$$

其中$\hat{\mu}$为μ的估计值，式5-19说明样本均值$\bar{x}$就是总体均值μ的点估计量，可以证明这个估计量具有估计量的三个性质。

2. 总体均值μ的区间估计

区间估计的直观想法是，我们在用样本均值$\bar{x}$估计总体均值μ时，不能保证$\bar{x}$恰好等于总体均值μ，而是会有一个误差，这个误差称为估计误差，也就是说：

$$估计误差 = |\bar{x} - \mu|，则 \mu = \bar{x} \pm 估计误差 \quad 式5-20$$

式5-20表达的是以样本均值为中心，以估计误差为半径构造的总体均值μ的两个取值，我们可以把这两个数值看作一个区间的两个端点，正如商品包装盒上面商品重量的标识方法：$80g \pm 5g$一样，它并不代表该商品的重量是$80g-5g$或者$80g+5g$，而是说该商品的重量在$80g-5g$到$80g+5g$之间，这样，利用样本均值$\bar{x}$可以构造一个包含总体均值μ的区间：

$$(\bar{x} - 估计误差, \bar{x} + 估计误差)$$

该区间给出了构造总体均值μ的区间的基本思路，关键问题在于计算估计误差，同时，由于抽样的随机性，$(\bar{x} - 估计误差, \bar{x} + 估计误差)$也可能不包含总体均值$\mu$。总体均值$\mu$的区间估计就是我们要得到一个区间长度尽可能的小，同时总体均值μ要尽可能大地落在这个区间里头。例如，估计一个人的年龄在某一区间内，例如（30，35），我们要求这个估计尽量可靠，即该人的年龄有很大把握在这个区间内，同时，也要求这个区间不能太大，例如，估计一个人的年龄在10～90岁之间，尽管非常可靠，但是精度太差，用处不大。

我们具体说明如何构造μ的区间估计，需要知道总体方差σ^2，但是，σ^2一般未知，只能通过样本方差s^2去估计它。根据中心极限定理，在大样本的情形下，样本均值$\bar{x}$服从正态分布，即$\bar{x} \sim N\left(\mu, \frac{s^2}{n}\right)$，$z = \frac{\bar{x} - \mu}{s/\sqrt{n}}$服从标准正态分布。

根据标准正态分布，可知有式5-21成立：

$$P\left(\left|\frac{\bar{x} - \mu}{s/\sqrt{n}}\right| \le z_{\frac{\alpha}{2}}\right) = 1 - \alpha \quad 式5-21$$

式5-21表示$\frac{\bar{x} - \mu}{s/\sqrt{n}}$在$(-z_{\frac{\alpha}{2}}, z_{\frac{\alpha}{2}})$之间的概率为$1-\alpha$，也就是说，在$\frac{\bar{x} - \mu}{s/\sqrt{n}}$的所有可能取值中，只有$\alpha$部分落在区间$(-z_{\frac{\alpha}{2}}, z_{\frac{\alpha}{2}})$之外。我们称$1-\alpha$为置信水平、置信度或可靠程度，反映估计结果的可信程度。α通常事先确定，一般取为1%、5%或10%，根据适当的分布表，查找对应的临界值$z_{\frac{\alpha}{2}}$，对于标准正态分布来说，如果$\alpha = 1\%$，则$z_{\frac{\alpha}{2}} = 2.5758$；如果$\alpha = 5\%$，则$z_{\frac{\alpha}{2}} = 1.96$；如果$\alpha = 10\%$，则$z_{\frac{\alpha}{2}} = 1.6449$。

因此，估计误差$= |\bar{x} - \mu| = z_{\frac{\alpha}{2}}\frac{s}{\sqrt{n}}$。所得到的区间$\left(\bar{x} - z_{\frac{\alpha}{2}}\frac{s}{\sqrt{n}}, \bar{x} + z_{\frac{\alpha}{2}}\frac{s}{\sqrt{n}}\right)$称为总体均值$\mu$的区间估计，区间估计也称为置信区间，置信区间的半径为$r = z_{\frac{\alpha}{2}}\frac{s}{\sqrt{n}}$。

【例5-6】某省国资委想了解国有企业中层经理的平均收入，随机抽出256位经理，得到样本均值为75420元，样本标准差为2050元，那么该省国有企业中层经理的平均收入为多少？在置信水平95%的情况下，其范围是多少？

解：该省国有企业中层经理的平均收入为多少，我们只能根据样本均值进行估计，因为抽取样本的均值为75420元，所以，可以把75420元作为该省国有企业中层经理的平均收入的一个点估计。

该省国有企业中层经理的平均收入的范围可以根据区间估计的方法进行计算。选定置信度为95%，因此，$\alpha = 5\%$，则 $z_{\frac{\alpha}{2}} = 1.96$，则有

$$\bar{x} \pm z_{\frac{\alpha}{2}} \frac{s}{\sqrt{n}} = 75420 \pm 1.96 \frac{2050}{\sqrt{256}} = 75420 \pm 287(\text{元})$$

因此，区间（75133，75707）有95%的可能性包含该省国有企业中层经理的平均收入。

5.4.3 样本容量的选择

在进行抽样调查时，首先要确定必要的样本容量。样本容量的多少关系到抽样误差大小，抽样调查的准确性以及调查费用的高低等一系列问题。所以，样本容量的确定是做抽样调查方案设计时必须考虑的一个重要问题。

根据统计规律，样本量越大，抽样误差越小，样本的代表性越好，抽样估计越可靠，但是抽取的样本容量越大，所花的人力、物力和费用也越多。因此，根据抽样原理，应科学地确定必要的样本容量。

根据置信区间半径的计算公式，我们可以得到式5－22。

$$n = z_{\frac{\alpha}{2}}^2 \frac{S^2}{r^2} \qquad \text{式 } 5-22$$

根据式5－22，如果总体方差越大，那么样本容量也越大；如果置信半径越小，那么样本容量也越大；如果 α 越小，临界值 $z_{\frac{\alpha}{2}}$ 越大，那么样本容量也越大。另外，样本容量也和抽样方式有关。在同样的条件下，重复抽样所要求的样本容量应大一些，不重复抽样的样本容量要小一些。

本章小结

1. 抽样调查是按照随机原则从总体中抽取部分单位组成样本进行观察，并以这部分单位的观察结果推断总体数量特征的一种统计分析方法。按照随机原则抽取样本单位是抽样调查的前提。

2. 同其他统计调查方法相比，抽样调查具有以下特点：抽样调查属于非全面调查；抽样调查是按照随机原则抽取部分单位进行调查；抽样调查的目的是推断总体的数量特征；抽样调查会产生抽样误差，但是，这种误差可以事先估计，并可以控制在允许的范围之内。

3. 抽样调查是一种投入少、成效大、事半功倍的调查方法，抽样调查的作用主要体现于几个方面：有些不可能进行全面调查的总体，而又要了解全面情况的，只能采用抽样调查；有些总体不具备考察总体所有单位的可行性；有些试验是破坏性的，也只能采用抽样调查；有些能够进行全面调查的总体，但没有必要进行全面调查；抽样调查结果还可以用于对全面调查质量的检验。

4. 一项完整的抽样调查包括：确定调查目的与要求；设计抽样方案；抽取样本；样本调查；数据整理；分析数据结果撰写调查报告等方面。

5. 抽样可以按照多种不同的组织形式来进行。不同的抽样方法意味着对总体信息不同程度的利用，在统计实践中采用的抽样方法主要有：简单随机抽样、分层抽样、等距抽样和集团抽样等。

6. 抽样误差是指具体的样本数值和总体指标之间的差异，影响抽样误差的因素有：总体各单位标志值的差异程度；样本容量的大小；抽样方法的差别；抽样组织方式不同。

7. 参数估计就是根据样本统计量确定总体参数。参数估计有两种方法：一种是点估计；另一种是区间估计。

8. 样本容量的多少关系到抽样误差大小、抽样调查的准确性以及调查费用的高低等一系列问题，样本容量的确定要考虑到总体方差、置信半径、可靠度、抽样方式等因素。

思　考　题

1. 什么是抽样调查，它有何特点和作用?
2. 一项完整的抽样调查包括哪些方面?
3. 什么是简单随机抽样?
4. 影响抽样误差的因素有哪些?
5. 评价估计量好坏的标准是什么?
6. 如何进行参数估计?
7. 影响样本容量的因素有哪些?

第六章　假设检验和方差分析

学习目标

1. 掌握假设检验、第Ⅰ类错误、第Ⅱ类错误、单因素方差分析、两因素方差分析等基本概念。

2. 掌握假设检验的一般步骤，能够对总体均值、总体比例进行假设检验。

3. 了解方差分析的基本思想、假设条件和一般步骤，掌握单因素方差分析。

关键名词

假设检验　第Ⅰ类错误　第Ⅱ类错误　P 值　方差分析

根据从总体中抽取的样本数据，不仅可以对总体的有关参数进行估计，而且还可以根据样本数据去验证关于总体的某种说法是否成立。这就是统计推断中的最重要分支之一：假设检验。1710 年，英国统计学家阿布兹诺特首次提出假设检验的基本思想，并就伦敦地区婴儿性别问题给出了具体的检验方法。近代意义下的假设检验，就其理论体系的建立来说，始于奈曼和皮尔逊在 20 世纪二三十年代的工作，就实用方面来说，则由皮尔逊和费歇尔两位大师所主导。

6.1　假设检验概述

假设检验是统计学中的一个术语，对大多数人来说，可能比较陌生。但是，在日常生活中，存在大量应用假设检验基本思想的例子。例如，顾客在市场上购买某种食品时，首先通过观察食品的色泽等外部特征，对该食品的质量有一个基本的判断，是否购买呢？有时通过品尝样品，进一步评判食品的口味、质量是否符合自己的需要，进而决定是否购买。假设检验就是把上述过程数量化、严格化。

6.1.1　假设检验的含义

假设检验，是指对未知总体的某一数量特征（比如均值、方差）提出某种假设，然后根据所获得的样本数据，按照一定的程序，对该假设做出拒绝或接受的判断。

假设检验首先需要确定一个关于总体参数的某种假设。例如，2007 年大连市在岗职工的平均工资为 27000 元就是一个假设。我们不可能找到 2007 年大连市所有的在岗职工，以确认平均工资是否为 27000 元，为了检验上述看法是否合理，我们可以从 2007 年大连市所有在岗职工构成的总体中抽取一个样本，计算样本统计量，再根据一定的决策规则决定是接受还是拒绝该假设，显然，如果样本均值为 10000 元，我们将拒绝该假设。然而，如果样本均值为 26500 元，那么我们是否应该承认 2007 年大连市在岗职工的平均工资为 27000 元这个假设，把 500 元的差异归结为抽样误差，还是说这个 500 元的差异具有统计显著性?

6.1.2　假设检验的一般步骤

假设检验的一般步骤如下：

第一步，提出原假设（H_0）、备择假设（H_1）。

大写字母 H 是英文单词“假设（Hypothesis）”的第一个字母，下标 0 表示无差异。例如，原假设 H_0 为 2007 年大连市在岗职工的平均工资为 27000 元，我们就可以写作：H_0: $\mu=27000$。H_1 是与 H_0 对立的假设，备择假设有几种形式。例如，原假设 2007 年大连市在岗职工的平均工资为 27000 元，则有

单边备择假设：H_1: $\mu>27000$ 或者 H_1: $\mu<27000$

双边备择假设：H_1: $\mu\neq27000$

备择假设的选择要根据具体问题决定。例如，如果我们有充分的证据说明 2007 年大连市在岗职工的平均工资不少于 27000 元，那么与原假设 H_0: $\mu=27000$ 相对立的假设备择假设为 H_1: $\mu>27000$。

我们提出原假设的目的是用于检验，根据样本的数据，我们拒绝或接受原假设，一般情况下，除非样本数据有充分的证据说明原假设是错误的，否则我们不能拒绝原假设。由于原假设是要被验证的观点，因此，无论问题如何阐述，原假设总是包含等号，因为在计算中，我们需要用到一个特定的值。

第二步，确定显著性水平。

显著性水平就是当原假设为真时，拒绝原假设的概率。我们用希腊字母 α 表示显著性水平。在假设检验时，通常使用的显著性水平有 0.05、0.01 和 0.1，当然，

也可以选择0~1之间的任何数值。

在原假设成立时，也有可能被拒绝接受。例如，我们假设某计算机生产商使用大量的线路板，供货商进行竞价，报价最低的厂家获得大规模的订单。假设合同规定计算机生产商的质检部门对所有到货线路板进行抽样检查，若超过6%的产品低于标准，则有权退货。在这个问题中，原假设是收到的线路板中不达标比例小于等于6%，备择假设是收到的线路板中不达标比例超过6%。如果该计算机生产商的质检部门从到货的线路板中抽取样本容量为50的样本，发现有4个不达标，不达标比例为8%，因此，要求退货。如果线路板确实没有达到标准，那么退货是正确的。然而，如果该批线路板有4000张，仅仅有4个不合格产品，也就是从50个样本中发现那4个次品，那么该产品的不合格率为0.1%，因此，退货是错误的决定。

在假设检验中，我们把应该接受的原假设拒绝接受，这种错误称为第Ⅰ类错误，第Ⅰ类错误也称为弃真错误。根据显著性水平的定义，犯第Ⅰ类错误的概率就是显著性水平。当然，也有可能原假设是错误的，但是却接受，这类错误称为第Ⅱ类错误，第Ⅱ类错误也称为取伪错误，犯第Ⅱ类错误的概率用希腊字母β表示。表6-1给出了统计判断所犯的两类错误。

表6-1　　统计判断的两类错误

实际情况＼判断结果	拒绝 H_0	接受 H_0
H_0 为真	第Ⅰ类错误	正确
H_0 为假	正确	第Ⅱ类错误

人们希望犯两类错误的概率α和β都很小，但是当样本容量一定时，同时使得α和β都很小是达不到的。当α变小时，β就变大；反之，当β变小时，α就变大。要使得α和β同时变小，只有增大样本容量。在实际应用中，在样本容量一定的情况下，通常先控制α，但不使α过小，在适当控制α中制约β，通常选取显著性水平α为0.05、0.01和0.1。

第三步，选择检验统计量。

由样本对原假设进行判断总是通过一个统计量完成的，这个统计量称为检验统计量。当方差已知或者样本容量很大时，对总体均值μ进行假设检验，原假设为：$H_0: \mu = \mu_0$。使用式6-1计算z统计量：

$$z = \frac{\bar{x} - \mu_0}{\sigma / \sqrt{n}} \qquad \text{式6-1}$$

根据人们的经验，当样本均值 $\bar{x}$ 在 μ_0 附近时，我们应该接受原假设；当样本均值 $\bar{x}$ 偏离 μ_0 时，我们应该拒绝原假设。因为抽取样本时具有随机性，如果样本均值 $\bar{x}$ 偏离 μ_0 点，我们就拒绝原假设，似乎不合理，只有当样本均值 $\bar{x}$ 偏离 μ_0 到一定程度，我们才拒绝原假设 $H_0: \mu = \mu_0$。

第四步，建立决策规则。

决策规则说明了拒绝原假设的特定条件以及不能拒绝原假设的条件。

我们以 z 统计量：$z = \dfrac{\bar{x} - \mu_0}{\sigma/\sqrt{n}}$ 为例进行说明。z 为根据给定的样本算出的具体数值。当 $|z|$ 越小，样本均值 $\bar{x}$ 越接近 μ_0，其倾向于接受原假设 $H_0: \mu = \mu_0$；当 $|z|$ 越大，样本均值 $\bar{x}$ 越远离 μ_0，其倾向于拒绝原假设 $H_0: \mu = \mu$。

我们设 c 为区分拒绝与接受原假设 $H_0: \mu = \mu_0$ 的临界值；用 W 表示拒绝域，则有式 6－2。

$$W = \left\{ (x_1, x_2, \cdots, x_n) \,\middle|\, |z| > c \right\} \qquad \text{式 } 6-2$$

第五步，进行判断。

当样本点（x_1，x_2，…，x_n）落入拒绝域 W 时，就拒绝 $H_0: \mu = \mu_0$，接受 H_1；当样本点（x_1，x_2，…，x_n）不在拒绝域 W 时，就接受 $H_0: \mu = \mu_0$。

通常，我们都是根据样本数值，计算出检验统计量的值，将其与临界值进行比较，然后做出是否拒绝原假设的结论。

假设检验中，两个假设仅仅有一个接受，人们通常都不是用“接受”这个词，而是说“不能拒绝 H_0”“我们没能够拒绝 H_0”“样本结果不支持我们拒绝 H_0”。

6.2　总体均值的假设检验

正态分布总体中有两个参数，均值 μ 和方差 σ^2。关于 μ 和 σ^2 的假设检验在实际问题中经常遇到，下面分几种情况进行说明。

6.2.1　已知总体方差时总体均值的假设检验

我们以一个具体的例子来说明总体方差已知时总体均值的假设检验。

【例 6－1】某办公器材生产厂商，每周生产的办公桌产量服从正态分布，其均值为 200，标准差为 16。2007 年以来，由于受市场扩张的影响，公司改进了生产工艺，公司经理想了解每周办公桌的产量是否发生了变化。公司管理人员从 2007 年以来的周产量报表中，随机抽取50周的周产量，其平均值为203.5，那么在0.01的显著性水平上，改进生产工艺后的每周产量的均值与原来的每周产量均值200是否存在显著差异?

解：我们利用假设检验来判断公司的生产率是否发生了变化。

第一步：原假设为“总体均值为200”，备择假设为“总体均值不是200”，两个假设分别表示为：

H_0: $\mu=200$；H_1: $\mu\neq200$

备择假设是双边备择假设，没有指出改进生产工艺后的每周产量的均值是大于还是小于200。

第二步：确定显著性水平。题中已经给出了显著性水平为0.01，这就是犯第Ⅰ类错误的概率。

第三步：选择检验统计量。根据概率论中的有关知识，选取z统计量（式6－1）作为检验统计量，在总体方差已知的情况下，该统计量服从标准正态分布。

第四步：确定决策规则。先根据标准正态分布表，查找临界值。因为是双边检验，得到临界值为2.58。因此，决策规则为当计算出的z值不在－2.58～2.58之间时，拒绝原假设，接受备择假设；当计算出的z值在－2.58～2.58之间时，接受原假设。

第五步：进行判断。计算z值，因为抽取出50周产量的平均值为203.5，标准差为16，将这些数据代入公式6－1，计算出z值为：

$$z=\frac{203.5-200}{16/\sqrt{50}}=1.55$$

因为，z值在－2.58～2.58之间，所以，不能拒绝原假设。

因此，公司的管理人员可以向公司经理报告样本资料没有显示出改进生产工艺后，生产效率有提高。

6.2.2 总体方差未知时总体均值的假设检验

设样本x_1，x_2，…，x_n为来自正态分布总体$N(\mu,\sigma^2)$，但是方差σ^2未知。此时，我们通常用样本标准差s代替σ，z统计量变为t统计量，即有式6－3：

$$t=\frac{\bar{x}-\mu_0}{s/\sqrt{n}} \qquad \text{式6－3}$$

该统计量服从自由度为$n-1$的t－分布。

【例6－2】某家电视台广告部称某类企业在该台黄金时段内播放电视广告后，使得该类企业的平均利润能够至少增加15万元，已知该类企业广告播出后的平均利润增加量近似服从正态分布，为此，某调查公司对该电视台广告播出后的该类企业进行了随机抽样调查，20家企业的平均利润增加量为13.2万元，标准差为3.4万元，试在0.05的显著性水平上判断该广告部的说法是否正确？

解：第一步：原假设为“总体均值大于等于15”，备择假设为“总体均值小于15”，两个假设分别表示为：

$$H_0: \mu \geqslant 15; \ H_1: \mu < 15$$

该备择假设是单边备择假设，就是说在该台黄金时段播放电视广告后使得该类企业平均利润增加量少于15万元。

第二步：确定显著性水平。题中已经给出了显著性水平为0.05，这就是犯第Ⅰ类错误的概率。

第三步：选择检验统计量。由于总体方差未知，用样本方差s^2代替，利用t统计量（式6-3）作为检验统计量，该统计量服从自由度为$n-1$的t-分布。

第四步：确定决策规则。先根据自由度为$n-1=20-1=19$的t-分布表（可用Excel生成或查有关数据表），查找临界值为-1.729。因此，决策规则为当计算出的t值小于-1.729时，拒绝原假设，接受备择假设；当计算出的t值大于-1.729时，拒绝备择假设，不能拒绝原假设。

第五步：进行判断。计算t值，因为抽取出20家企业的平均利润增加量为13.2万元，标准差为3.4万元，将这些数据代入式6-3，计算出t值为：

$$t = \frac{13.2-15}{3.4/\sqrt{20}} \approx -2.37$$

因为，t值小于-1.729，所以，拒绝原假设。认为该广告部的说法不正确。

6.2.3 正态分布总体方差 σ^2 的假设检验

设样本x_1，x_2，…，x_n为来自正态分布总体$N(\mu, \sigma^2)$，但是均值μ未知，检验总体方差σ^2，需要通过样本方差s^2来进行，根据概率论中的知识，我们使用的检验统计量为：

$$\chi^2 = \frac{(n-1)s^2}{\sigma^2} \sim \chi^2(n-1)$$

其中$s^2 = \frac{1}{n-1}\sum_{i=1}^{n}(x_i - \bar{x})^2$。

【例6-3】某公交公司为了树立良好的企业形象，要求各辆公交车到站时间变化不大，公司规定各辆公交车到站时间的方差不超过4分钟，现在随机抽取24辆公交车，样本方差 s^2 为4.9，试在0.05的显著性水平上判断该公司的公交车到站时间方差是否达到了公司的要求。

解：第一步：原假设为“到站时间的方差小于等于4”，备择假设为“到站时间方差大于4”，两个假设分别表示为：

H_0: $\sigma^2 \leqslant 4$；H_1: $\sigma^2 > 4$

该备择假设是单边备择假设，就是说该公交公司的公交车到站时间大于4分钟。

第二步：确定显著性水平。题中已经给出了显著性水平为0.05，这就是犯第Ⅰ类错误的概率。

第三步：选择检验统计量。我们选用：

$$\chi^2 = \frac{(n-1)s^2}{\sigma^2} \sim \chi^2(n-1)$$

作为检验统计量，该统计量服从自由度为 $n-1$ 的 χ^2－分布。

第四步：确定决策规则。首先根据自由度为 $n-1=24-1=23$ 的 χ^2－分布表，查找临界值为35.172。因此，决策规则为当计算出的 χ^2 值大于35.172时，拒绝原假设，接受备择假设；当计算出的 χ^2 值小于35.172时，接受原假设。

第五步：进行判断。计算 χ^2 值，将 $s^2=4.9$，$n=24$，$\sigma^2=4$ 这些数据代入公式 $\chi^2 = \frac{(n-1)s^2}{\sigma^2}$，计算出 χ^2 值为：

$$\chi^2 = \frac{(24-1) \times 4.9}{4} = 28.18$$

因为，χ^2 值小于35.172，所以，不能拒绝原假设，认为该公司的公交车到站时间方差达到了公司的要求。

6.3 总体比例的假设检验

在实际问题中，我们会遇到下面一些假设检验问题：

（1）某市2000年人口普查结果表明，年龄在65岁以下的退休人员中60%人员表示在有合适工作岗位时，愿意从事全职工作。现在通过随机抽样调查，得到由500名65岁以上的老人构成的样本中，有315人表示愿意从事全职工作，我们是否能够说此比例超过60%？

（2）2008年某大学学生拥有笔记本计算机的比例为30%，现在对200名学生进行调查，发现其中有 80 人拥有笔记本计算机，该大学学生拥有笔记本计算机的比例是否增加？

（3）某健身俱乐部的会员中，女性占 20%，为了增加女性会员的比重，该俱乐部推出了针对女性的促销活动，活动结束后，随机选取 400 名会员，其中 100 名为女性，该俱乐部女性会员的比例是否上升？

这些问题都是关于总体比率的假设检验。比例 P 可以看作两点分布 b（1，P）中的一个参数，这个分布的期望、方差和标准差分别为：

$$E(X)=P,\qquad \sigma^2(X)=P(1-P),\qquad \sigma(X)=\sqrt{P(1-P)}$$

对于来自两点分布 b（1，P）的一个随机样本 $x_1,x_2,\cdots,x_n$，样本均值 $p=\frac{1}{n}\sum_{i=1}^{n}x_i$ 为总体均值 P 的估计量，我们仍然可以用与对总体均值进行假设检验的方法对总体比例进行假设检验。根据中心极限定理，在大样本的情况下，$p\sim N\left(P,\ \frac{P(1-P)}{n}\right)$。

【例 6－4】某电器生产厂家声称，在其用户中，有 75% 以上的用户对其产品的质量感到满意。为了了解该厂家产品的顾客满意度，进行随机抽样调查，在调查的 60 名用户中，有 50 人表示对该厂产品质量满意。在 0.05 的显著性水平上，问调查结果是否支持该厂家的说法？

解：第一步：原假设为“总体比例为 75%”，备择假设为“总体比例大于 75%”，两个假设分别表示为：

$$H_0: P=0.75;\qquad H_1: P>0.75$$

该备择假设是单边备择假设，认为有 75% 以上的用户对该厂家的产品质量满意。

第二步：确定显著性水平。题中已经给出了显著性水平为 0.05，这就是犯第 I 类错误的概率。

第三步：选择检验统计量。根据概率论中的有关知识，选取 z 统计量：

$$z=\frac{p-P_0}{\sqrt{P_0\ (1-P_0)\ /n}}$$

作为检验统计量，在大样本情况下，该统计量服从标准正态分布。

第四步：确定决策规则。先根据标准正态分布表，查找临界值。因为是单边检验，得到临界值为 1.645。因此，当计算出的 z 值大于 1.645 时，拒绝原假设，接受备择假设；当计算出的 z 值小于 1.645 时，接受原假设。

第五步：进行判断。计算 z 值，因为 $p=\frac{50}{60}=0.83$，$P_0=0.75$，$n=60$，将这些数

据代入公式 $z=\dfrac{p-P_0}{\sqrt{P_0(1-P_0)/n}}$，计算出 z 值为：

$$z=\frac{0.8-0.75}{\sqrt{0.75(1-0.75)/60}}=1.43$$

因为，z 值小于1.645，所以，不能拒绝原假设。

因此，调查数据没有充分的证据支持该厂家的说法，顾客对该厂产品的质量满意度不大于75%。

6.4 方差分析

假设检验的思想和方法，是著名统计学家费歇尔在20世纪20年代在英国一个农业试验站工作期间发展起来的。在那里，他还经常遇到比较几种种子好坏、几种肥料优劣的问题，为了处理多个对象比较的问题，费歇尔发展了一套称为方差分析的方法，这种方法的应用非常广泛，是统计学方法研究上的一项重大成就，为了纪念费歇尔，方差分析又称为F检验。

6.4.1 方差分析概述

1. 方差分析问题的提出

假设某农业地区打算种植小麦这种作物，由于本地不曾种植小麦，不知道哪一种小麦品种最适合本地区（有最高的产量），为此，进行一个田间试验。取一大块地将其分成形状大小相同的 n 小块，现在供选择的品种有 k 个，我们打算在其中的 n_1 小块种植品种1；n_2 小块种植品种2，以此类推。$n_1+n_2+\cdots+n_k=n$，n_1，n_2，…，n_k 的选取并没有严格的限制。例如，让 $n_1=n_2=\cdots=n_k$ 就是一种常用的选择。分配数目确定了，接着就是确定出哪些地块种植哪种小麦，而这是用随机化的方法来确定的。做法如下：先取 n 张纸片，上面分别写上数字1，2，…，n，把它打乱并放入一个盒子里，然后一张一张地依次抽出来，最先抽出的 n_1 个号码给品种1，其次抽出的 n_2 个号码给品种2，以此类推。当然，事先已经把 n 块地从1~n 标了号。例如，当 $n_1=3$ 时，如果最先抽出的3张纸条上面的数字依次是10、12和3，则品种1种植在标号为3、10和12这3小块地上。

我们感兴趣的指标就是不同品种小麦的亩产量，由于选择小麦品种在哪块地上种植时是随机的，从而避免了小麦亩产量受人为因素的影响，使得影响亩产量的因素只有一个，即种子品种。我们只要比较不同品种的小麦亩产量是否相同即可。这个比较的方法就是方差分析方法。

方差分析简称*ANOVA*，是检验判断两个或多个总体均值间是否存在差异的一种方法。顾名思义，方差分析是通过分析数据的方差来确定我们是否能够推断出总体均值存在差异。

2. 方差分析的基本思想

方差分析的基本思想就是将一组样本数据的总变差，分解为几部分，即总变差的每一部分都可归因于某种原因，这些原因分为几种因素的影响和随机误差的影响，通过测度这些不同原因所导致的方差之间是否有显著差异，来判断总体均值之间是否存在显著差异。

在方差分析中，人们把需要考察的引起数据变动的主要原因称为因素或因子，把因素的不同状态称为水平或处理。如果在分析中只涉及一个因素，称为单因素方差分析；如果涉及两个因素，称为双因素方差分析；若涉及两个以上因素，则称为多因素方差分析。本书只讨论单因素方差分析。

对于方差分析所使用的数据，是经过一定的“设计”的试验的数据，并非任何杂乱无章的数据都适于使用方差分析方法。也就是说，为了能有效地使用方差分析，试验在安排上必须满足一定的要求。在数理统计学中有一个专门分支，叫“试验的设计与分析”，就是专门讨论这个问题，其中的“分析”，主要指方差分析，但是也不局限于此。

3. 方差分析的假设条件

方差分析的假设条件有：(1)各总体是正态分布；(2)各总体有相同的方差；(3)样本相互独立。这三个假设条件都可以用统计方法进行验证。

4. 方差分析的一般步骤

方差分析的一般步骤：(1)建立原假设和备择假设；(2)选择显著性水平；(3)选择检验统计量；(4)给出判别准则；(5)选择样本，计算结果，做出判断。

从这些步骤可以看出，方差分析的步骤和假设检验的步骤类似。

6.4.2　单因素方差分析

我们用具体的事例来说明单因素方差分析。

【例6－5】某公司的人事部门想对过去几年中使用的培训职工的四种方法进行评估，随机选取22位职工，分成四组分别按照四种方法进行培训，观察他们的生产效率，用每天产量来衡量，得到如下数据。

表 6－2　　四种培训方法下职工的日产量　　单位：件

A	B	C	D
94	75	70	68
90	68	73	70
85	77	76	72
80	83	78	65
	88	80	74
		68	65
		65	

那么，能够根据表 6－2 的数据判断不同的培训方法对职工的日产量有显著影响吗?

解：第一步：建立原假设和备择假设。原假设为“四种培训方法对职工的日产量没有影响”，备择假设为“四种培训方法对职工的日产量有影响”，两个假设分别表示为：

$H_0: \mu_1 = \mu_2 = \mu_3 = \mu_4$；$H_1: \mu_1, \mu_2, \mu_3, \mu_4$ 不全相等

如果原假设不成立，说明至少有两个培训方法对职工的日产量有影响。

第二步：确定显著性水平。我们选择显著性水平为 0.01，这就是犯第 I 类错误的概率。

第三步：选择检验统计量。在方差分析中，我们选择检验统计量为 F 统计量：

$$F = \frac{MSB}{MSE}$$

其中 MSB 为组间均方；MSE 为均方误，它们分别等于组间偏差平方和以及误差平方和除以相应的自由度水平。

第四步：给出判别准则。首先根据自由度查 F 分布表，得到临界值。在利用F分布表时，需要知道分子和分母的自由度，分子的自由度等于处理的水平数减 1，分母的自由度等于总观察值个数减处理水平数。在本例中，处理水平数为 4，总观测值个数为 22，因此，分子和分母的自由度分别为 3 和 18。查表得临界值为 5.09。

因此，决策规则为当计算出的 F 值小于 5.09 时，接受原假设；当计算出的 F 值大于 5.09 时，拒绝原假设时，接受备择假设。

第五步：选择样本，计算结果，做出判断。先计算组间偏差平方和、误差平方和。组间偏差平方和是各组均值与总平均值之间离差的平方和，误差平方和就是各组观察值和组平均值之间离差的平方和。

组间偏差平方和用 SSB 表示，误差平方和用 SSE 表示。

$$SSB=\sum_{i=1}^{r}\sum_{j=1}^{n_i}(\bar{x}_i-\bar{x})^2=\sum_{i=1}^{r}n_i(\bar{x}_i-\bar{x})^2$$

$$SSE=\sum_{i=1}^{r}\sum_{j=1}^{n_i}(x_{ij}-\bar{x})^2$$

在例 6－5 中，我们计算样本均值和总平均值分别为：

$\bar{x}_1=87.25$；$\bar{x}_2=78.2$；$\bar{x}_3=72.85$；$\bar{x}_4=69$；$\bar{x}=75.64$

因此，

$$\begin{aligned}SSB&=\sum_{i=1}^{r}n_i(\bar{x}_i-\bar{x})^2\\&=4(87.25-75.64)^2+5(78.2-75.64)^2\\&\quad+7(72.85-75.64)^2+6(69-75.64)^2\\&=890.68\end{aligned}$$

$$\begin{aligned}SSE&=\sum_{i=1}^{r}\sum_{j=1}^{n_i}(x_{ij}-\bar{x})^2\\&=(94-87.25)^2+(90-87.25)^2+(85-87.25)^2+(80-87.25)^2\\&\quad+(75-78.2)^2+\cdots+(65-69)^2+(74-69)^2+(65-69)^2\\&=594.41\end{aligned}$$

所以，$MSB=\frac{SSB}{3}=296.89$，$MSE=\frac{SSE}{22-4}=33.02$

$$F=\frac{MSB}{MSE}=\frac{296.89}{33.02}=8.99$$

因为 F 值的计算结果为 8.99 大于 5.09 时，所以，拒绝原假设，认为 4 种培训方法对职工的日生产量的影响不全相同。

【例 6－6】某饮料公司开发了一种新产品：浓缩苹果汁。首先，该产品比目前市场销售的罐装苹果汁方便，其次，该产品的质量不会比罐装苹果汁差，最后，该产品的生产成本比罐装苹果汁略低。销售部门要决定如何宣传这种产品，可以分别采取强调产品的便利性、高品质或价格优势的广告策略进行宣传。销售部门分别在三个城市采取三种策略进行宣传，表 6－3 为营销战略开始后 20 个星期中果汁的每周销量，试分析这三种广告策略的销售状况是否存在差异。

表 6－3　　三种广告策略的销售状况　　单位：箱

城市 A 便利性	城市 B 高质量	城市 C 低价格
529	804	672
658	630	531
793	774	443
514	717	596
663	679	602
719	604	502
711	620	659
606	697	689
461	706	675
529	615	512
498	492	691
663	719	733
604	787	698
495	699	776
485	572	561
557	523	572
353	584	469
557	634	581
542	580	679
614	624	532

解：计算过程如下：

（1）打开 Excel 工作表，将表 6－3 数据输入，如图 6－1 所示。

（2）在图 6－1 中，点击“工具”，选择“数据分析”，在“数据分析”对话框中，选择“方差分析”“单因素方差分析”，得到方差分析过程一，如图 6－2 所示。

	A	B	C
1	529.00	804.00	672.00
2	658.00	630.00	531.00
3	793.00	774.00	443.00
4	514.00	717.00	596.00
5	663.00	679.00	602.00
6	719.00	604.00	502.00
7	711.00	620.00	659.00
8	606.00	697.00	689.00
9	461.00	706.00	675.00
10	529.00	615.00	512.00
11	498.00	492.00	691.00
12	663.00	719.00	733.00
13	604.00	787.00	698.00
14	495.00	699.00	776.00
15	485.00	572.00	561.00
16	557.00	523.00	572.00
17	353.00	584.00	469.00
18	557.00	634.00	581.00
19	542.00	580.00	679.00
20	614.00	624.00	532.00

图 6 – 1　20 个星期销售量工作表

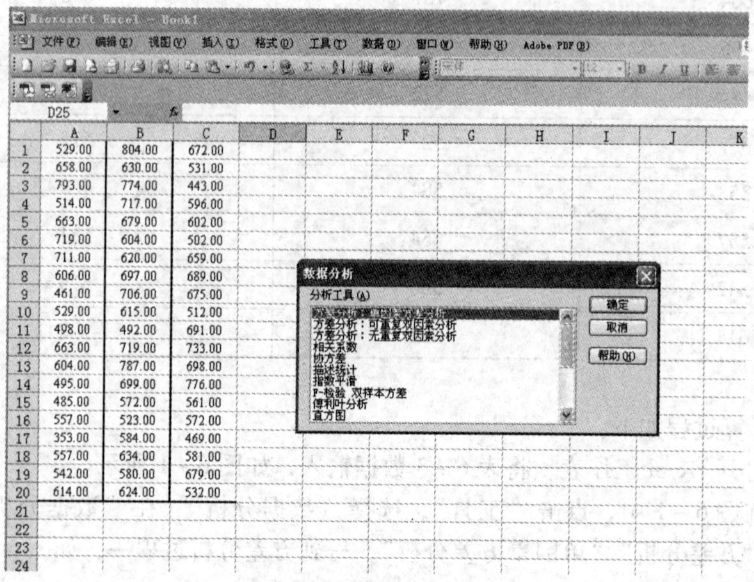

图 6 – 2　方差分析过程一

（3）点击图 6 – 2 中的“确定”，出现方差分析过程二，如图 6 – 3 所示，在图

6－3中，选择数据所在区域和 α 水平，点击“确定”，得到方差分析过程三，如图6－4所示。

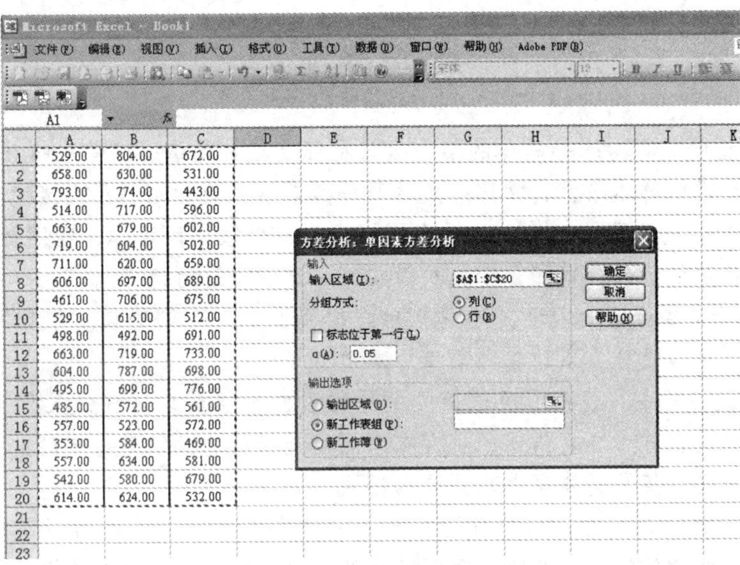

	A	B	C
1	529.00	804.00	672.00
2	658.00	630.00	531.00
3	793.00	774.00	443.00
4	514.00	717.00	596.00
5	663.00	679.00	602.00
6	719.00	604.00	502.00
7	711.00	620.00	659.00
8	606.00	697.00	689.00
9	461.00	706.00	675.00
10	529.00	615.00	512.00
11	498.00	492.00	691.00
12	663.00	719.00	733.00
13	604.00	787.00	698.00
14	495.00	699.00	776.00
15	485.00	572.00	561.00
16	557.00	523.00	572.00
17	353.00	584.00	469.00
18	557.00	634.00	581.00
19	542.00	580.00	679.00
20	614.00	624.00	532.00

图6－3 方差分析过程二

	A	B	C	D	E	F	G
1	方差分析：单因素方差分析						
2							
3	SUMMARY						
4	组	观测数	求和	平均	方差		
5	列 1	20	11551	577.55	10775		
6	列 2	20	13060	653	7238.105		
7	列 3	20	12173	608.65	8670.239		
8							
9							
10	方差分析						
11	差异源	SS	df	MS	F	P-value	F crit
12	组间	57512.23	2	28756.12	3.233041	0.046773	3.158843
13	组内	506983.5	57	8894.447			
14							
15	总计	564495.7	59				

图6－4 方差分析过程三

检验统计量的 F 值为3.23，大于临界值3.16，因此，拒绝原假设，至少有两个城市的周销售量不同。

本章小结

1. 假设检验是指对未知总体的某一数量特征（比如均值、方差）提出某种假设，然后根据所获得的样本数据，按照一定的程序，对该假设做出拒绝或接受的判断。

2. 假设检验的步骤为：第一，提出原假设、备择假设；第二，确定显著性水平；第三，选择检验统计量；第四，建立决策规则；第五，进行判断。

3. 原假设是要检验的假设，与它相对立的假设称为备则假设。根据具体问题的不同情况，备择假设分为双边备则假设、单边备择假设。

4. 在假设检验中，我们把应该接受的原假设拒绝接受，这种错误称为第Ⅰ类错误，第Ⅰ类错误也称为弃真错误；也存在原假设是错误的，但是也被接受，这类错误称为第Ⅱ类错误，第Ⅱ类错误也称为取伪错误。

5. 关于总体均值的假设检验分为：已知总体方差时总体均值的假设检验、总体方差未知时总体均值的假设检验。我们还介绍了正态分布总体方差的假设检验、总体比例的假设检验。

6. 方差分析简称ANOVA，是检验判断两个或多个总体均值间是否存在差异的一种方法。方差分析的基本思想就是将一组样本数据的总变差，分解为几部分，即总变差的每一部分都可归因于某种原因，这些原因分为几种因素的影响和随机误差的影响，通过测度这些不同原因所导致的变差之间是否有显著差异，来判断总体均值之间是否存在显著差异。

思考题

1. 什么是假设检验？假设检验的基本思想是什么？它有何特点和作用？
2. 假设检验的一般步骤包括哪些方面？
3. 什么是原假设？什么是备择假设？举例说明两者的区别和联系？
4. 什么是第Ⅰ类错误？什么是第Ⅱ类错误？这两者之间有什么关系？
5. 什么是方差分析？方差分析的基本思想是什么？

第七章　相关与回归分析

学习目标

1. 了解相关分析和回归分析的含义。

2. 了解相关分析的种类以及相关分析与回归分析的主要区别。

3. 能够通过相关图对相关关系进行初步判别，了解相关系数的特点，掌握相关系数的计算。

4. 了解样本回归线、最小二乘法、判定系数、估计标准误等概念。

5. 掌握一元线性回归方程系数的计算、检验，掌握判定系数的计算，能够根据所估计的回归方程进行预测。

关键名词

相关分析　回归分析　相关系数　最小二乘法　判定系数　估计标准误

7.1　相关分析和回归分析的基本概念

在统计学上，相关分析和回归分析的发现始于19世纪后半叶英国生物学家兼统计学家高尔登（Francis Galton，1822－1911）用统计学方法研究遗传学，后来，以卡尔·皮尔逊（Karl Pearson，1857－1936）为代表的一批学者使之完善和进一步发展，这项发展的意义和影响极为重大，不仅为统计学在社会问题中的应用提供了重要工具，而且沟通了统计学中原来互不相干的两个领域，成为20世纪上半叶统计方法重大发展的契机，从某种意义上可以说，这项发展标志着统计推断时期的开端。

7.1.1 相关关系和相关分析

在实际问题中，我们经常需要同时考虑几个变量，这些变量互相联系、互相制约。我们可以把这些变量分为两类：一类是确定性变量；另一类为随机变量。这些变量之间的关系也可以概括地分为两类：一类为确定性关系；另一类为非确定性关系。

对于具有确定性关系的变量，我们通常用函数来刻画它们之间的关系。例如在圆的周长 l 和半径 R 之间有关系式：$l=2\pi R$；在电压 V、电阻 R 和电流强度 I 之间有关系式：$V=IR$。

如果我们考虑的问题中包括随机变量，那么这些变量之间的关系为非确定性关系。例如人的身高和体重之间有密切的联系，但是人的身高并不能决定其体重；人的收入与其肉类的消费量之间也有联系，一般说来，收入高的人，其肉食的消费量会大一些；人的姓氏笔画与其收入之间，似乎不存在联系。在这三组变量关系中，人的身高和体重之间的关联程度比人的收入和肉类的消费量之间的关联程度更强，人的姓氏笔画和收入之间的关联程度最弱。这些变量之间的关系我们常常称为相关关系，在统计学中，由研究两个变量之间关系而形成的一套理论和分析方法就称为相关分析，是统计学中一个有重要应用意义的分支学科。

7.1.2 相关关系的种类

根据现象变量之间相关的形态和特征，我们可以把相关关系分为以下几种。

1. 按照所研究变量个数的多少划分

按照研究变量个数分为：单相关、复相关和偏相关。两个变量之间的相互关系，称为单相关。当所研究的是一个变量对两个或两个以上其他变量的相关关系时，称为复相关。当我们研究多个变量之间的关系时，如果假定其他变量不变，其中两个变量的相关关系称为偏相关。

例如，某种商品的需求量与其价格水平之间的相关关系为单相关；某种商品的需求量与其价格水平、人们收入水平之间的相关关系为复相关；在假定人们收入不变的条件下，某种商品的需求量与其价格水平之间的关系为偏相关。

2. 按照相关关系的程度划分

按照相关关系的程度分为：完全相关、不完全相关和不相关。当一个变量的变化完全由另一个变量确定时，称这两个变量之间的关系为完全相关，例如，在价格不变的条件下，某种商品的销售收入由其销售量完全确定，这时，相关关系实际上是函数关系，因此，可以说，函数关系是相关关系的一个特例。当两个变量彼此互不影响，相互独立，我们称这两个变量之间为不相关①。例如，人的姓氏笔画和收入之间是不相关的。介于完全相关和不相关之间的两个变量之间的关系，称为不完全相关。我们可以用图 7-1 表示变量相关程度之间的这三种关系。

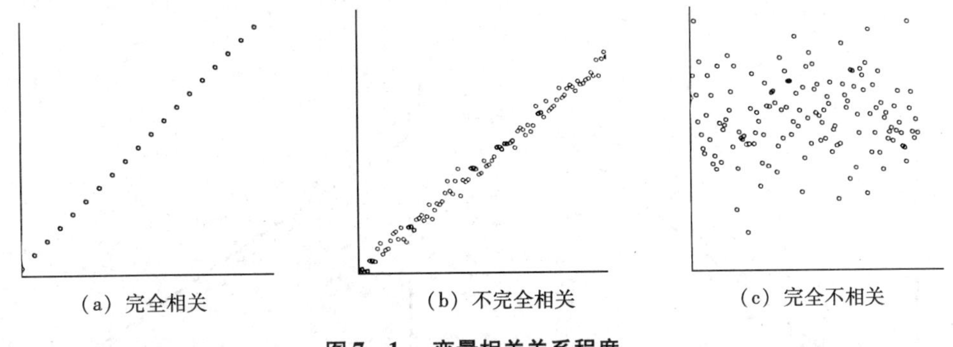

图 7-1　变量相关关系程度

3. 按照相关关系表现的形态划分

按照相关关系表现的形态分为：线性相关和非线性相关。当两个变量之间的关系大致呈现为线性关系时，称这两个变量之间的关系为线性相关。如果两个变量之间的关系大致近似于某种曲线方程的关系，则这两个变量之间的关系为非线性相关关系。我们可以用图 7-2 表示出相关关系的两种表现形态。

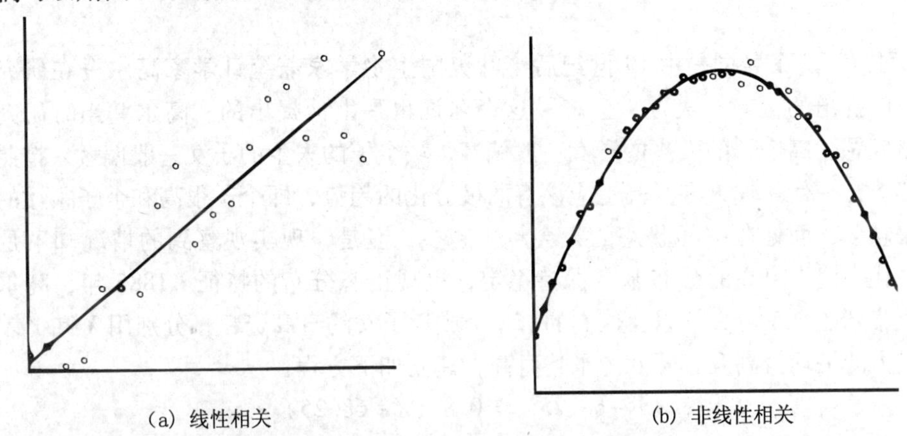

图 7-2　相关关系的表现形态

4. 按照相关变量变化的方向划分

按相关变量变化的方向分为：正相关和负相关。当一个变量增加时，相应的另一

---

① 按严格的统计意义，"独立" 和 "不相关" 之间还存在一定的差别，但在应用上一般影响不大。

个变量随之也增加，我们称这两个变量之间为正相关；反之，当一个变量增加时，相应的另一个变量随之减少，我们称这两个变量之间为负相关。例如空气中污染物的数量与人口寿命呈负相关关系，而身高和体重之间为正相关关系。我们可以用图 7－3 表示出变量之间的方向的变化。

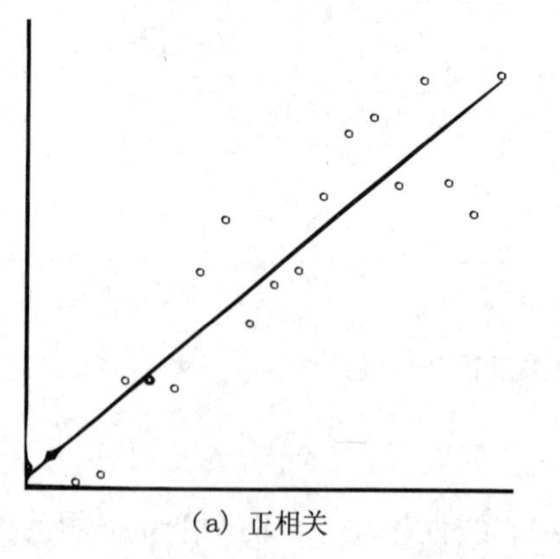
(a) 正相关

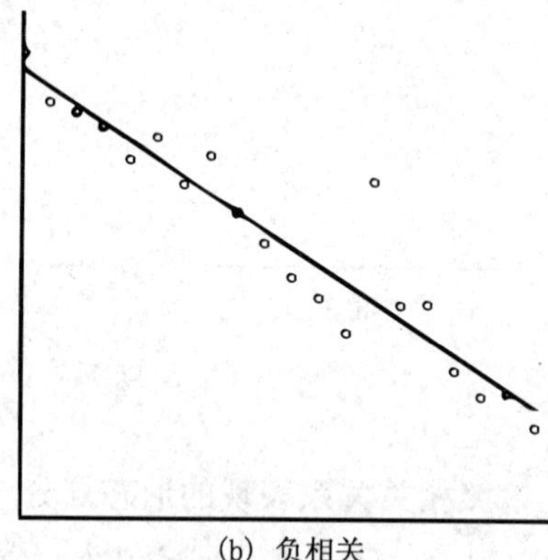
(b) 负相关

图 7－3　相关变量的变化方向

7.1.3　回归的概念和回归分析

“回归”这个名词是由 19 世纪后半叶英国生物学家兼统计学家高尔登在研究遗传现象时提出的，有人认为“正态”这个名词也是由他提出的。高尔登当时研究这样一个问题：高个子的人生的子女一般偏高，矮个子的人生的子女一般偏矮，按照这样的趋势，一代一代人在身高上应该有两极分化的趋势，即个子很高和个子很矮的人会越来越多，而处在中间状态的人会越来越少，但是，现实观察到的情况却不是如此，一代一代人身高的分布基本保持稳定，呈现正态分布的特征。1885 年，高尔登通过收集到的 205 对夫妇以及他们的 928 个成年子女的身高资料，分别用 X 和 Y 表示父母二人的平均身高及其子女的平均身高，建立如下方程：

$$(Y-68.25)=0.8(X-68.25)$$

这里以英寸为单位。68.25 英寸是父代也是子代的平均身高，比这个数大就是高个子，比这个数小就是矮个子。假设父母平均身高为 70.25 英寸，比平均身高 68.25 高 2 英寸，属于高个子，其子女的平均身高为：

$$Y=68.25+0.8\times 2=69.85\text{（英寸）}$$

子女的身高比平均身高高出 1.6 英寸，尽管子女仍为高个子，但比平均身高的幅度下降了。高尔登把这个现象说成是“子代身高向中心（68.25）回归”，从而解释了各代人身高保持稳定的原因。

由于这个特例，在统计学中人们就把反映这类变量（X 和 Y 有关，X 又不能决定 Y）之间关系的方程称为“回归方程”，把方程左边的变量 Y 称为因变量，把方程右边的变量 X 称为自变量。把统计学中有关的这部分内容——通过搜集数据、建立方程、对其误差进行估计等，称为回归分析。当然，这种“向中心回归”的现象，只是在特定领域里观察到的，并不具有普遍性，因此，严格讲，用“回归”这个名词描述变量之间的关系未必妥善，但是，这个称呼在统计学中已成了习惯，没有可能也不必要再去设法改变它了。

概括地说，回归分析所研究的主要问题，就是如何利用 X 和 Y 的观察值（样本），对回归方程的参数进行估计，并检验有关的假设等等。人们为了在理论上进行讨论并导出具体的方法，需要引进一定的假设。在这些假设的基础上人们得到各种回归模型，有的一般些，有的则性质比较特殊。一般来说，较弱的假设产生比较一般的模型，其适用面广，但针对这种模型而构造的统计推断方法，性能可能较差；反之，较强的假设产生性质特殊的模型，针对它而构造的统计推断方法性能较好，但是适用面较小。

7.1.4　相关分析和回归分析的关系

相关分析和回归分析都是研究具有非确定性关系的现象之间相互关系的统计分析方法，二者具有密切的联系，相关分析是回归分析的前提和基础，而回归分析是对相关关系的拓展和深化。特别是在具体应用时，常常互相补充，只有存在相关关系的变量才能进行回归分析，只有当变量之间存在着高度相关时，进行回归分析寻求其相关的具体形式才有意义。因此，从广义上说，相关分析包括回归分析。但是，二者在研究目的和研究方法上是有明显区别的，二者的差别主要有两点：一是在回归分析中，有一个变量，即因变量 Y 处在特殊的地位，而在相关分析中，各变量的地位是平等的，这意味着二者在研究的着重方面、所引出的统计推断问题有很大的不同。二是在回归分析中，因变量 Y 是随机的，但自变量 X 可以是随机的，也可以是非随机的。而在相关分析中，所涉及的变量都是随机的。

相关分析和回归分析可以加深人们对客观现象之间关系的认识，是对客观现象进行分析的有效方法，但是，它们也有一定的局限性，并不能说明我们所研究的变量之间是否有因果关系，以及何为因，何为果，对于现象之间内在联系的判断和因果关系的确定，需要结合专业知识和实际经验进行分析研究。因此，在应用这两种分析方法对客观现象进行研究时，一定要把定性分析和定量分析相结合，在定性分析的基础上开展定量分析。

简单线性相关分析是分析研究两个变量之间线性相关关系的方法，是相关分析的基础。

7.2 简单线性相关分析

7.2.1 相关表和相关图

相关表和相关图是研究相关关系的重要工具，通过编制相关表、绘制相关图，可以对现象之间存在的相关关系的方向、形式和相关的程度做出大致的判断，为进一步深入分析奠定基础。

1. 相关表

相关表是一种反映变量之间相关关系的统计表。根据资料是否分组，相关表可分为简单相关表和分组相关表，这里我们只讨论简单相关表。

如果所观察的样本单位数目比较少，我们通常编制简单相关表。简单相关表就是把某一变量按其取值的大小排列在一定的表格内，然后再把与其相关的另一变量的对应值平行排列，便可得到简单相关表。

【例7-1】某复印机销售公司经理对10位销售员7月推销电话拨打次数和复印机销售量进行调查得到的原始资料如表7-1所示。

表7-1　　销售员推销电话拨打次数和复印机销售量资料

销售人员编号	1	2	3	4	5	6	7	8	9	10
推销电话拨打次数	20	40	20	30	10	10	20	20	20	30
复印机销售量	30	60	40	60	30	40	40	50	30	70

根据表7-1原始资料，将推销电话拨打次数按从小到大的顺序排列，编制的简单相关表（见表7-2）。

表7-2　　推销电话拨打次数和复印机销售量的简单相关表

推销电话拨打次数	10	10	20	20	20	20	20	30	30	40
复印机销售量	30	40	30	30	40	40	50	60	70	60

从表 7 – 2 中，可以看出，随着销售人员拨打的推销电话的增加，销售的复印机也有增加的趋势，说明这两者之间存在正相关关系。

2. 相关图

相关图又称散点图，是一种用于描述两个变量之间关系的图形，它是以平面直角坐标系的两个轴分别表示所研究的两个变量，把两个变量所对应的值用坐标系中的点表示，这样得到的一系列的点。根据表 7 – 2 的资料绘制的相关图如图 7 – 4 所示。

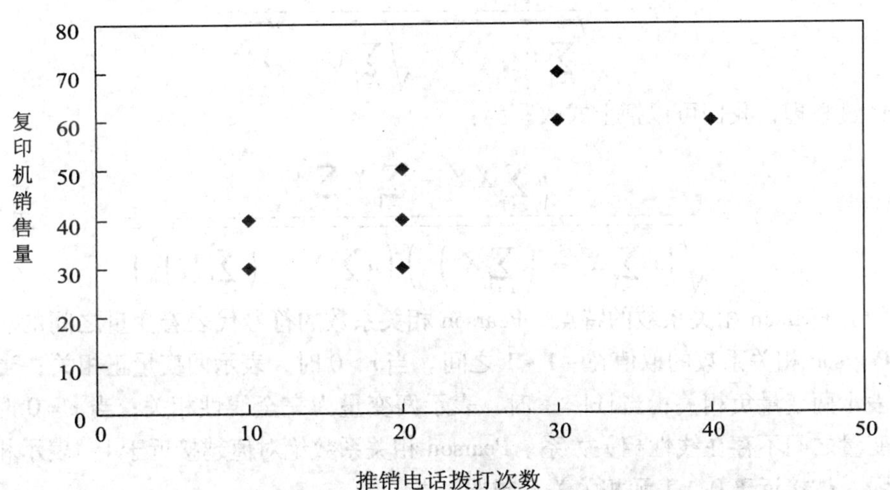

图 7 – 4　推销电话拨打次数和复印机销售量关系

在图 7 – 4 中，各点在一条直线周围聚集的程度反映了所研究的两个变量之间的线性相关程度。但是，必须注意到，通过改变坐标轴的尺度会改变坐标系中点的相对位置，从而使散点图中的点看起来更加紧凑或者松散，因此，从散点图得到的直观印象可能会导致错误的判断，所以，我们需要引入数量指标来定量地表示两个变量的线性相关程度。

7.2.2　相关系数

简单线性相关是变量之间最简单的一种相关关系，相关系数是衡量两个变量线性相关关系的重要指标，通常我们用 r 表示相关系数，我们经常使用的相关系数有两种：Pearson 相关系数和 Spearman 相关系数。

1. Pearson 相关系数

（1）Pearson 相关系数的计算公式。Pearson 相关系数是由英国统计学家埃其渥斯

（Francis Ysidro Edgeworth，1845－1926）提出的，可惜的是，由于埃其渥斯不善于用数学清晰地表达其思想，所用符号笨重，其文章很难被人理解，其统计学上的成就基本上湮没无闻，教科书中一般都把 Pearson 相关系数归于英国统计学家卡尔·皮尔逊的名下，皮尔逊在统计学上有多方面的贡献，是公认的现代统计学奠基人之一。

Pearson 相关系数的计算公式为：

$$r = \frac{\sum_{i=1}^{n}(X_i - \bar{X})(Y_i - \bar{Y})}{\sqrt{\sum_{i=1}^{n}(X_i - \bar{X})^2}\sqrt{\sum_{i=1}^{n}(Y_i - \bar{Y})^2}}$$

经过整理，我们可以把上式改写为：

$$r = \frac{n\sum_{i=1}^{n}X_iY_i - \sum_{i=1}^{n}X_i\sum_{i=1}^{n}Y_i}{\sqrt{\left(n\sum_{i=1}^{n}X_i^2 - \left(\sum_{i=1}^{n}X_i\right)^2\right)\left(n\sum_{i=1}^{n}Y_i^2 - \left(\sum_{i=1}^{n}Y_i\right)^2\right)}} \qquad \text{式 7－1}$$

（2）Pearson 相关系数的特点。Pearson 相关系数的符号代表着变量之间的相关方向，Pearson 相关系数的取值在 $-1 \sim 1$ 之间。当 $r>0$ 时，表示两变量正相关；当 $r<0$ 时，表示两变量负相关；当 $|r|=1$ 时，表示两变量为完全线性相关；当 $r=0$ 时，表示两变量之间不存在线性相关关系。Pearson 相关系数绝对值越接近于1，表示相关关系越强，越接近于0，表示相关关系越弱。

有人提出了 Pearson 相关系数密切程度的等级，当 $|r|<0.3$ 时，表示变量之间不存在线性相关关系；当 $0.3\leqslant|r|<0.5$ 时，表示变量之间存在低度线性相关关系；当 $0.5\leqslant|r|<0.8$ 时，表示变量之间存在显著（中等）线性相关关系，当 $0.8\leqslant|r|<1$ 时，表示变量之间存在高度线性相关关系。

【例 7－2】表 7－3 是从某医药销售公司抽取得到的 12 个销售人员的销售额和工龄的有关数据，根据 Pearson 相关系数的计算公式，计算销售额和工龄之间的 Pearson 相关系数。

表 7－3　　销售人员的销售额和工龄的原始资料

销售人员编号	1	2	3	4	5	6	7	8	9	10	11	12
销售额（Y）	487	445	272	641	187	440	346	238	312	269	655	563
工龄（X）	3	5	2	8	2	6	7	1	4	2	9	6

解：由表7－3中的数据，可计算得到表7－4：

表7－4　　Pearson 相关系数的计算过程

编号	X	Y	X^2	Y^2	XY
1	3	487	9	237169	1461
2	5	445	25	198025	2225
3	2	272	4	73984	544
4	8	641	64	410881	5128
5	2	187	4	34969	374
6	6	440	36	193600	2640
7	7	346	49	119716	2422
8	1	238	1	56644	238
9	4	312	16	97344	1248
10	2	269	4	72361	538
11	9	655	81	429025	5895
12	6	563	36	316969	3378
总计	55	4855	329	2240687	26091

即：$\sum_{i=1}^{12} X_i = 55$；$\sum_{i=1}^{12} Y_i = 4855$；$\sum_{i=1}^{12} X_iY_i = 26091$；$\sum_{i=1}^{12} X_i^2 = 329$；$\sum_{i=1}^{12} Y_i^2 = 2240687$

根据式7－1，有
$$r = \frac{n\sum_{i=1}^{n} X_iY_i - \sum_{i=1}^{n} X_i \sum_{i=1}^{n} Y_i}{\sqrt{\left(n\sum_{i=1}^{n} X_i^2 - \left(\sum_{i=1}^{n} X_i\right)^2\right)\left(n\sum_{i=1}^{n} Y_i^2 - \left(\sum_{i=1}^{n} Y_i\right)^2\right)}}$$
$$= \frac{12 \times 26091 - 55 \times 4855}{\sqrt{\left(12 \times 329 - 55^2\right)\left(12 \times 2240687 - 4855^2\right)}}$$
$$= 0.8325$$

这一计算结果是直接根据公式进行的，非常繁琐，现在，我们几乎全部使用统计软件进行计算，非常方便。

2. Spearman 相关系数

（1）Spearman 相关系数的计算。Spearman 相关系数是由英国统计学家查尔斯·斯皮尔曼在1904年提出的，适用于对定序数据之间相关性的一种度量方法。例如，某商业银行对新聘任的10名员工在试用期结束后进行综合评价，综合评价包括两部分：业务部门评价和人事部门评价。业务部门评价侧重于员工的工作表现，人事部门评价侧重于员工的工作能力。人事部门工作能力评价的范围为0~100，业务部门对员工的工作表现评价标准为：1=该员工的表现明显低于平均水平；2=该员工的表现略低于平均水平；3=该员工的表现和平均水平一样；4=该员工的表现略高于平均水平；5=该员工的表现明显高于平均水平。人事部门和业务部门对新员工的评价结果如表7-5所示。

表7-5　　对新员工的评分数据

员工	人事部门评价	业务部门评价
1	59	3
2	47	2
3	58	4
4	66	3
5	77	2
6	57	4
7	62	3
8	68	3
9	69	5
10	36	1

那么，一个自然的问题就是，业务部门评价和人事部门评价之间有怎样的关系？是否在业务部门排名靠前的员工在人事部门的排序也靠前？Spearman相关系数对这类问题给出了一种定量评价。

我们以表7-5数据为例，来说明Spearman相关系数的计算过程。

首先，对数据进行排序。我们先考虑人事部门评价，把10名员工的人事部门评价从小到大排序，10号员工的分数最低，所以该员工人事部门评价的等级最低，令其等级为1；2号员工的工作能力排名倒数第二，所以该员工人事部门评价的等级为2，以此类推，给10名员工人事部门的评价分成若干等级。然后，考虑业务部门评价，和前面一样，给10名员工按照业务部门评价分为若干等级，10号员工的分数最低，所以该员工业务部门评价的等级为1；但是2号员工和5号员工业务部门评价相同，出现了排名并列的情况，这种情况我们这样处理：如果这两名员工业务部门评价不同，其等级应该为2、3，那么等级的平均值为$\frac{2+3}{2}=2.5$，我们给这两名员工的业务部门评价等级为2.5。凡是出现这样的情况，都进行类似地处理。由此得到Spearman相关系数的计算结果，见表7-6。

表7-6 Spearman相关系数计算结果

员工	人事部门评价	业务部门评价	等级R		$R(X)R(Y)$	$R(X)-R(Y)$	$[R(X)-R(Y)]^2$
			人事部门评价$R(X)$	业务部门评价$R(Y)$			
1	59	3	5	5.5	27.5	-0.50	0.25
2	47	2	2	2.5	5	-0.50	0.25
3	58	4	4	8.5	34	-4.50	20.25
4	66	3	7	5.5	38.5	1.50	2.25
5	77	2	10	2.5	25	7.50	56.25
6	57	4	3	8.5	25.5	-5.50	30.25
7	62	3	6	5.5	33	0.50	0.25
8	68	3	8	5.5	44	2.50	6.25
9	69	5	9	10	90	-1.00	1
10	36	1	1	1	1	0.00	0

其次，Spearman相关系数的计算公式为式7-2：

$$r=\frac{\sum_{i=1}^{n}R(X_i)R(Y_i)-n\left(\frac{n+1}{2}\right)^2}{\sqrt{\left(\sum_{i=1}^{n}R(X_i)^2-n\left(\frac{n+1}{2}\right)^2\right)\left(\sum_{i=1}^{n}R(Y_i)^2-n\left(\frac{n+1}{2}\right)^2\right)}} \quad \text{式7-2}$$

Spearman相关系数的公式使用了变量的等级法，如果所考虑的变量没有等级相同时，式7-2可化简为式7-3：

$$r=1-\frac{6\sum_{i=1}^{n}[R(X_i)-R(Y_i)]^2}{n(n^2-1)} \quad \text{式7-3}$$

根据表7-6，计算得到：$\sum_{i=1}^{10}R(X_i)^2=385$；$\sum_{i=1}^{10}R(Y_i)^2=379$；$\sum_{i=1}^{10}R(X_i)R(Y_i)=323.5$；$\sum_{i=1}^{10}[R(X_i)-R(Y_i)]^2=117$。将变量代入式7-2，得到：

$$r=\frac{\sum_{i=1}^{n}R(X_i)R(Y_i)-n\left(\frac{n+1}{2}\right)^2}{\sqrt{\left(\sum_{i=1}^{n}R(X_i)^2-n\left(\frac{n+1}{2}\right)^2\right)\left(\sum_{i=1}^{n}R(Y_i)^2-n\left(\frac{n+1}{2}\right)^2\right)}}$$

$$=\frac{323.5-10\times\left(\frac{11}{2}\right)^2}{\sqrt{\left(385-10\times\left(\frac{11}{2}\right)^2\right)\left(379-10\times\left(\frac{11}{2}\right)\right)^2}}=0.2643$$

如果没有相同等级可根据式 7－3 计算，会得到：

$$r=1-\frac{6\sum_{i=1}^{n}[R(X_i)-R(Y_i)]^2}{n(n^2-1)}$$

$$=1-\frac{6\times117}{10\times199}=0.6472$$

按式 7－3 的计算结果 0.6472 比精确的 Spearman 相关系数 0.2643 大很多，这是因为业务部门对很多员工的评价相同，确定等级时采用了平均等级，如果在数据中出现很多相等的级别，通常使用式 7－2 计算。上述计算结果表明，两个部门对员工的评价存在正相关。

（2）Spearman 相关系数的特点。Spearman 相关系数的取值范围也是 －1～1。Spearman 相关系数的解释与 Pearson 相关系数的解释相似，接近于 1 的正值意味着两种排名之间具有很强的正相关关系，其中一个排名上升了，另一个排名也会上升；接近于 －1 的负值意味着两种排名之间具有很强的负相关关系，其中一个排名上升了，另一个排名会下降。

在解释相关性结果时必须小心，有时候尽管我们能够确定所研究的两个变量之间存在显著的相关关系，却未必能够提供有用的信息。例如，经济学家在研究中发现，1866～1911 年间英格兰和威尔士的人口死亡率与所有结婚时到教堂举行仪式的人所占比例的相关系数达到 0.95；1897～1958 年间美国名义收入的对数与积聚的太阳黑子对数的相关系数达到 0.91，而我们知道它们之间是没有关系的，这种相关叫做伪相关。所以，我们在应用时必须小心谨慎。另外，如果两个变量相关且相关系数很大，我们也不能武断地认为它们之间存在因果关系，也就是说，相关性并不说明因果关系。

这里我们对简单线性相关分析进行了讨论，相关分析还涉及偏自相关分析、复相关分析和等级相关分析。其中简单线性相关分析、偏自相关分析和复相关分析的前提条件为所研究变量的联合分布是正态分布；等级相关分析不要求知道所研究变量的分布，更不要求服从正态分布，属于非参数方法。这些内容我们这里不进行具体讨论，感兴趣的读者可参考其他书籍。

7.3　一元线性回归分析

通过对两个变量进行相关分析，我们可以发现这两个变量之间关系的紧密程度，当变量之间存在着显著的相关关系时，说明变量之间可能存在着某种联系，提供了我们进一步深入研究分析的对象，因此，进行相关分析只能被看成是第一步，为了深入了解变量之间的数量联系，我们需要去寻找这些变量之间的定量关系式，这是回归分析的主要任务。

在回归分析中，回归方程左边的变量，通常用符号 Y 表示，称为因变量或被解释变量，回归方程右边的变量，通常用符号 X 表示，称为自变量或解释变量，回归分析是多种多样的，按研究中使用自变量个数的多少可分为一元回归和多元回归，按变量之间变动关系的形式可分为线性回归和非线性回归，其中，一元线性回归是最简单、最基本的形式，通过对它的学习，就可以掌握回归分析的基本思想和方法。

7.3.1　一元线性回归模型的建立

现在，我们再研究一下例 7－2，通过计算，我们得到了该医药销售公司销售人员的销售额和工龄之间的相关系数为 0.8325，说明销售人员的销售额和工龄之间存在非常强的相关关系，进一步，我们打算根据某个销售人员的工龄（X）估计其销售额（Y）。

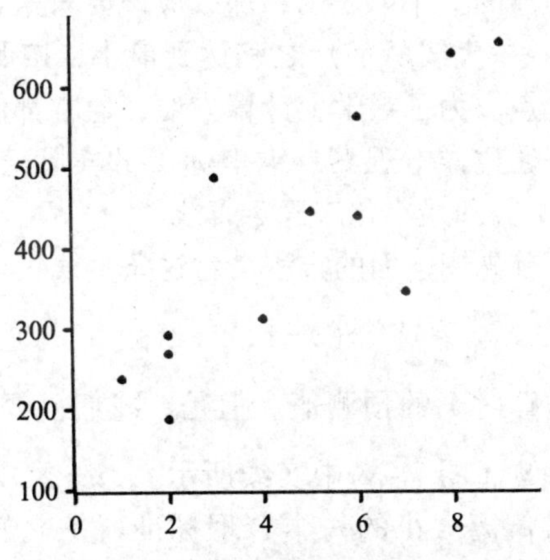

图 7－5　销售额和工龄的散点图

图 7－5 给出了表 7－3 中数据的散点图。从散点图中，我们发现随着销售人员工龄的增加销售额呈现增大的趋势，如果要根据销售人员的工龄，得到其销售额的估计值，必须建立销售人员的销售额与其工龄之间的回归方程，最简单的回归方程是一元线性回归方程。如何确定回归方程呢？

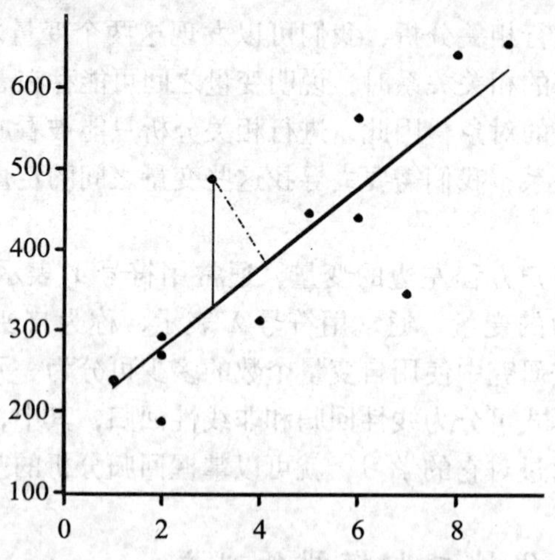

图7－6　添加回归线的销售额和工龄的散点图

图 7－6 在图 7－5 的基础上，增加了一条直线来反映销售人员的销售额和其工龄之间的关系，我们知道两点确定一条直线，那么如何确定这条直线呢？因为这条直线是根据这些点得到的，所以一个直观的要求就是使得这条直线尽可能地接近所有的点，通常都用点到直线距离的大小来表示，那么应该要求这条直线满足：所有的点到该直线的距离（如图 7－6 中虚线所示）之和达到最小，按照这样的标准得到的直线应该是最接近这些所有的点。为了数学上计算方便，通常都使用最小二乘法来确定这条直线，最小二乘法就是通过样本观察点纵坐标 Y 的实际值与 Y 的估计值的差（如图 7－6 中实线所示）的平方和最小化来确定直线。

根据上述分析，我们首先用下面的方程表示这条直线：

$$\hat{Y}_i = a + bX_i,\ (i = 1,\ 2,\ 3,\ \cdots,\ n)$$

其中，$\hat{Y}_i$ 表示当 $X = X_i$ 时 Y 的预测值。但是，我们已经有在 $X = X_i$ 时 Y 的取值为 Y_i，这样就有偏离 $Y_i - \hat{Y}_i$（图 7－6 中实线所示），$i = 1,\ 2,\ 3,\ \cdots,\ n$，我们希望这些偏离越小越好，衡量偏离大小的一个合理标准就是它们的平方和（通过平方，去掉符号的影响，如果简单求和，那么正负偏离抵消了）：

$$Q(a,b) = \sum_{i=1}^{n} (Y_i - \hat{Y}_i)^2 = \sum_{i=1}^{n} (Y_i - a - bX_i)^2$$

给定观测数据后,$(X_1,Y_1),(X_2,Y_2),\cdots,(X_n,Y_n)$ 这些数据都是确定的,$Q(a,b)$ 随 a,b 的取值而变化,我们就考虑寻找 a 和 b 的值,使得 $Q(a,b)$ 达到最小,利用微积分中多元函数求极值的方法确定 a 和 b,解方程组:

$$\begin{cases}\dfrac{\partial Q}{\partial a}=-2\sum_{i=1}^{n}(Y_i-a-bX_i)=0\\ \dfrac{\partial Q}{\partial b}=-2\sum_{i=1}^{n}X_i(Y_i-a-bX_i)=0\end{cases}$$

求得这个方程组的解，分别记为 a、b:

$$b=\frac{\sum_{i=1}^{n}(X_i-\overline{X})(Y_i-\overline{Y})}{\sum_{i=1}^{n}(X_i-\overline{X})^2}$$

$$a=\overline{Y}-b\overline{X}$$

使 $\sum_{i=1}^{n}(Y_i-\hat{Y}_i)^2=\sum_{i=1}^{n}(Y_i-a-bX_i)^2$ 达到最小来确定 a 和 b 的这个方法,称为最小二乘法(OLS),这个重要的方法一般归功于德国大数学家高斯在 1799 ~ 1809 年间的工作;称这样得到的 a 和 b 为最小二乘估计量。

现在我们再使用表 7－3 中的数据来确定销售人员的销售额和工龄之间的回归方程(见表 7－7)。

表 7－7　　确定最小二乘回归方程的计算过程

编号	X	Y	$X-\overline{X}$	$\left(X-\overline{X}\right)^2$	$\left(Y-\overline{Y}\right)$	$\left(X-\overline{X}\right)\left(Y-\overline{Y}\right)$
1	3	487	-1.58	2.51	82.42	-130.49
2	5	445	0.42	0.17	40.42	16.84
3	2	272	-2.58	6.67	-132.58	342.50
4	8	641	3.42	11.67	236.42	807.76
5	2	187	-2.58	6.67	-217.58	562.08
6	6	440	1.42	2.01	35.42	50.17
7	7	346	2.42	5.84	-58.58	-141.58
8	1	238	-3.58	12.84	-166.58	596.92
9	4	312	-0.58	0.34	-92.58	54.00

续表

编号	X	Y	$X-\overline{X}$	$\left(X-\overline{X}\right)^2$	$\left(Y-\overline{Y}\right)$	$\left(X-\overline{X}\right)\left(Y-\overline{Y}\right)$
10	2	269	-2.58	6.67	-135.58	350.25
11	9	655	4.42	19.51	250.42	1106.02
12	6	563	1.42	2.01	158.42	224.43
总计	55	4855		76.92		3838.92

回归线的斜率为：

$$b=\frac{\sum_{i=1}^{n}\left(X_i-\overline{X}\right)\left(Y_i-\overline{Y}\right)}{\sum_{i=1}^{n}\left(X_i-\overline{X}\right)^2}=\frac{3838.92}{76.92}=49.9$$

$$a=\overline{Y}-b\overline{X}=\frac{4855}{12}-49.9\times\frac{55}{12}=175.8$$

最后确定的销售人员销售额和工龄之间的回归方程为：

$$\hat{Y}_i=175.8+49.9X_i$$

我们把方程 $\hat{Y}_i=175.8+49.9X_i$ 称为销售额（方程左端的变量）对工龄（方程右端的变量）的回归方程。

【例7－3】某个大学中随机抽取10名男生，测得其身高（米）和体重（公斤）的数值为：(1.71，65)，(1.63，63)，(1.84，70)，(1.90，75)，(1.58，60)，(1.60，55)，(1.75，64)，(1.78，69)，(1.80，65)，(1.64，58)，试根据这些数据建立男生体重对身高的回归方程。

解：设身高用变量 X 表示，体重用变量 Y 表示，将样本数据描绘散点图，如图7－7所示。

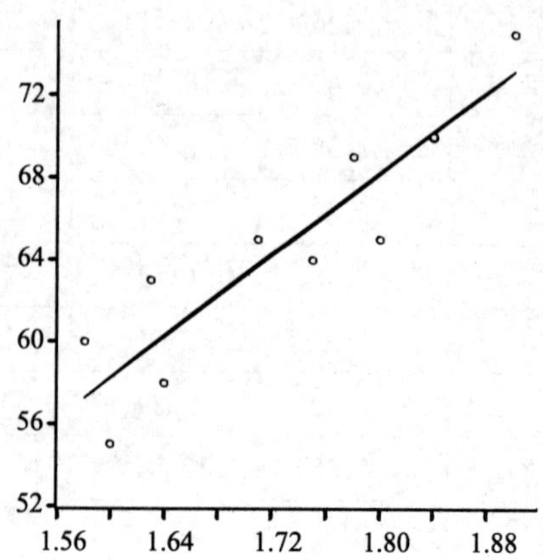

图7－7　身高和体重的散点图

从图 7－7 可以看出，身高和体重的关系近似线性关系，因此，设体重和身高有关系：$\hat{Y}_i = a + bX_i$。

根据样本资料，得出：

$$\bar{X} = (1.71 + 1.63 + \cdots + 1.64)/10 = 1.723$$

$$\bar{Y} = (65 + 63 + \cdots + 58)/10 = 64.4$$

$$\sum_{i=1}^{10}(X_i - \bar{X})^2 = (1.71 - 1.723)^2 + \cdots + (1.64 - 1.732)^2 = 0.1062$$

$$\sum_{i=1}^{10}(X_i - \bar{X})(Y_i - \bar{Y}) = (1.71 - 1.723)(65 - 64.4) + \cdots + (1.64 - 1.723)(58 - 64.4)$$

$$= 5.268$$

因此，a 和 b 分别为：

$a = 64.4 - 49.6 \times 1.723 = -21.06$，$b = 5.268/0.1062 = 49.6$

所以，男生体重对身高的回归方程为：

$$\hat{Y}_i = -21.06 + 49.6X_i$$

现在，我们通常都运用统计软件来得到回归方程中的斜率、截距。

7.3.2 回归模型的好坏评估

根据样本资料建立的回归模型来真实地反映总体变量之间的关系，如果变量之间没有关系，或者变量之间是非线性关系，那么建立线性回归模型就不合适，因此，在回归模型估计出来以后，就所得到的模型对数据的拟合程度进行评估就显得非常重要了，如果拟合程度低，那么就应该放弃得到的模型转而考虑其他模型。

评估模型的方法有好几种，我们将主要介绍确定是否采用线性回归模型的两个统计量和一种统计方法，即估计标准误、斜率的 t－检验和判定系数，这些方法均以误差平方和（又称残差平方和）为基础。

1. 估计标准误

我们注意到在前面的散点图（图 7－6，图 7－7）中，并非所有的点都正好落在回归直线上，如果所有的点都落在回归直线上，并且观测值的数量足够多，那么在估计销售额、体重时就没有误差。换句话说，如果所有的点都落在回归直线上，那么我们对销售人员的销售额、大学生体重的估计将是 100% 的准确，这样，在变量 X 的基础上估计变量 Y 就不会产生误差。但是，如图 7－7 所示，所有的点并不都落在回归直线上，根据给定的 X 值，估计变量 Y 就存在误差，在例 7－3 中，男生体重对身高的回归方程为 $\hat{Y}_i = -21.06 + 49.6X_i$，对于 $X = 1.6$，Y 的估计值为 $-21.06 + 49.6 \times$

$1.6 = 58.3$，实际 Y 值为 55，估计误差为 $55 - 58.3 = -3.3$。

如果我们考虑所有的估计误差，可以计算每一个数据点偏离估计的数据点的误差平方和（SSE），即：$SSE = \sum_{i=1}^{n}(Y_i - \hat{Y}_i)^2$，估计标准误为 $\sqrt{\frac{SSE}{n-2}}$，这个值能够告诉我们估计的准确程度，该值越大，说明得到回归模型拟合数据的拟合效果越差；该值越小，说明得到回归模型拟合数据的拟合效果越好，如果两个变量之间的相关系数为 1 或 -1，那么所有的点都落在回归直线上，误差平方和为 0，从而估计标准误为 0。

一般来说，不能用估计标准误作为衡量模型好坏的绝对指标，但是，估计标准误仍然是比较模型的一个有用指标，对于同一个问题，如果有几个模型可供选择，一般应该选用估计标准误最小的模型。

2. 判定系数

样本回归线对样本数据拟合得好不好是一个比较直观的问题，从散点图上可以明显地发现样本回归线拟合样本数据的好坏，但是，这是非常直观的判断，最常用的用来衡量回归模型拟合程度优劣的数量指标是判定系数（又称可决系数或决定系数），该指标是建立在对总离差平方和进行分解的基础之上。

被解释变量的实际观察值 Y_i 与其样本均值 $\overline{Y}$ 的离差称为总离差，记为：$Y_i - \overline{Y}$。我们可以把总离差分解为两部分，即：

$$Y_i - \overline{Y} = Y_i - \hat{Y}_i + \hat{Y}_i - \overline{Y}$$

Y_i 偏离其样本均值 $\overline{Y}$ 是由两部分造成的，一部分为 $\hat{Y}_i - \overline{Y}$，是由回归方程引起的，称为回归离差；另一部分为 $Y_i - \hat{Y}_i$，即残差，是实际观察值和回归拟合值的差异，是未被回归方程解释的部分。

数学上可以证明，对 $Y_i - \overline{Y} = Y_i - \hat{Y}_i + \hat{Y}_i - \overline{Y}$ 的两边取平方并求和，可得到：

$$\sum_{i=1}^{n}\left(Y_i - \overline{Y}\right)^2 = \sum_{i=1}^{n}\left(\hat{Y}_i - \overline{Y}\right)^2 + \sum_{i=1}^{n}\left(Y_i - \hat{Y}_i\right)^2$$

令：$SST = \sum_{i=1}^{n}\left(Y_i - \overline{Y}\right)^2, SSR = \sum_{i=1}^{n}\left(\hat{Y}_i - \overline{Y}\right)^2, SSE = \sum_{i=1}^{n}\left(Y_i - \hat{Y}_i\right)^2$，称 SST 为总离差平方和，SSR 为回归平方和，SSE 为残差平方和。因此，$\sum_{i=1}^{n}\left(Y_i - \overline{Y}\right)^2 = \sum_{i=1}^{n}\left(\hat{Y}_i - \overline{Y}\right)^2 + \sum_{i=1}^{n}\left(Y_i - \hat{Y}_i\right)^2$ 改写为：

$$SST = SSR + SSE$$

两边同除以 SST，得：

$$1 = \frac{SSR}{SST} + \frac{SSE}{SST}$$

显然，对于给定的样本观察值来说，总离差平方和是固定的，如果样本观测点与样本回归线越接近，残差的绝对值就越接近于0，那么残差平方和 SSE 就越小，回归平方和 SSR 就越大，$\frac{SSR}{SST}$ 也越大，人们就把 $\frac{SSR}{SST}$ 定义为判定系数（又称可决系数或决定系数），用 R^2 表示。

判定系数 R^2 的取值介于0～1之间；判定系数度量了回归值和实际观察值拟合的优劣程度；R^2 越接近于1，说明二者拟合得越好。判定系数是相关系数的平方。

在计算判定系数时，可以根据定义计算，一般在通常的统计软件中，都会给出判定系数 R^2 。

3. 相关系数、判定系数和估计标准误之间的关系

前面我们讨论了估计标准误，估计标准误用于度量真实值接近回归直线的程度，当估计标准误很小时，说明两个变量相关程度高。在计算估计标准误时，关键是求 $SSE = \sum_{i=1}^{n}(Y_i - \hat{Y}_i)^2$ ，如果 SSE 很小，那么估计标准误就很小。

相关系数度量了两个变量之间相关关系的强弱程度。当散点图中的点看起来接近直线时，相关系数也比较大。因此，估计标准误和相关系数与同样的信息有关，但使用不同的度量方法来反映相关程度，但是，在计算时，都使用了 $SSE = \sum_{i=1}^{n}(Y_i - \hat{Y}_i)^2$ 。

判定系数是相关系数的平方，判定系数反映了回归直线拟合数据程度的好坏。

回归分析中对回归模型优劣评估还应该包括显著性检验，显著性检验包括两方面的内容：一是对各回归系数的显著性检验；二是对整个回归方程的显著性检验。对于前者通常采用 t 检验，对于后者通常采用 F 检验。如果估计值所对应的 t 值比较大（大于3），那么我们就认为被解释变量 Y 和解释变量 X 之间具有线性关系；如果估计值所对应的 t 值比较小，那么我们就认为被解释变量 Y 和解释变量 X 之间没有线性关系。这里我们仅仅给出计算斜率系数的 t 值公式，不进行具体的讨论。

$$t = \frac{b}{\sqrt{\sum_{i=1}^{n}(Y_i - \hat{Y}_i)^2 \Big/ (n-2)\sum_{i=1}^{n}(X_i - \bar{X})^2}}$$

【例7－4】使用例7－3中的数据，分别计算估计标准误、判定系数，并对回归方程：$\hat{Y}_i = -21.06 + 49.6X_i$ 检验斜率系数的显著性（见表7－8）。

解：根据表7－8，我们可以计算得到：

$$SST = \sum_{i=1}^{10} \left(Y_i - \overline{Y}\right)^2 = 316.4$$

$$SSR = \sum_{i=1}^{10} \left(\hat{Y}_i - \overline{Y}\right)^2 = 261.29$$

$$SSE = \sum_{i=1}^{10} \left(Y_i - \hat{Y}_i\right)^2 = 55.11$$

表7－8　　　　残差计算表

编号	X	Y	总离差 $Y-\overline{Y}$	$\hat{Y}$	残差 $Y-\hat{Y}$	回归离差 $\hat{Y}-\overline{Y}$
1	1.71	65	0.60	63.76	1.24	-0.64
2	1.63	63	-1.40	59.79	3.21	-4.61
3	1.84	70	5.60	70.20	-0.20	5.80
4	1.9	75	10.60	73.18	1.82	8.78
5	1.58	60	-4.40	57.31	2.69	-7.09
6	1.6	55	-9.40	58.30	-3.30	-6.10
7	1.75	64	-0.40	65.74	-1.74	1.34
8	1.78	69	4.60	67.23	1.77	2.83
9	1.8	65	0.60	68.22	-3.22	3.82
10	1.64	58	-6.40	60.28	-2.28	-4.12
总计	17.23	644	0		0	0

（1）估计标准误为：$\sqrt{\dfrac{SSE}{10-2}} = 2.62$

判定系数：$R^2 = \dfrac{SSR}{SST} = 0.83$

（2）斜率系数的显著性检验

$$t = \frac{b}{\sqrt{\sum_{i=1}^{n}\left(Y_i - \hat{Y}_i\right)^2 \Big/ \left(n-2\right)\sum_{i=1}^{n}\left(X_i - \overline{X}\right)^2}}$$

$$= \frac{49.6}{\sqrt{55.11 \Big/ \left(10-2\right)0.1062}} = 6.17$$

所得到的 t 值比较大，认为身高对体重的影响是非常显著的。

7.3.3　应用回归方程进行分析预测

根据给定的样本观察值，估计出回归方程，如果回归方程通过了各项检验，就可以利用回归模型进行分析预测。预测有两种：点预测和区间预测，区间预测比较复杂，这里主要讨论点预测。

我们仍以例7－3估计出的回归方程 $\hat{Y}_i = -21.06 + 49.6X_i$ 为例进行说明。点预测比较简单，就是对于给定变量 X 的值 x，用回归值 $\hat{Y}_i = a + bx$ 做对应于 $X = x$ 的变量 Y 的预测值。如果某个男生身高为1.73米，根据回归方程 $\hat{Y}_i = -21.06 + 49.6X_i$，可以算出该男生的体重预测值为64.75公斤；下面这个问题值得大家注意，如果某个男生个子特别高或者特别矮，那么我们是否还能够使用上述方程对该男生的体重进行预测？在估计回归方程时，男生身高的范围在1.58～1.78米之间，如果解释变量 X 超出这个范围很大，回归方程 $\hat{Y}_i = -21.06 + 49.6X_i$ 可能已不再成立，这时就不能使用方程 $\hat{Y}_i = -21.06 + 49.6X_i$ 来进行预测，所以，大家在进行预测时，一定要注意 X 的变化范围。

区间预测是对于给定变量 X 的取值，在一定的概率下，给出变量 Y 的一个取值范围，对于区间预测，也要注意解释变量 X 的变化范围。

【例7－5】表7－9为我国某地区建材行业26家公司销售成本和销售收入的相关数据，运用Excel软件，建立销售成本对销售收入的回归方程。

表7－9　26家公司销售成本与销售收入数据表　单位：千元

公司	销售成本	销售收入	公司	销售成本	销售收入	公司	销售成本	销售收入
1	903	1130	4	1250	1691	7	2367	3297
2	949	1349	5	1470	1989	8	2856	4003
3	1028	1490	6	1616	2408	9	3180	4406

续表

公司	销售成本	销售收入	公司	销售成本	销售收入	公司	销售成本	销售收入
10	3369	4763	17	4127	5545	24	5127	7197
11	3617	5127	18	4174	5781	25	5387	7433
12	3102	4365	19	4483	6017	26	5344	7668
13	3431	4601	20	4339	6253			
14	3447	4837	21	4728	6489			
15	3595	5073	22	4559	6725			
16	3720	5309	23	4932	6961			

计算过程如下：

（1）打开 Excel 工作表，将表 7－9 数据输入，如图 7－8 所示。

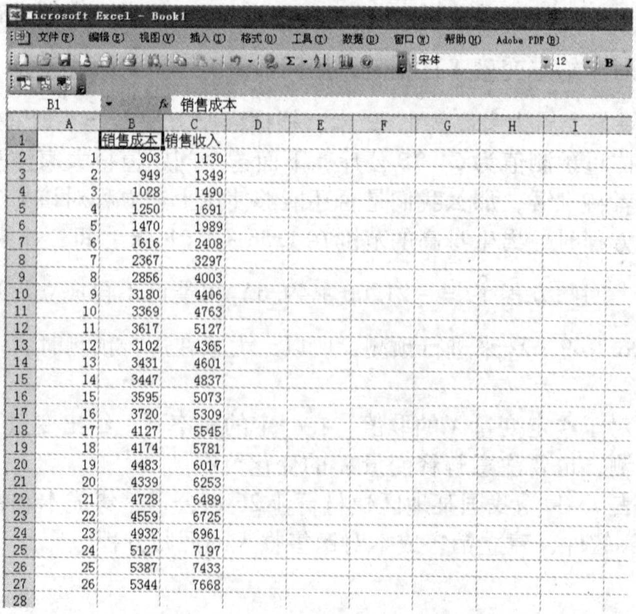

	A	B	C
1		销售成本	销售收入
2	1	903	1130
3	2	949	1349
4	3	1028	1490
5	4	1250	1691
6	5	1470	1989
7	6	1616	2408
8	7	2367	3297
9	8	2856	4003
10	9	3180	4406
11	10	3369	4763
12	11	3617	5127
13	12	3102	4365
14	13	3431	4601
15	14	3447	4837
16	15	3595	5073
17	16	3720	5309
18	17	4127	5545
19	18	4174	5781
20	19	4483	6017
21	20	4339	6253
22	21	4728	6489
23	22	4559	6725
24	23	4932	6961
25	24	5127	7197
26	25	5387	7433
27	26	5344	7668

图 7－8 销售成本与销售收入

（2）在图 7－8 中，点击“工具”，选择“数据分析”，在“数据分析”对话框中，选择“回归”，点击“确定”，得到图 7－9。

	A	B	C
1		销售成本	销售收入
2	1	903	1130
3	2	949	1349
4	3	1028	1490
5	4	1250	1691
6	5	1470	1989
7	6	1616	2408
8	7	2367	3297
9	8	2856	4003
10	9	3180	4406
11	10	3369	4763
12	11	3617	5127
13	12	3102	4365
14	13	3431	4601
15	14	3447	4837
16	15	3595	5073
17	16	3720	5309
18	17	4127	5545
19	18	4174	5781
20	19	4483	6017
21	20	4339	6253
22	21	4728	6489
23	22	4559	6725
24	23	4932	6961
25	24	5127	7197
26	25	5387	7433
27	26	5344	7668

图 7－9 回归分析对话框一

（3）在图 7－9 的“输入”的“Y 值输入区域”填入“＄B＄2：＄B＄27”，在“X 值输入区域”填入“＄C＄2：＄C＄27”，在图 7－9 的“输出选项”中选择“新工表组”，点击“确定”，出现图 7－10。

SUMMARY OUTPUT

回归统计	
Multiple	0.997749
R Square	0.995504
Adjusted	0.995316
标准误差	97.14301
观测值	26

方差分析

	df	SS	MS	F	gnificance F
回归分析	1	50145180	50145180	5313.811	1.1E-29
残差	24	226482.3	9436.764		
总计	25	50371662			

	Coefficien	标准误差	t Stat	P-value	Lower 95%	Upper 95%	下限 95.0%	上限 95.0%
Intercept	34.14735	49.31598	0.69242	0.49532	-67.6358	135.9305	-67.6358	135.9305
X Variab	0.707196	0.009701	72.89589	1.1E-29	0.687173	0.727219	0.687173	0.727219

图 7－10 回归分析对话框二

在图 7－10 中，“B17”为销售成本对销售收入回归方程的截距系数 34.147；“B18”为销售成本对销售收入回归方程的斜率系数 0.707；“D18”为 t 值 72.895，非常显著，"B5"为判定系数0.9955。因此，销售成本对销售收入的回归方程为：

$$\hat{Y}_i = 34.147 + 0.707X_i$$

本章小结

1. 客观现象之间的联系既可以表现为确定性关系，也可以表现为非确定性关系。相关分析和回归分析都是研究具有非确定性关系的现象之间相互关系的统计分析方法，二者具有密切的联系。

2. 相关分析是回归分析的前提和基础，而回归分析是对相关关系的拓展和深化。二者互相补充，只有存在相关关系的变量时才能进行回归分析，只有当变量之间存在着高度相关时，进行回归分析寻求其相关的具体形式才有意义。

3. 相关关系按照不同的标准进行分类，识别变量之间相关关系的常用方法是相关表、相关图和相关系数法。

4. 一元线性回归模型反映了一个自变量和一个因变量之间的线性关系。根据给定的样本观察值，使用最小二乘法可以得到回归模型 $\hat{Y}_i = a + bX_i (i = 1,2,3,\cdots,n)$ 中的估计量 a 和 b，$e_i = Y_i - \hat{Y}_i$ 为残差。

5. 根据样本资料建立的回归模型后，需要对回归模型进行评估，我们主要介绍了估计标准误、斜率的t检验和判定系数三种方法。

6. 可以使用回归方程，根据给定的变量 X 的值对变量 Y 进行预测。

思考题

1. 什么是相关关系、函数关系，两者之间有什么区别与联系？

2. 什么是单相关、复相关和偏相关？什么是完全相关、不完全相关和不相关？什么是线性相关和非线性相关？什么是正相关、负相关？分别举例说明。

3. 什么是回归分析？什么是相关分析？它们之间有什么联系与区别？

4. 如何建立回归模型？

5. 为什么要对建立的回归模型进行评估？

6. 如何根据所估计的回归方程进行预测，预测时要注意什么问题？

第八章　时间序列分析

学习目标

1. 掌握时间序列、时间序列基本要素、时间序列分类等基本概念。

2. 了解时间序列的编制原则，掌握时间序列水平指标分析、速度指标分析的主要方法。

3. 掌握时间序列长期趋势分析和季节变动分析的主要方法，能够使用季节指数预测法进行预测。

关键名词

时间序列　绝对数时间序列　相对数时间序列　平均数时间序列　发展水平　发展速度　发展水平　平均发展速度　增长速度　时间序列的长期趋势　时间序列的季节变动　季节指数预测法

在经济管理和社会生活中，人们通常都需要对诸如产品的需求量、价格变化及宏观经济的走势进行预测，时间序列分析是统计学中人们进行预测的重要工具之一。

对时间序列进行分析，不仅能够把握所研究现象的发展状况和特点，而且能够发现所研究现象的发展规律和变化趋势。1927 年英国统计学家尤尔（U. Yule）将自回归模型用于太阳黑子的数据分析和俄国统计学家斯鲁茨基（E. Slutzky）创建滑动平均模型标志着时间序列分析作为一门学科的产生。目前，时间序列分析在天文学、生物学、经济学、工程等领域的应用都非常广泛。

8.1　时间序列分析概述

8.1.1　时间序列的概念

时间序列也称时间数列、动态数列，是按照时间的先后顺序对某种现象进行观测并记录下来的一系列观测值，在许多领域中，很多数据都是以时间序列的形式表示，例如，每天的股票价格、每月的进出口总额、每年的新生儿出生数、每周公路交通事故数、每年的太阳黑子的数目，等等。由于时间序列的相邻观测值之间具有依赖性，对这种依赖性进行分析，使人们能够对所研究现象的未来发展情况进行预测。

时间序列由两个基本要素构成：一个是对某种现象的观测时间；另一个是各时间上所观测到的统计指标数值。例如表 8－1 给出的是我国 1989～2008 年的国内生产总值。

表 8－1　　1989～2008 年国内生产总值　　单位：亿元

年份	国内生产总值	年份	国内生产总值
1989	16992	1999	89677
1990	18668	2000	99215
1991	21782	2001	109655
1992	26924	2002	120333
1993	35334	2003	135823
1994	48198	2004	159878
1995	60794	2005	183218
1996	71177	2006	211924
1997	78973	2007	257306
1998	84402	2008	300670

在表 8－1 中，一栏给出了国内生产总值的观测时间；另一栏给出了相应年份的观测值。

在时间序列中，现象的所属时间可以是年、季、月、日、时等，大家注意在一个时间序列中，不能有月、年等不同所属时间的数据，要求现象所属的时间应该是一致的，这样便于分析。

8.1.2 时间序列的种类

按照统计指标性质的不同，时间序列可以分为绝对数时间序列、相对数时间序列和平均数时间序列，其中绝对数时间序列是最基本的，后两种是由绝对数时间序列衍生得到的。

1. 绝对数时间序列

绝对数时间序列又称总量指标时间序列，由一系列同类总量指标按照时间先后顺序排列而成。例如表 8－1 中的我国 1989～2008 年国内生产总值就是绝对数时间序列。

在绝对数时间序列中，根据反映现象的时间状况不同，绝对数时间序列又分为时期序列、时点序列。

（1）时期序列。时期序列是由一系列时期指标形成的，序列中的每个指标数值都是反映社会经济现象在一段时期内发展过程的总量。例如表 8－1 中的我国 1989～2008 年国内生产总值、表 8－2 中的我国 1989～2008 年城镇新建住宅面积都是时期序列。

表 8－2　　1989～2008 年城镇新建住宅面积　　单位：亿平方米

年份	城镇新建住宅面积	年份	城镇新建住宅面积
1989	1.97	1999	5.59
1990	1.73	2000	5.49
1991	1.92	2001	5.75
1992	2.4	2002	5.98
1993	3.08	2003	5.5
1994	3.57	2004	5.69
1995	3.75	2005	6.61
1996	3.95	2006	6.3
1997	4.06	2007	6.88
1998	4.76	2008	6.58

（2）时点序列。时点序列是由一系列时点指标形成的，序列中的每个指标数值都是反映社会经济现象在某一时点（时刻）上的状态。例如表 8－3 中的我国 1989～2008 年年末从业人员数就是时点序列。

表 8－3　　1989～2008 年年末从业人员　　单位：万人

年份	年末从业人员数	年份	年末从业人员数
1989	55329	1999	71394
1990	64749	2000	72085
1991	65491	2001	73025
1992	66152	2002	73740
1993	66808	2003	74432
1994	67455	2004	75200
1995	68065	2005	75825
1996	68950	2006	76400
1997	69820	2007	76990
1998	70637	2008	77480

（3）时期序列和时点序列的特点：第一，从定义来看，它们刻画现象的性质不同。时期序列中的各个指标数值，反映的现象在一定时期内发展过程的总量；时点序列中的各个指标数值，反映的是现象在某一时点上的总量。第二，从序列中数值相互之间的关系上看。时期序列各个时期指标数值可以相加，相加后的结果反映更长时期内的总量；时点序列中各个指标数值不能相加，因为相加之后的结果没有意义。第三，从序列中数值与观测时间之间的关系看。时期序列中各个指标数值的大小与时期长短有关，一般情况下，时期越长，指标数值越大，时期越短，指标数值越小；而时点序列中各个指标数值的大小与时间的间隔长短不存在直接关系。第四，从序列中数据的来源上看。时期序列中的各个指标数值都是连续登记得到的，而时点序列中的各个指标数值通常都是通过一次性调查得到的，具有不连续统计的特点。

2. 相对数时间序列

相对数时间序列是将一系列同类相对指标的数值，按照时间先后顺序排列而成的时间序列。它反映了具有相互联系的社会经济现象之间的发展变化情况，说明社会经济现象的比例关系、结构、速度的发展变化过程。例如表 8－4 中我国 1989～2008 年第三产业增加值占国内生产总值的比重就是一个相对数时间序列，它反映了二十年来我国第三产业不断发展壮大的情况。

表 8-4　　1989～2008 年第三产业增加值占国内生产总值（GDP）比例　　单位:%

年份	第三产业增加值占 GDP 比例	年份	第三产业增加值占 GDP 比例
1989	32.1	1999	37.7
1990	31.6	2000	39
1991	33.7	2001	40.5
1992	34.8	2002	41.5
1993	33.7	2003	41.2
1994	33.6	2004	40.4
1995	32.9	2005	40.1
1996	32.8	2006	40
1997	34.2	2007	40.1
1998	36.2	2008	40.1

在相对数时间序列中，各个指标数值不能相加。除了上述第三产业增加值占国内生产总值的比重一类的比例相对数外，还有计划完成相对数、结构相对数、比较相对数、动态相对数和强度相对数等。

3. 平均数时间序列

平均数时间序列就是将一系列同类的平均指标，按照时间先后顺序排列起来而形成的时间序列。对平均数时间序列进行分析，可以把握社会经济现象平均水平的发展变化趋势。例如表 8-5 中我国 1989～2008 年在岗职工平均工资就是一个平均数时间序列。平均数时间序列中的指标数值也不能相加。

表 8-5　　1989～2008 年在岗职工平均工资　　单位：元

年份	在岗职工平均工资	年份	在岗职工平均工资
1989	1935	1995	5500
1990	2140	1996	6210
1991	2340	1997	6470
1992	2711	1998	7479
1993	3371	1999	8346
1994	4538	2000	9371

续表

年份	在岗职工平均工资	年份	在岗职工平均工资
2001	10870	2005	18364
2002	12422	2006	21001
2003	14040	2007	24932
2004	16024	2008	29229

8.1.3　时间序列的编制原则

我们进行时间序列分析的目的是为了研究社会经济现象的动态演变过程及其发展变化的规律，因此，保证时间序列中各个指标数值之间的可比性，是编制时间序列必须遵守的基本原则。具体来说，应该注意以下四个方面：

1. 时期长短应该一致

由于在时期序列中，各个指标数值的大小与时期长短有直接的关系，因此，各个指标所属时期的长短应当前后统一，以便能够通过比较各个指标数值的大小正确地反映社会经济现象发展变化情况。但是，有时为了特殊的研究目的，也可以将长短不同的时期指标编制成时期数列。如表 8－6 所示。

表 8－6　　**我国不同历史时期钢产量**　　单位：万吨

时期	1900～1948 年	1953～1957 年	1995～2000 年	2001～2005 年
钢产量	760	1667	55311	131094

从表 8－6 数据中，我们发现，我国第一个五年计划时期的钢产量超过旧中国将近半个世纪钢产量的 1 倍以上；第九个五年计划时期钢产量比第一个五年计划时期有了更快的发展，增长了 33 倍以上；第十个五年计划时期钢产量比第九个五年计划时期钢产量有了较快的增长，为第九个五年计划时期钢产量的 2.37 倍，为第一个五年计划时期钢产量的 78 倍以上。

对于时点序列来说，由于各个时期指标数值只反映社会经济现象在某一个时点的状态，所以，指标数值的大小与时间间隔长短并没有直接的关系，因此，间隔即使不相等，仍然具有可比性，不存在时期长短统一的问题，但是，为了更好地反映社会经济现象发展变化的动态规律，时点间隔最好能保持一致。

2. 总体范围应当前后一致

在研究社会经济现象时，所研究对象的范围经常发生变动。例如，在资产重组中，企业相互之间进行兼并，兼并前后的指标数值就不能直接进行比较，需要进行调整；在研究诸如人口这一类问题时，要注意到行政区划的变动，比如海南省、重庆直辖市的建立，都会对广东省、四川省人口数据产生重大影响，在使用相关数据时，必须进行适当调整，使得前后范围一致。

3. 指标的含义和经济内容应当一致

在时间序列中各个指标的经济内容应该前后一致，保持同质性，以免导致错误的结果。有时时间序列中指标的名称不变，但是其内涵却发生了变化。例如，在研究上市公司每股收益时，要考虑到分红派息和股本变动的影响，在进行分析时，对有关数据必须进行调整。

4. 计算方法、计算单位必须统一

时间序列中各个时期指标的计算方法和计算单位应该一致，才能使得先后数值具有可比性。例如，在比较国内生产总值序列时，按照生产法、支出法和收入法计算的数值，就存在差异。

8.2 时间序列的水平指标分析

时间序列本身就反映了我们所研究的社会经济现象达到的规模、水平，时间序列的水平指标分析包括发展水平、平均发展水平、增长量和平均增长量。

8.2.1 发展水平和平均发展水平

发展水平是时间序列中各个不同时期的指标数值，我们一般用 $y_1, y_2, \cdots, y_n$ 表示，第一期的指标值习惯上称为最初水平，用符号 y_1 表示，最后一期的指标值称为最末水平，用符号 y_n 表示。通常，把我们所要研究的那个时期称为报告期，相应的发展水平称为报告期水平或计算期水平；用作比较的时期水平称为基期水平。

例如，对于表 8－1 中给出的我国 1989～2008 年的国内生产总值时间序列，如果我们要研究 2008 年国内生产总值是 1990 年的多少倍，则 2008 年的指标数值为报告期水平，1990 年的指标数值为基期水平。

平均发展水平也称作序时平均数或动态平均数，是把时间序列中各个时期（或时点上）的指标数值进行平均而求得的平均数，通过计算平均发展水平，我们可以概要的了解所研究现象发展变化的基本趋势。

平均发展水平的计算，因时间序列的种类不同而有所差别，下面我们进行具体说明。

1. 根据绝对数时间序列计算平均发展水平

（1）时期序列。时期序列不同时期的指标数值可以相加，其平均发展水平的计算常用简单算术平均数的方法，即将时期序列各个时期的指标数值相加得到的总和除以序列的项数。计算公式 8－1 为：

$$\bar{y} = \frac{y_1 + y_2 + \cdots + y_n}{n} = \frac{\sum y_i}{n} \qquad 式 8-1$$

其中：y_i 为各时期的发展水平（$i = 1,2,\cdots,n$）；n 为时期序列的项数；$\bar{y}$ 为平均发展水平。

【例 8－1】根据表 8－1 中的数据计算 2001～2008 年每年平均国内生产总值。

根据公式 8－1 得：

$$\bar{y} = \frac{\sum y_i}{n} = \frac{109655 + 120333 + 135823 + 159878 + 183218 + 211924 + 257306 + 300670}{8}$$

$$= 184850(亿元)$$

（2）时点序列。时点序列中不同时点的指标数值不能相加，因此，对时点序列计算平均发展水平应该根据所研究数据的特点选择适当的方法。

首先，如果时点序列的时间间隔相等且是完整的连续资料，需要先计算相邻两期发展水平的平均数，然后再对这些平均数用计算简单算术平均数的方法求平均发展水平，该方法也称首末折半法，即首末两项折半再加上中间各项，然后除以项数减 1 而得到平均发展水平。计算公式 8－2 为：

$$\bar{y} = \frac{\frac{y_1 + y_2}{2} + \frac{y_2 + y_3}{2} + \cdots + \frac{y_{n-1} + y_n}{2}}{n-1} = \frac{\frac{y_1}{2} + y_2 + \cdots + \frac{y_n}{2}}{n-1} \qquad 式 8-2$$

【例 8－2】根据表 8－7 中的数据资料，计算某地区 2007 年的平均人口数。

表 8－7　地区人口资料

时间	2007 年 1 月 1 日	2007 年 4 月 1 日	2007 年 7 月 1 日	2007 年 10 月 1 日	2008 年 1 月 1 日
人口数（万人）	52	50	52	54	56

根据公式 8－2 得：

$$\bar{y} = \frac{\frac{y_1}{2} + y_2 + \cdots + \frac{y_n}{2}}{n-1} = \frac{\frac{52}{2} + 50 + 52 + 54 + \frac{56}{2}}{5-1} = 52.5（万人）$$

因此，该地区 2007 年的平均人口数为 52.5 万人。

其次，如果时点序列的时间间隔不相等，则先计算各相邻时点的平均数，再以间隔长度为权数，进行加权平均。其公式为：

$$\bar{y}=\frac{\frac{y_1+y_2}{2}\times f_1+\frac{y_2+y_3}{2}\times f_2+\cdots+\frac{y_{n-1}+y_n}{2}\times f_{n-1}}{f_1+f_2+\cdots+f_{n-1}} \quad \text{式 } 8-3$$

其中：f_i 为第 i 个时点到第 $i+1$ 个时点之间的时间间隔长度。

【例 8-3】根据表 8-8 中的数据资料，计算某城市 2007 年的平均人口数。

表 8-8　　某城市人口资料

时间	2007 年 1 月 1 日	2007 年 6 月 1 日	2007 年 8 月 1 日	2008 年 1 月 1 日
人口数（万人）	21.3	21.35	21.36	21.5

根据公式 8-3 得：

$$\bar{y}=\frac{\frac{y_1+y_2}{2}\times f_1+\frac{y_2+y_3}{2}\times f_2+\cdots+\frac{y_{n-1}+y_n}{2}f_{n-1}}{f_1+f_2+\cdots+f_{n-1}}$$

$$=\frac{\frac{21.3+21.35}{2}\times 5+\frac{21.35+21.36}{2}\times 2+\frac{21.36+21.5}{2}\times 5}{5+2+5}$$

$$=21.37(\text{万人})$$

因此，该城市 2007 年的平均人口数为 21.27 万人。

2. 根据相对数或平均数时间序列计算平均发展水平

相对数和平均数时间序列是通过两个绝对数时间序列计算得来的，因此，在计算它们的平均发展水平时，应该利用其相应的两个绝对数时间序列，分别计算分子、分母的平均发展水平，然后加以对比求得。相对数或平均数时间序列的平均发展水平公式为：

$$\bar{y}=\frac{\bar{a}}{\bar{b}} \quad \text{式 } 8-4$$

其中：$\bar{y}$ 为相对数或平均数时间序列平均发展水平；$\bar{a}$ 为分子指标时间序列的平均发展水平；$\bar{b}$ 为分母指标时间序列的平均发展水平。

在根据公式 8-4 进行具体计算时，要分清分子、分母的时间序列是时期序列还是时点序列，时间间隔相等还是不相等，然后视情况选择合适的计算方法进行计算。

【例8-4】表8-9是某上市公司2008年第一季度各月流动资金周转次数的数据资料，计算该公司第一季度月平均流动资金周转次数。

表8-9　　某公司2008年第一季度流动资金周转次数

时间	1月	2月	3月	4月
商品销售收入（万元）	1500	1000	1800	—
月初流动资金占用额（万元）	400	600	600	200
流动资金周转次数（次）	3	2	4.5	—

该公司产品销售收入为时期序列，而各月初流动资金占用额是时点序列，因此，必须根据数据的特点选择适当的平均方法。根据公式8-4，可计算该公司第一季度月平均流动资金周转次数为：

$$\bar{y}=\frac{\bar{a}}{\bar{b}}=\frac{\left(1500+1000+1800\right)\div 3}{\left(\frac{1}{2}\times 400+600+600+\frac{1}{2}\times 200\right)\div\left(4-1\right)}=3\text{（次）}$$

因此，该公司第一季度月平均流动资金周转次数为3次。

8.2.2 增长量和平均增长量

1. 增长量

增长量是总量指标在一段时期内增长的绝对量，为报告期水平与基期水平之差，说明了所研究社会经济现象在该时期内变化的绝对数量，其计算公式为：

$$\text{增长量}=\text{报告期水平}-\text{基期水平} \qquad \text{式 8-5}$$

根据采用基期的不同，增长量分为逐期增长量、累计增长量。

（1）逐期增长量。逐期增长量是报告期水平与上一期水平之差，表明本期比上一期增长的绝对数量，其计算公式为：

$$\text{逐期增长量}=y_i-y_{i+1}\quad(i=2,3,\cdots,n) \qquad \text{式 8-6}$$

（2）累计增长量。累计增长量也称为定基增长量，是报告期水平与固定基期水平之差，表明在一段时期内累计增减的绝对数量，其计算公式为：

$$\text{累计增长量}=y_i-y_1\quad(i=2,3,\cdots,n) \qquad \text{式 8-7}$$

从式8-6和式8-7，我们可以得到累计增长量和逐期增长量之间的关系为：

累计增长量 = $(y_2 - y_1) + (y_3 - y_2) + \dots + (y_i - y_{i-1})$

也就是说，累计增长量为各期逐期增长量之和。

同时，相邻两个累计增长量之差等于相应的逐期增长量，即：

$(y_i - y_1) - (y_{i-1} - y_1) = (y_i - y_{i-1})$

【例 8－5】根据表 8－9 中的数据，计算某上市公司 2008 年第一季度商品销售收入的逐期增长量和累计增长量。计算结果如表 8－10 所示。

表 8－10　某公司 2008 年第一季度商品销售收入的逐期增长量和累计增长量

单位：万元

时间	1 月	2 月	3 月	4 月
商品销售收入	1500	1000	1800	—
逐期增长量		－500	800	—
累计增长量		－500	300	—

2. 平均增长量

平均增长量说明了社会经济现象在一定时期内平均每期增长的绝对数量，是逐期增长量的平均数，其计算公式 8－8 为：

$$\text{平均增长量} = \frac{\text{逐期增长量之和}}{\text{逐期增长量的个数}} \qquad \text{式 8－8}$$

【例 8－6】根据表 8－9 中的数据，计算某上市公司 2008 年第一季度商品销售收入的平均增长量。

$$\text{平均增长量} = \frac{\text{逐期增长量之和}}{\text{逐期增长量的个数}} = \frac{-500 + 800}{2} = 150\ (\text{万元})$$

8.3　时间序列的速度指标分析

时间序列的速度指标主要有发展速度、增长速度、平均发展速度和平均增长速度，它们都是在发展水平指标基础上计算得来的，这四种指标之间具有密切联系，其中发展速度是基本的速度分析指标。

8.3.1　发展速度和增长速度

1. 发展速度

发展速度表明了社会经济现象发展变化的程度，由两个不同时期发展水平相比求得，一般用百分数或倍数表示，其计算公式为：

$$发展速度 = \frac{报告期水平}{基期水平} \qquad 式 8-9$$

根据选择基期的不同，发展速度分为定基发展速度和环比发展速度。

（1）定基发展速度。定基发展速度是各期水平与某一固定基期水平之比，表明社会经济现象在较长时期内总的发展程度，有时也称作总速度，用公式表示为：

$$定基发展速度 = \frac{y_i}{y_1} \qquad (i = 2,3,\cdots,n)$$

（2）环比发展速度。环比发展速度是各期水平与上一期水平之比，表明社会经济现象逐期发展的程度，用公式表示为：

$$环比发展速度 = \frac{y_i}{y_{i-1}} \qquad (i = 2,3,\cdots,n)$$

（3）定基发展速度和环比发展速度之间的关系。同一时间序列各期环比发展速度的连乘积等于相应时期的定基发展速度。

即：$\frac{y_2}{y_1} \times \frac{y_3}{y_2} \times \cdots \times \frac{y_n}{y_{n-1}} = \frac{y_n}{y_1}$

两个相邻定基发展速度之比，等于相应时期的环比发展速度。

即：$\frac{y_i}{y_1} \div \frac{y_{i-1}}{y_1} = \frac{y_i}{y_{i-1}}$

2. 增长速度

增长速度也称增长率，是报告期的增长量与基期水平之比，表明社会经济现象增长程度的相对指标。计算公式为：

$$增长速度 = \frac{报告期增长量}{基期水平} = \frac{报告期水平 - 基期水平}{基期水平}$$

$$= 发展速度 - 1 \qquad 式 8-10$$

增长速度和发展速度指标类似，根据基期的不同，增长速度分为定基增长速度、环比增长速度。

（1）定基增长速度。定基增长速度是累计增长量与某一固定基期水平之比，表明社会经济现象在一段时期内总的增长速度。其计算公式为：

$$定基增长速度 = \frac{累计增长量}{固定基期水平} = \frac{报告期水平 - 固定基期水平}{固定基期水平}$$
$$= 定基发展速度 - 1$$

(2) 环比增长速度。环比增长速度是逐期增长量与其前一期发展水平之比，表明社会经济现象逐期增长的程度。其计算公式为：

$$环比增长速度 = \frac{逐期增长量}{前一期水平} = \frac{报告期水平 - 前一期水平}{前一期水平}$$
$$= 环比发展速度 - 1$$

从式 8－10 可以看出：如果发展速度大于 1，则增长速度为正值，说明社会经济现象增长的程度时用“增加了”表示；反之，如果发展速度小于 1，则增长速度为负值，说明社会经济现象降低的程度时用“降低了”表示。

定基增长速度与环比增长速度不能像定基发展速度与环比发展速度那样相互推算，这是因为定基增长速度不等于相应时期内各环比增长速度的连乘积，两个相邻时期的定基增长速度之比也不等于相应时期的环比增长速度。因此，定基增长速度与环比增长速度之间的推算，必须先通过定基发展速度和环比发展速度的推算，再由得到的发展速度求增长速度。

(3) 增长 1% 的绝对值。发展水平和增长量是绝对数，说明了社会经济现象的发展规模和增长的绝对数量；发展速度和增长速度是相对数，说明了社会经济现象的发展和增长程度，在实践中，我们需要把两者结合起来才能深化我们对社会经济现象的认识。例如，同样是国内生产总值增长 1%，对于美国和中国来说，其增长的绝对数额是不同的，因此，在进行时间序列分析时，我们不仅要看各期增长的百分数，还要看每增长 1% 所包含的绝对量，需要把相对数和绝对数结合起来。

$$每增长 1\% 的绝对值 = \frac{前一期水平}{100}$$

【例 8－7】根据表 8－2 中的数据，计算 2001～2008 年我国城镇新建住宅面积的发展速度和增长速度。

根据表 8－2 中的数据和有关公式式 8－6、式 8－8 和式 8－9，可得计算结果如表 8－11 所示。

表 8 - 11　　2001 ~ 2008 年我国城镇新建住宅面积发展速度和增长速度

年份		2001	2002	2003	2004	2005	2006	2007	2008
城镇新建住宅面积（亿平方米）		5.75	5.98	5.5	5.69	6.61	6.3	6.88	6.58
增长量（亿平方米）	逐期	—	0.23	-0.48	0.19	0.92	-0.31	0.58	-0.3
	累计	—	0.23	-0.25	-0.06	0.82	0.51	1.09	0.79
发展速度（%）	定基	100	1.04	0.9565	0.9896	1.1496	1.0957	1.1965	1.1443
	环比	—	1.04	0.9197	1.0345	1.1617	0.9531	1.0921	0.9564
增长速度（%）	定基	—	0.04	-0.0435	-0.0104	0.1496	0.0957	0.1965	0.1443
	环比	—	0.04	-0.0803	0.0345	0.1617	-0.0469	0.0921	-0.0436

8.3.2 平均发展速度和平均增长速度

为了了解社会经济现象在一段时期内发展变化的一般程度和逐期增长的基本情况，我们需要计算平均发展速度和平均增长速度，平均发展速度和平均增长速度两者之间有密切的关系，满足关系式 8 - 11：

$$平均增长速度 = 平均发展速度 - 1 \qquad 式 8-11$$

因此，只要掌握了平均发展速度的计算方法，就可以很容易地求出平均增长速度。

平均发展速度是对各个时期环比发展速度求平均数，由于一段时期内发展的总速度等于各期环比发展速度的连乘积，所以，通常都采用几何平均法求平均发展速度，设 $\overline{y}$ 为平均发展速度，其计算公式为：

$$\overline{y} = \sqrt[n-1]{\frac{y_n}{y_1}} = \sqrt[n-1]{\frac{y_2}{y_1} \times \frac{y_3}{y_2} \times \cdots \times \frac{y_n}{y_{n-1}}} \qquad 式 8-12$$

【例 8 - 8】根据表 8 - 11 中的数据，计算 2001 ~ 2008 年我国城镇新建住宅面积的平均发展速度和平均增长速度。

根据式 8 - 12 计算平均发展速度，得：

$$\overline{y} = \sqrt[n-1]{\frac{y_n}{y_1}} = \sqrt[7]{\frac{6.58}{5.75}} = 101.9\%$$

根据式 8 - 11 计算平均增长速度为：

101.9% - 1 = 1.9%。

8.4 时间序列因素分析

8.4.1 时间序列的因素构成

社会经济现象的发展变化受多种因素的影响，各因素共同作用形成了我们所观察到的时间序列。如果我们观察时间序列，就会发现有的时间序列有明显的连续上升或持续下降的趋势，有的时间序列呈现明显的周期性变化规律，有的时间序列的变化受季节变动的影响，时间序列呈现出的变化模式是由多种因素共同作用的结果。在这多种影响因素中，有些因素对社会经济现象的发展变化起到长期的决定性作用，有些因素只是起到短暂的、偶然性的影响，所有这些因素的影响综合体现在时间序列的数值之中。通常我们都把影响时间序列的因素归纳为四个方面：长期趋势、周期性变动、季节变动和随机波动。

1. 长期趋势

长期趋势是指时间序列的长期、连续变动规律或方向，通常是长期因素作用的结果，持续时间一般超过一年。例如人口总数的变化、人口总体特征的变化等。

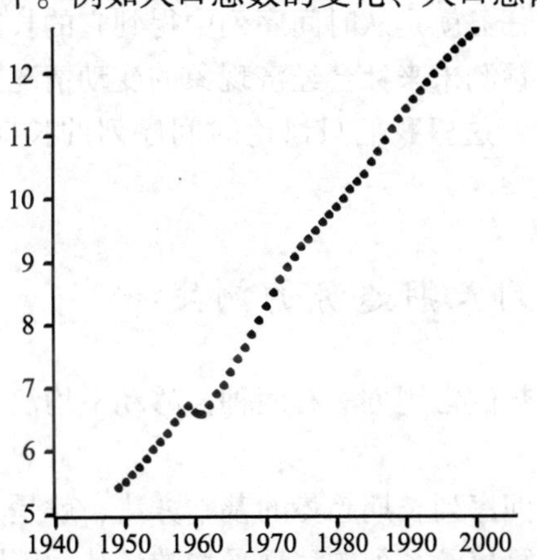

图 -1 1949 ~ 2000 年中国人口变化趋势

从图 8 -1 中，我们可以发现中国人口从 1949 ~ 2000 年间除在 1960 年和 1961 年两次出现回落外，其余年份基本上呈现出一种相对稳定的增长趋势。时间序列并不是总呈现出线性增长的趋势，例如，汽车等耐用消费品的保有量时间序列往往呈现出 S

形增长趋势，也就是在开始阶段增长缓慢，随后有一段快速的增长期，最后逐渐变得水平。

2. 周期性变动

周期性变动也称循环变动，是指时间序列在几年的时间里表现出的围绕长期趋势有规律的上下变动，时间序列产生周期性变动的原因是由于社会经济发展中的一种近乎规律性的盛衰交替循环运动，周期性变动的持续时间都超过一年。

3. 季节变动

季节变动是指短时期内发生的有规律的重复性变动，例如像冷饮等许多产品的销售量、产量往往在夏季较高，冬季较低，而铁路、航空等客运量一般在春节和旅游旺季呈现高峰等，这些随季节变化而呈现出的有规律变动就是季节变动，季节变动的持续时间一般小于一年，但是，也有的时间序列在一天内呈现季节性变动，例如每天的交通流量数据往往在上下班期间出现高峰，而在午夜到清晨只有较小的流量。

4. 随机波动

随机波动是指时间序列中除长期趋势、周期性变动、季节变动之外的变动，这些变动是由许多难以预测的不规则变化引起的。随机波动掩盖了其他相对比较容易预测的时间序列的成分，由于几乎所有的时间序列中都存在随机波动，因此，我们的主要任务就是从时间序列中消除随机波动，从而能够得到时间序列的其他成分，以便准确地进行时间序列预测。

时间序列分析的主要任务就是从时间序列中得到它的长期趋势、周期性变动、季节变动和随机波动，便于预测未来社会经济现象的变动情况。由于周期性变动和随机波动的测定方法比较复杂，这里我们只讨论时间序列的长期趋势和季节变动的测定方法。

8.4.2 时间序列长期趋势的测定

研究时间序列长期趋势的常用方法有两种：移动平均法和最小二乘法。

1. 移动平均法

移动平均法是测定时间序列长期趋势的基本方法，就是将时间序列按照一定的时间间隔逐期移动，分别计算出一系列的移动平均数，从而消除时间序列中由于偶然因素引起的不规则变动，从而呈现出所研究经济社会现象在较长时间的基本发展趋势。

在时间序列中，一些数值大于平均数，一些数值小于平均数，利用移动平均法，这些波动就会相互抵消，从而发现时间序列的基本发展趋势。通常，移动时间间隔选取一个局部的最大值和局部最小值之间的时间长度。

下面，我们以一个具体的例子加以说明。

【例8-9】表8-12是某公司15年的营业额，选取合适时间间隔计算移动平均数。

表8-12　　某公司15年营业额，以5年为单位求移动平均

年份	营业额（百万元）	以5年为单位的移动平均
1	5	
2	2	
3	4	6.4
4	9	8.8
5	12	10.4
6	17	10.8
7	10	11.6
8	6	13.2
9	13	13.4
10	20	13.2
11	18	15.2
12	9	17.0
13	16	17.0
14	22	
15	20	

（1）每年的营业额数据最大值和最小值的间隔大约在5年左右，因此，选取5年为单位计算移动平均。

（2）将第1年到第5年的营业额求和除以5，得到平均值6.4，该数值对应的年份为第3年。

（3）将第2年到第6年的营业额求和除以5，得到平均值8.4，该数值对应的年份为第4年。

（4）继续此步骤到序列结束。

从得到的移动平均数中，我们发现该公司的营业额有持续增长的趋势。

如果我们选取以4年为单位，如何计算移动平均数？仍然以表8-12中的数据为例加以说明。选取偶数个时间间隔计算移动平均数存在的问题是，把移动平均数与表

中哪个年份相对应？

第一个移动平均值为：

$$\frac{5+2+4+9}{4}=5$$

因为这个数值代表的是第1、2、3、4年4个年份的销售情况，我们应该把它放在第2年和第3年之间，把它表示为2.5年。

第二个移动平均值为：

$$\frac{2+4+9+12}{4}=6.75$$

因为这个数值代表的是第2、3、4、5年4个时期的销售情况，我们应该把它放在第3年和第4年之间，把它表示为3.5年。如此持续进行到序列结束。

但是，把移动平均值放在两个年份之间也会有问题，因为年份都是整数值，所以作图表时存在不便。通过对得到的以4年为单位计算的移动平均数，计算2期移动平均。

第2.5年对应的移动平均数为5，第3.5年对应的移动平均数为6.75，这两个数的平均数为：

$$\frac{5+6.75}{2}=5.875$$

因为这个数值代表第2.5年和第3.5年的销售情况，我们应该把它放在第2.5年和第3.5年之间，恰好为第3年。这种处理方法称为中心化移动平均数。

2. 最小二乘法

在第七章相关和回归分析中，我们已经介绍过最小二乘法，分析时间序列的长期趋势时最小二乘法也是比较常用的方法。

在第七章中，描述被解释变量 Y 和解释变量 X 之间直线关系的估计方程为。

$$\hat{Y}=a+bX \qquad \text{式 8-13}$$

在使用最小二乘法分析时间序列长期趋势时，我们把上式中的解释变量 X 用时间 t 代替，建立回归方程。

【例8-10】表8-13是某自行车制造厂1997~2006年的自行车销售量，建立该自行车制造厂销售量的长期趋势方程。

表 8－13　　1997～2007 年自行车销售时间序列　　单位：千辆

年份	销售量	年份	销售量
1997	21.6	2003	27.5
1998	22.9	2004	31.5
1999	25.5	2005	29.7
2001	21.9	2006	28.6
2002	23.9	2007	31.4

我们用 t 表示时间，令 $t=1$ 表示时间序列的第一个观察值所对应的时间；$t=2$ 表示时间序列的第二个观察值所对应的时间，依次类推，分别代入回归系数的计算公式 8－11，得到：$b=1.10, a=20.4$。因此，该自行车制造厂销售量的长期趋势方程为：

$$\hat{y}_t = 20.4 + 1.1t$$

斜率为 1.1 表明，在过去的 10 年中，工厂的销售量每年平均增长大约 1100 辆，如果把 $t=11$ 代入该方程，可以得到 2008 年的趋势预测值为 32500 辆，也就是说，仅仅通过使用长期趋势成分，我们就可以预测出 2008 年该自行车制造厂的自行车销售量。

8.4.3 时间序列的季节变动测定

许多时间序列都存在季节变动，例如，由于天气的影响，夏季的用电量往往较高；旅游业受季节的影响也非常明显，通常春季和夏季是旅游旺季，而秋季和冬季是旅游淡季。因此，我们在分析这一类时间序列数据时，需要考虑到季节因素的影响，只有消除了季节因素的影响，才能对不同时期的数据进行比较。

季节性变动通常发生在一年或更短的时间间隔内，如一个月、一个星期或一天。测定季节变动，首先应该计算季节指数，然后运用季节指数对时间序列进行调整。

1. 计算季节指数

计算季节指数要求时间序列必须足够的长，使我们可以观测到几个季节的变化，如果用一个季度作为一个季节，要求至少有 4 年的时间序列数据。计算季节指数的步骤如下：

（1）使用移动平均法或最小二乘法，消除季节变动和随机波动的影响，得到长期趋势值 $\hat{y}_t$。

（2）对于每个时期，计算比值：$\dfrac{y_t}{\hat{y}_t}$，这个比值能够剔除大部分长期趋势。

（3）对于不同的季节，分别计算步骤（2）中的比值的平均值，从而消除随机波动。

（4）将步骤（3）得到的平均值相加得到季度总和，把步骤（3）得到的平均值乘以 4 再除以季度总和①，得到季节指数。

【例 8-11】表 8-14 是某宾馆 1996～2000 年每个季度的入住率，计算入住率的季节指数。

表 8-14　　1996～2000 年某宾馆入住率

年份	季度	入住率
1996	1	0.561
	2	0.702
	3	0.800
	4	0.568
1997	1	0.575
	2	0.738
	3	0.868
	4	0.605
1998	1	0.594
	2	0.738
	3	0.729
	4	0.600
1999	1	0.622
	2	0.708
	3	0.806
	4	0.632
2000	1	0.665
	2	0.835
	3	0.873
	4	0.670

首先，我们运用最小二乘法，得到回归方程：

$$\hat{y}_t = 0.639368 + 0.005246t$$

其次，计算每个时期比值：　$\dfrac{y_t}{\hat{y}_t}$

① 如果是月度数据，应该把步骤（3）得到的平均值乘以 12 再除以月度总和，得到月度指数。

最后，分别计算各个季节的平均值，得到季节指数。计算结果见表8－15和表8－16。

表8－15　　1996～2000年某宾馆入住率季节指数计算表1

年份	季度	t	入住率	$\hat{y}_t=0.639368+0.005246t$	$\frac{y_t}{\hat{y}_t}$
1996	1	1	0.561	0.645	0.870
	2	2	0.702	0.650	1.080
	3	3	0.800	0.655	1.221
	4	4	0.568	0.660	0.860
1997	1	5	0.575	0.666	0.864
	2	6	0.738	0.671	1.100
	3	7	0.868	0.676	1.284
	4	8	0.605	0.681	0.888
1998	1	9	0.594	0.687	0.865
	2	10	0.738	0.692	1.067
	3	11	0.729	0.697	1.046
	4	12	0.600	0.702	0.854
1999	1	13	0.622	0.708	0.879
	2	14	0.708	0.713	0.993
	3	15	0.806	0.718	1.122
	4	16	0.632	0.723	0.874
2000	1	17	0.665	0.729	0.913
	2	18	0.835	0.734	1.138
	3	19	0.873	0.739	1.181
	4	20	0.670	0.744	0.900

计算得到的季节指数有什么意义？在例8－11中，春季的季节指数为0.878，表示春季的入住率低于季度平均入住率的12.2%；夏季的季节指数为1.076，夏季的入住率高于季度平均入住率的7.6%。

表 8－16　　1996～2000 年某宾馆入住率季节指数计算表 2

年份	季度			
	1	2	3	4
1996	0. 870	1. 080	1. 221	0. 860
1997	0. 864	1. 100	1. 284	0. 888
1998	0. 865	1. 067	1. 046	0. 854
1999	0. 879	0. 993	1. 122	0. 874
2000	0. 913	1. 138	1. 181	0. 900
平均值	0. 878	1. 076	1. 171	0. 875
季节指数	0. 878	1. 076	1. 171	0. 875

2. 利用季节指数调整时间序列

计算季节指数的目的是为了从时间序列中消除季节变动，得到季节指数后，把时间序列除以季节指数就得到经过季节调整的时间序列。

表 8－17　　1996～2000 年某宾馆经过季节调整的入住率

年份	季度	入住率	季节指数	经过季节调整的入住率
1996	1	0. 561	0. 878	0. 639
	2	0. 702	1. 076	0. 652
	3	0. 800	1. 171	0. 683
	4	0. 568	0. 875	0. 649
1997	1	0. 575	0. 878	0. 655
	2	0. 738	1. 076	0. 686
	3	0. 868	1. 171	0. 741
	4	0. 605	0. 875	0. 691
1998	1	0. 594	0. 878	0. 677
	2	0. 738	1. 076	0. 686
	3	0. 729	1. 171	0. 623
	4	0. 600	0. 875	0. 686
1999	1	0. 622	0. 878	0. 708
	2	0. 708	1. 076	0. 658
	3	0. 806	1. 171	0. 688
	4	0. 632	0. 875	0. 722

续表

年份	季度	入住率	季节指数	经过季节调整的入住率
2000	1	0.665	0.878	0.757
	2	0.835	1.076	0.776
	3	0.873	1.171	0.746
	4	0.670	0.875	0.766

8.5 时间序列预测

利用时间序列进行预测的方法很多，但是，许多方法都超出了本书讨论的范围，我们这里介绍一种季节指数预测法。

如果时间序列包含季节变动和长期趋势，我们就可以利用季节指数和回归方程预测其未来值。季节指数预测法的主要步骤如下：

（1）使用最小二乘法，消除季节变动和随机波动的影响，得到长期趋势方程：

$$\hat{y}_t = a + bt$$

（2）计算季节指数。

（3）把未来的时间值分别代入方程 $\hat{y}_t = a + bt$，得到预测的趋势值。

（4）把预测的趋势值同不同的季节指数相乘，得到最终的预测值。

【例 8-12】表 8-18 是某大型商场 2003~2008 年每个季度的销售额，使用季节指数预测法预测 2009 年各个季度的销售额。

表 8-18　　2003~2008 年某大型商场季度销售额数据表

年份	季度	销售额（百万）
2003	1	6.7
	2	4.6
	3	10
	4	12.7
2004	1	6.5
	2	4.6
	3	9.8
	4	13.6
2005	1	6.9
	2	5.0
	3	10.4
	4	14.1

续表

年份	季度	销售额（百万）
2006	1	7.0
	2	5.5
	3	10.8
	4	15.0
2007	1	7.1
	2	5.7
	3	11.1
	4	14.5
2008	1	8.0
	2	6.2
	3	11.4
	4	14.9

计算过程如下：

（1）打开 Excel 工作表，将上述数据输入，如图 8－2 所示。

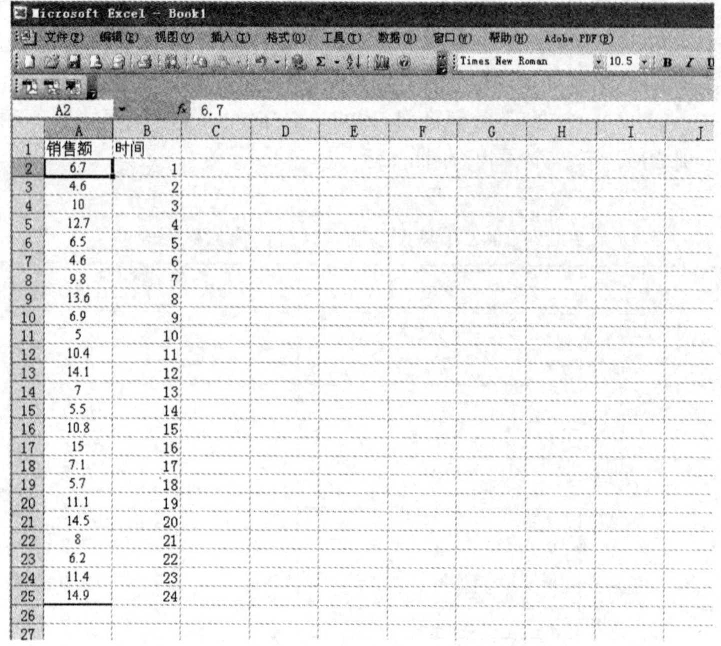

	A	B
1	销售额	时间
2	6.7	1
3	4.6	2
4	10	3
5	12.7	4
6	6.5	5
7	4.6	6
8	9.8	7
9	13.6	8
10	6.9	9
11	5	10
12	10.4	11
13	14.1	12
14	7	13
15	5.5	14
16	10.8	15
17	15	16
18	7.1	17
19	5.7	18
20	11.1	19
21	14.5	20
22	8	21
23	6.2	22
24	11.4	23
25	14.9	24

图 8－2　表 8－18 的 Excel 工作表

（2）在图8－2中，点击“工具”，选择“数据分析”，在数据分析对话框中，选择“回归”，分别选取X值输入区域和Y值输入区域，并且在“残差”选项中，选择“线性拟合”，点击“确定”，得到图8－3。

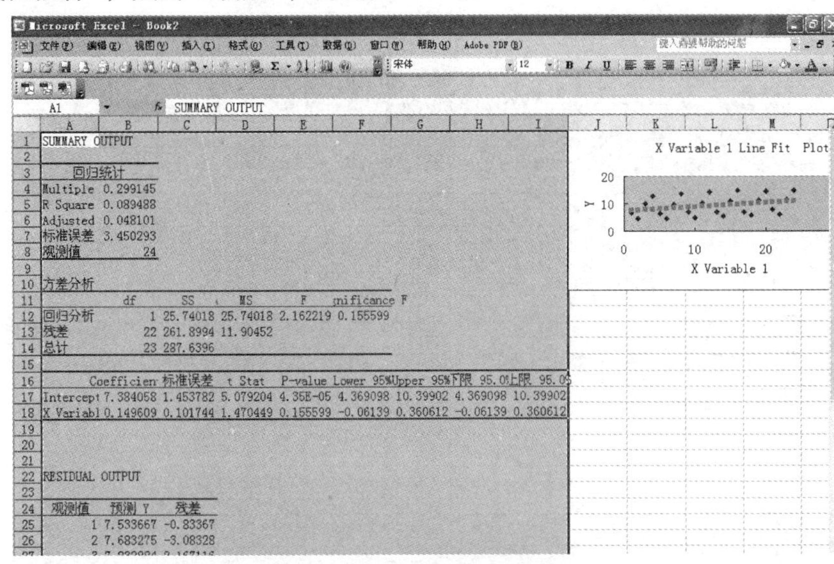

	A	B	C	D	E	F	G	H	I
1	SUMMARY OUTPUT								
2									
3	回归统计								
4	Multiple	0.299145							
5	R Square	0.089488							
6	Adjusted	0.048101							
7	标准误差	3.450293							
8	观测值	24							
9									
10	方差分析								
11		df	SS	MS	F	nificance F			
12	回归分析	1	25.74018	25.74018	2.162219	0.155599			
13	残差	22	261.8994	11.90452					
14	总计	23	287.6396						
15									
16		Coefficien	标准误差	t Stat	P-value	Lower 95%	Upper 95%	下限 95.0%	上限 95.0%
17	Intercept	7.384058	1.453782	5.079204	4.35E-05	4.369098	10.39902	4.369098	10.39902
18	X Variabl	0.149609	0.101744	1.470449	0.155599	-0.06139	0.360612	-0.06139	0.360612
19									
20									
21									
22	RESIDUAL OUTPUT								
23									
24	观测值	预测 Y	残差						
25	1	7.533667	-0.83367						
26	2	7.683275	-3.08328						

图8－3 季节指数预测过程一

（3）将图8－3中“预测Y”复制到图8－2中的C列表中。把A列表中的数据除以C列表中的数据，结果放在D列中，得到图8－4。

	A	B	C	D
1	销售额	时间		
2	6.7	1	7.533667	0.889341
3	4.6	2	7.683275	0.598703
4	10	3	7.832884	1.276669
5	12.7	4	7.982493	1.590982
6	6.5	5	8.132101	0.799301
7	4.6	6	8.28171	0.555441
8	9.8	7	8.431319	1.162333
9	13.6	8	8.580928	1.58491
10	6.9	9	8.730536	0.790329
11	5	10	8.880145	0.563054
12	10.4	11	9.029754	1.151748
13	14.1	12	9.179362	1.536054
14	7	13	9.328971	0.750351
15	5.5	14	9.47858	0.580256
16	10.8	15	9.628188	1.121706
17	15	16	9.777797	1.534088
18	7.1	17	9.927406	0.715192
19	5.7	18	10.07701	0.565644
20	11.1	19	10.22662	1.085402
21	14.5	20	10.37623	1.397424
22	8	21	10.52584	0.760034
23	6.2	22	10.67545	0.580772
24	11.4	23	10.82506	1.053112

图8－4 季节指数预测过程二

（4）将图 8－4 中 D 列数据重新整理，并分别计算 2003～2008 年每个季度的平均值，由于这 4 个季度平均值之和为 4，所以不需要进行调整，得到季节调整指数图 8－5。

年份	季度1	季度2	季度3	季度4
2003	0.889341	0.598703	1.276669	1.590982
2004	0.799301	0.555441	1.162333	1.58491
2005	0.790329	0.563054	1.151748	1.536054
2006	0.750351	0.580256	1.121706	1.534088
2007	0.715192	0.565644	1.085402	1.397424
2008	0.760034	0.580772	1.053112	1.357672
平均值	0.784091	0.573978	1.141828	1.500188
指数	0.784091	0.573978	1.141828	1.500188

图 8－5　季节指数预测过程三

（5）分别把 $t = (25, 26, 27, 28)$ 值代入回归方程：$\hat{y}_t = 7.384 + 0.15t$，得到 2009 年各个季度销售量的趋势预测值，再分别乘以相应的季节指数，得到各个季度的最终预测值，见图 8－6。

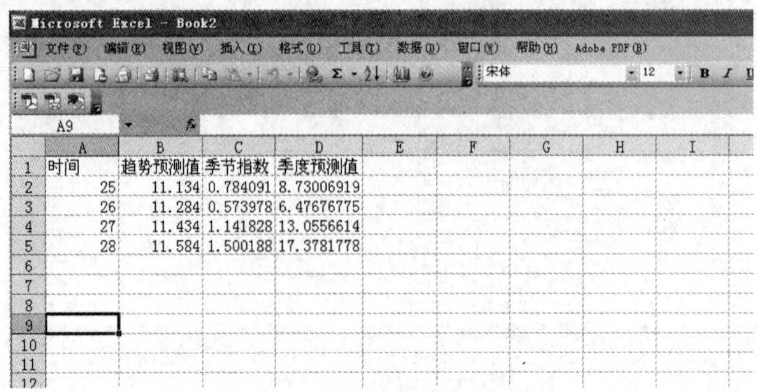

时间	趋势预测值	季节指数	季度预测值
25	11.134	0.784091	8.73006919
26	11.284	0.573978	6.47676775
27	11.434	1.141828	13.0556614
28	11.584	1.500188	17.3781778

图 8－6　季节指数预测过程四

本章小结

1. 时间序列也称时间数列、动态数列，是按照时间的先后顺序对某种现象进行观测并记录下来的一系列观测值，时间序列由两个基本要素构成：一个是对某种现象的观测时间；另一个是各时间上所观测到的统计指标数值。

2. 按照统计指标性质的不同，时间序列可以分为绝对数时间序列、相对数时间序列和平均数时间序列，在绝对数时间序列中，根据反映现象的时间状况不同，绝对数时间序列又分为时期序列、时点序列。

3. 时间序列的水平指标分析包括发展水平、平均发展水平、增长量和平均增长量；时间序列的速度指标主要有发展速度、增长速度、平均发展速度和平均增长速度，它们都是在发展水平指标基础上计算得来的，在进行时间序列分析时，要注意基期的选择。

4. 影响时间序列的因素归纳为四个方面：长期趋势、周期性变动、季节变动和随机波动，这四种因素共同作用形成了我们所观察到的时间序列。

5. 研究时间序列长期趋势的常用方法有两种：移动平均法和最小二乘法。在时间序列中，一些数值大于平均数，一些数值小于平均数，利用移动平均法，这些波动就会相互抵消，从而发现时间序列的基本发展趋势。通常，移动时间间隔选取一个局部的最大值和局部最小值之间的时间长度；最小二乘法也是分析时间序列的长期趋势比较常用的方法，把解释变量用时间 t 代替，建立回归方程：$\hat{Y} = a + bt$ ，得到时间序列的长期趋势。

6. 利用时间序列进行预测的方法很多，如果时间序列包含季节变动和长期趋势，我们就可以利用季节指数和回归方程进行预测，这种方法称为季节指数预测法。

思　考　题

1. 如何判断时期序列和时点序列？
2. 编制时间序列应该注意什么问题？
3. 时间序列的水平指标有哪些？在应用时要注意哪些问题？
4. 时间序列的速度指标有哪些？它们之间有何关系？
5. 影响时间序列的因素可归纳为哪四个方面？
6. 如何测定时间序列的长期趋势和季节变动？
7. 如何运用季节指数预测法进行预测？

第九章　指数及其应用

学习目标

1. 了解指数的含义、作用和分类。

2. 了解综合指数和平均指数的概念和基本形式，了解二者的联系和区别，掌握各自的编制原则和方法。

3. 了解指数体系的概念和作用，掌握因素分析法的应用。

4. 了解消费者价格指数等常用指数的含义和作用。

关键名词

指数　定基指数　环比指数　综合指数　平均指数　同度量因素　指数体系　消费者价格指数

指数是我们经常接触到的一个名词，例如，国家统计局每月公布的宏观经济运行数据中的居民消费价格指数（CPI）和生产者价格指数（PPI）（见图9－1）、反映股市行情的股票价格指数、反映消费意愿的消费者信心指数，还有每天发布的一些气象生活指数，如感冒指数、穿衣指数、防晒指数、空气污染指数等等。究竟什么是指数？它有哪些作用？如何编制指数？与我们生活联系最为密切的指数又有哪些？通过本章的讨论，我们将对指数有一个全面的认识。

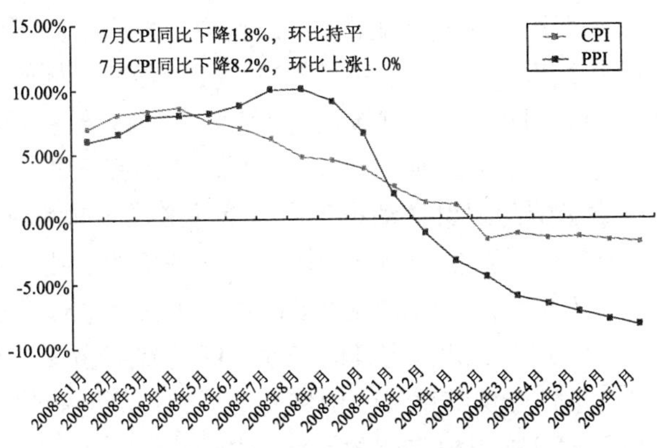

图9-1 2008年1月~2009年7月CPI和PPI走势

9.1 指数概述

9.1.1 指数的含义

指数是用于经济分析的一种对比性指标，它主要用于反映事物的相对变化程度。指数有广义与狭义之分。广义指数指两个数值对比形成的相对数，包括所有的动态相对数、比较相对数、强度相对数和计划完成相对数等。狭义指数是指不能直接相加的、由许多因素组成的、表示现象总体综合变动程度的相对数。例如，居民消费包括许多项目，既有商品又有服务，各项的价格变动也不相同，有的上涨有的下跌，这样，在研究某个时期居民消费价格的变动情况时，就不能将各项商品或服务的价格变动直接加总，而是通过编制价格指数来综合反映消费价格的变动。至于我们在日常生活中接触到的人气指数、感冒指数、洗车指数、空气污染指数等，其实只是借用了指数之名而已，并不是统计意义上的指数，不可与本章所讨论的指数混为一谈。

9.1.2 指数的作用

指数的作用可以概括为以下几点。

1. 综合反映不能直接相加或对比的复杂现象的变动程度

社会经济现象大多是复杂总体，组成总体的个体是复杂多样的，例如，证券交易所上市交易的各种证券，商场销售的各种商品，企业生产的各种产品等。指数根据现象直接的内部关系，通过引入同度量因素，可以把许多性质不同不能直接相加的事物变成能够相加的一个综合值，反映多个变量的平均变动程度。例如，食品、服装、家电等零售商品的计量单位不同，不能直接进行对比，但是以销售量作为同度量因素，计算零售物价指数，就可以反映各种商品价格的平均变动程度。

2. 分析受多个因素影响的现象变动中各个因素的影响方向和程度

任何社会经济现象都要受到多个因素的影响，即现象的总变动是多个因素变化共同作用的结果。利用指数体系，可以对现象变动中各因素对总体总量变化的影响方向和程度分别进行分析，例如，商品销售额的变动同时受到销售量和价格两个因素的影响，利用指数体系可以分别分析销售量和价格变动对销售额的影响。

3. 通过编制指数数列反映现象变化的长期趋势

将不同时期的指数数列按时间顺序排列起来，就形成了指数数列。指数数列可以反映客观现象的连续变化，有助于我们对复杂经济现象在一定时期内的变动趋势进行动态分析。

9.1.3 指数的分类

指数可以从不同的角度进行分类。

1. 个体指数和总指数

按照反映对象的范围，指数可分为个体指数和总指数。

个体指数是反映单个事物或现象在不同时期变动程度的指数。总指数是反映多种事物或现象在不同时期综合变动程度的指数。例如，某商场某种商品销售价格上涨5%，则该商品的个体价格指数是105%；而该商场的综合销售价格指数为105%，则表明当天该商场所有商品的销售价格平均上涨5%。

个体指数的计算方法是用报告期指标值除以基期指标值，总指数的计算则相对复杂。

2. 综合指数与平均指数

根据计算方法的不同，指数可分为综合指数和平均指数。

综合指数是总指数的基本形式，它是在确定了同度量因素之后，通过先综合、后对比的方法计算出的指数，反映总体数量综合变动的指数。

平均指数是综合指数的代数变形，它是对个体指数进行加权平均求得的总指数，包括加权算术平均指数和加权调和平均指数。

3. 数量指数和质量指数

根据性质的不同，指数可分为数量指数和质量指数。

数量指数是反映数量指标变动的相对数，即客观现象总体规模和总体水平的变动情况，如产品产量指数、商品销售量指数、职工人数指数等。

质量指数是反映质量指标变动的相对数，即现象的相对水平、平均水平或工作质量和效益的变动程度，如商品价格指数、单位产品成本指数、劳动生产率指数等。

4. 定基指数和环比指数

根据选择的基期不同，指数可分为定基指数和环比指数。

指数往往是随着时间推移连续编制的，从而形成动态的指数数列。定基指数是在指数数列中以某一固定时期作为基期，环比指数是在指数数列中以前一期作为基期。

【例9－1】我国1997～2006年国内生产总值的定基指数和环比指数如表9－1所示，其中定基指数以1978年为基期，环比指数以上年为基期。

表9－1　　我国1997～2006年国内生产总值指数

年　份	按可比价计算的GDP定基指数（以1978年为100）	按可比价计算的GDP环比指数（以上年为100）
1997	603.9	109.3
1998	651.2	107.8
1999	700.9	107.6
2000	759.9	108.4
2001	823.0	108.3
2002	897.8	109.1
2003	987.8	110.0
2004	1087.4	110.1
2005	1200.8	110.4
2006	1334.0	111.1

资料来源：国家统计局网站（www.stats.gov.cn）

9.2 综合指数

9.2.1 综合指数的含义

综合指数是由两个总量指标对比所得的反映多种现象综合变动的指数。综合指数是总指数的基本形式，它将不能直接相加或对比的复杂现象的变量值，通过同度量因素过渡到可加，然后将报告期数值与基期数值对比，来说明现象变动的总体方向和程度。利用综合指数，可以从绝对量和相对量两方面反映所研究现象的变动趋势和经济含义。

9.2.2　综合指数的编制方法

编制综合指数时，首先必须确定两个因素：指数化因素和同度量因素。指数化因素是通过编制指数来反映其变化程度的因素，如价格指数中的价格、产量指数中的产量；同度量因素是将不能直接相加的变量转化为可以相加的因素，例如，在编制产量总指数时，不同产品的计量单位不同，不能直接加总，需要引入价格作为同度量因素，将产品产量与各自的价格相乘得到产值，而产值是可以直接相加和对比的。

同度量因素除了具有同度量作用之外，还具有加权作用。例如，在编制产量总指数时，以价格作为同度量因素，则价格高的产品产值也高，对总指数的影响也大。

指数化因素和同度量因素确定之后，还有一个需要考虑的问题是同度量因素的时期，即将同度量因素固定在某一时期的水平上，只研究指数化因素的变动。同度量因素的时期可以固定在基期，也可以固定在报告期，根据时期的选择不同，综合指数的计算公式也不同，常用的有拉氏指数和帕氏指数两种形式。

拉氏指数是由德国统计学家拉斯贝尔（E. Laspeyres）提出的一种指数编制方法，它将同度量因素固定在基期，例如在计算产量总指数时，以基期价格作为同度量因素，计算公式为：

$$I_q = \frac{\sum p_0 q_1}{\sum p_0 q_0} \qquad \text{式 9-1}$$

帕氏指数是由德国统计学家帕舍（H. Paasche）提出的一种指数编制方法，它将同度量因素固定在报告期，例如在计算价格总指数时，以报告期销售量作为同度量因素，计算公式为：

$$I_p = \frac{\sum p_1 q_1}{\sum p_0 q_1} \qquad \text{式 9-2}$$

拉氏指数将同度量因素固定在基期，可以消除权数变动对指数的影响，从而使不同时期的指数具有可比性，帕氏指数不能消除权数变动的影响，但它可以同时反映商品价格和销售量的变动，具有比较明显的经济意义。实际操作中，数量指数一般采用拉氏指数的形式，将同度量因素固定在基期，质量指数一般采用帕氏指数的形式，将同度量因素固定在报告期。

【例9－2】根据表9－2中的数据，编制某商场3种商品的销售量综合指数和价格综合指数。

表9－2 商品销售量指数和单价数据表

商品名称	计量单位	销售量		单价（元）	
		基期 q_0	报告期 q_1	基期 p_0	报告期 p_1
甲	千克	5000	6000	30	30
乙	升	3600	4500	50	60
丙	台	800	1000	200	180
合　计	—	—	—	—	—

解：（1）编制销售量综合指数时，指数化因素为销售量，同度量因素为价格，同度量因素的时期固定在基期，根据综合指数的计算公式9－1可得：

$$I_q = \frac{\sum p_0 q_1}{\sum p_0 q_0} = \frac{60.5}{49} = 1.2347 = 123.47\%$$

$$\sum p_0 q_1 - \sum p_0 q_0 = 60.5 - 49 = 11.5(\text{万元})$$

计算结果表明，报告期与基期相比，该商场3种商品的销售量平均增加了23.47%，由于销售量增加使销售额增加了11.5万元。

（2）编制价格综合指数时，指数化因素为价格，同度量因素为销售量，同度量因素的时期固定在报告期，根据综合指数的计算公式9－2可得：

$$I_p = \frac{\sum p_1 q_1}{\sum p_0 q_1} = \frac{63}{60.5} = 1.0413 = 104.13\%$$

$$\sum p_1 q_1 - \sum p_0 q_1 = 63 - 60.5 = 2.5(\text{万元})$$

计算结果表明，报告期与基期相比，该商场3种商品的价格平均上涨了4.13%，由于价格上涨使销售额增加了2.5万元。

例9－2可以利用Excel来计算，在单元格G4中键入"＝D4＊F4"并将公式复制到单元格G5和G6，得到p_1q_1的值，在单元格G7中键入"＝sum（G4:G6）"，回车后得到$\sum p_1q_1 = 63$；按照同样的方法计算出$\sum p_0q_0 = 49$和$\sum p_0q_1 = 60.5$。在单元格H8中键入"＝I7/H7＊100"，单元格I8中键入"＝G7/I7＊100"，即得$I_q = 123.47\%$，$I_p = 104.13$，如图9－2所示。

Microsoft Excel - Data

文件(F)　编辑(E)　视图(V)　插入(I)　格式(O)　工具(T)　数据(D)　窗口(W)　帮助(H)

P9

	A	B	C	D	E	F	G	H	I
1	商品名称	计量单位	销售量		单价（元）		销售额（万元）		
2			基期q_0	报告期q_1	基期p_0	报告期p_1	p_1q_1	p_0q_0	p_0q_1
3									
4	甲	千克	5000	6000	30	30	18	15	18
5	乙	升	3600	4500	50	60	27	18	22.5
6	丙	台	800	1000	200	180	18	16	20
7	合计	—	—	—	—	—	63	49	60.5
8							128.57	123.47	104.13
9							14	11.5	2.5
10									
11									

图 9－2　在 Excel 中计算商品销售量指数和价格指数

9.3　平均指数

9.3.1　平均指数的含义

编制综合指数需要全面的数据资料，当所研究的总体范围很大、包括的项目很多时，要搜集到这些数据是相当困难的，工作量也相当大，在这种情况下，通常采用平均指数来编制总指数。

平均指数是以某一时期的价值总量对个体指数进行加权平均计算的总指数。它遵循“先对比后平均”的原则，先计算各个体指数，再运用加权算术平均法或加权调和平均法对个体指数进行平均。

9.3.2　平均指数的编制方法

根据计算方法的不同，平均指数可分为加权算术平均指数和加权调和平均指数。

1. 加权算术平均指数

加权算术平均指数是编制数量指标总指数的常用形式。如果知道数量指标的个体指数和基期价值量 p_0q_0 ，就可以通过加权算术平均法来计算数量指标总指数。计算公式为：

根据 $I_q = \frac{q_1}{q_0}$，得 $q_1 = I_q q_0$，代入 $\bar{I}_q = \frac{\sum p_0 q_1}{\sum p_0 q_0}$，得

$$\bar{I}_q = \frac{\sum p_0 q_1}{\sum p_0 q_0} = \frac{\sum I_q p_0 q_0}{\sum p_0 q_0} \qquad \text{式 } 9-3$$

式 9-3 中，以基期价值量 $p_0 q_0$ 为权数对个体数量指数 I_q 进行加权平均，计算总指数 $\bar{I}_q$，所以称 $\bar{I}_q$ 为加权算术平均指数。

【例 9-3】已知某商场 3 种商品的基期销售额和销售量个体指数，如表 9-3 所示，计算 3 种商品的销售量总指数。

表 9-3　　商品销售额和销售量个体指数

商品名称	计量单位	基期销售额（万元）p_0q_0	销售量个体指数（%）$I_q = q_1/q_0$	以基期价格计算的报告期销售额（万元）$I_qp_0q_0$
甲	千克	15	120	18
乙	升	18	125	22.5
丙	台	16	125	20
合　计	—	49	—	60.5

解：根据加权算术平均指数的计算公式，

$$\bar{I}_q = \frac{\sum I_q p_0 q_0}{\sum p_0 q_0} = \frac{60.5}{49} = 123.47\%$$

计算结果表明，3 种商品的销售量平均增加了 23.47%，与例 9-2 用综合指数计算的结果一致。

2. 加权调和平均指数

加权调和平均指数主要用于编制质量指标指数。如果知道质量指标的个体指数和报告期的价值量 $p_1 q_1$，就可以通过加权调和平均法来计算质量指标总指数。计算公式为：

根据 $I_p = \frac{p_1}{p_0}$，得 $p_0 = \frac{1}{I_p} p_1$，代入 $\bar{I}_p = \frac{\sum p_1 q_1}{\sum p_0 q_1}$，得

$$\bar{I}_p = \frac{\sum p_1 q_1}{\sum p_0 q_1} = \frac{\sum p_1 q_1}{\sum \frac{p_1 q_1}{I_p}} \qquad \text{式 } 9-4$$

式9－4中，以报告期价值量 p_1q_1 为权数对个体质量指数 I_p 进行调和平均，计算总指数 $\bar{I}_p$，所以称 $\bar{I}_p$ 为加权调和平均指数。

【例9－4】 已知某商场3种商品的报告期销售额和价格个体指数，如表9—4所示，计算3种商品的价格总指数。

表9－4　　商品销售额及价格个体指数

商品名称	计量单位	报告期销售额（万元）p_1q_1	价格个体指数（%）$I_p=p_1/p_0$	以基期价格计算的报告期销售额（万元）p_1q_1/I_p
甲	千克	18	100	18
乙	升	27	120	22.5
丙	台	18	90	20
合　计	—	63	—	60.5

解：根据加权调和平均指数的计算公式

$$\bar{I}_p=\frac{\sum p_1q_1}{\sum \frac{p_1q_1}{I_p}}=\frac{63}{60.5}=104.13\%$$

计算结果表明，3种商品的价格平均上涨了4.13%，与例9－2用综合指数计算的结果一致。

实际编制指数时，数据往往是通过抽样调查取得的，有些现象的权数在一定时期是相对固定不变的，如生活消费中，用于食品、衣着的支出占总支出的比例变化很小甚至基本不变，这时，我们就可以采用抽样调查的代表规格及相对不变的权数来计算指数。例如在计算居民消费价格指数、社会商品零售价格指数等，常常采用固定权数来计算加权算术平均指数，其计算公式为：

$$\bar{I}_p=\frac{\sum kw}{\sum w}=\frac{\sum kw}{100} \qquad \text{式9－5}$$

式中 k 为类指数或个体指数，w 为权数。

9.3.3　平均指数与综合指数的关系

平均指数与综合指数既相互联系，又相互区别。二者的联系表现在：平均指数是综合指数的变形，具体表现形式为以基期价值总量 p_0q_0 为权数计算的加权算术平均指数和以报告期价值总量 p_1q_1 为权数计算的调和平均指数。

平均指数与综合指数的区别主要表现为两点：

1. 思路不同。综合指数是通过引进同度量因素，先计算总体的总量再进行对比，即“先综合后对比”，平均指数则是先计算个体指数，再对其进行加权平均得到总指数，即“先对比后平均”。

2. 需要掌握的资料及应用范围不同。综合指数的编制需要全面的原始数据，而平均指数的编制既可以利用全面资料，也可以利用非全面资料，其应用范围比综合指数要广。

9.4 指数体系和因素分析

9.4.1 指数体系

社会经济现象的变动往往是各影响因素共同作用的结果，例如，商品销售额变动是商品价格和销售量两个因素共同作用的结果，职工平均工资的变动是各组平均工资和职工结构变动两个因素共同作用的结果。通过建立指数体系，可以对这种因果关系进行研究。

指数体系是反映总体变动的指数以及总体中各因素指数所形成的数量关系式，例如：

商品销售额指数 = 价格指数 × 销售量指数

式中商品销售额指数是反映总体变动的指数，而价格指数和销售量指数是因素指数，分别反映销售额变动中受价格变动和销售量变动影响的方向和程度。利用指数原理，可以从相对数和绝对数两方面分析各因素指数变动对总体指数变动的影响。

指数体系的作用可以概括为以下两点：

1. 分析各个因素对现象总体变动的影响方向和程度。这是指数体系的最主要功能，例如，通过建立销售额指数、价格指数和销售量指数三者之间的指数体系，可以分别分析价格和销售量变动对销售额变动影响的方向和程度。

2. 利用各个指数之间的关系进行相互推算。如根据已知的总产值指数和价格指数来推算产量指数，根据销售量指数和价格指数推算销售额指数等。

9.4.2　因素分析

因素分析是通过建立指数体系，从相对数和绝对数两方面来分析现象综合变动受各因素变动影响的方向和程度的一种分析方法。

在指数体系中，总量指数与各因素指数之间的关系表现为两个方面：从相对量来看，总量指数等于各因素指数的乘积；从绝对量来看，总量的变动额等于各因素指数变动额之和。例如，商品销售额指数与价格指数和销售量指数的关系可表示为：

$$\frac{\sum p_1q_1}{\sum p_0q_0}=\frac{\sum p_1q_1}{\sum p_0q_1}\times\frac{\sum p_0q_1}{\sum p_0q_0} \quad \text{式 9－6}$$

$$\sum p_1q_1-\sum p_0q_0=\left(\sum p_1q_1-\sum p_0q_1\right)+\left(\sum p_0q_1-\sum p_0q_0\right) \quad \text{式 9－7}$$

【例9－5】根据表9－5中的数据，利用指数体系分析某厂3种产品产量和出厂价格变动对总产值的影响。

表9－5　　某厂产品产量和出厂价格

产品名称	计量单位	产　量		出厂价格（元）		总产值（元）		
		基期 q_0	报告期 q_1	基期 z_0	报告期 z_1	基期 z_0q_0	报告期 z_1q_1	假定期 z_0q_1
A	件	1000	1200	15	10	15000	12000	18000
B	只	5000	5000	45	55	225000	275000	225000
C	个	1500	2000	9	7	13500	14000	18000
合计	—	—	—	—	—	253500	301000	261000

解：从相对水平来看

$$\text{总产值指数}=\frac{\sum z_1q_1}{\sum z_0q_0}=\frac{301000}{253500}=1.1874=118.74\%$$

$$\text{价格指数}=\frac{\sum z_1q_1}{\sum z_0q_1}=\frac{301000}{261000}=1.1533=115.33\%$$

$$\text{产量指数}=\frac{\sum z_0q_1}{\sum z_0q_0}=\frac{261000}{253500}=1.0296=102.96\%$$

三者之间的数量关系是 118.74% = 115.333% × 102.96%

即该厂 3 种产品的总产值增加了 18.74%，其中由于出厂价格变动使总产值增加了 15.33%，由于产量变动使总产值增加了 2.96%。

从绝对水平来看，

$$\sum z_1q_1 - \sum z_0q_0 = 301000 - 253500 = 47500\ (\text{元})$$

$$\sum z_1q_1 - \sum z_0q_1 = 301000 - 261000 = 40000\ (\text{元})$$

$$\sum z_0q_1 - \sum z_0q_0 = 261000 - 253500 = 7500\ (\text{元})$$

三者之间的数量关系是 47500 = 40000 + 7500

即该厂 3 种产品的总产值共增加 47500 元，其中由于出厂价格变动使总产值增加了 40000 元，由于产量变动使总产值增加了 7500 元。

9.5 几种常见的指数

9.5.1 生产者价格指数

生产者价格指数（简称 PPI）是反映在初级市场上出售的货物（即在非零售市场上首次购买某种商品）价格变动程度的一种价格指数。生产者价格指数反映的是一定时期内全部工业产品出厂价格总水平的变动，包括工业企业出售给本企业以外所有单位的各种产品和直接出售给居民用于生活消费的产品，在我国也称为工业品出厂价格指数。

生产者价格指数的变动能够反映企业生产成本的变动，因为生产过程中所面临的物价波动将反映至最终产品的价格上，因此，观察生产者价格指数的变动有助于预测未来物价的变化状况。一般来说，生产者价格指数上涨是消费者价格指数上涨的先行指标，企业购进的原材料价格上涨，生产成本提高，必然造成出厂价格提高，这种价格波动通过产业链向下游产业扩散，最终传导到消费价格，导致消费者价格指数的上涨。

生产者价格指数是反映某一时期生产领域价格变动情况的重要经济指标，也是制定有关经济政策和国民经济核算的重要依据。目前，我国 PPI 的调查产品有 4000 多种（含规格品 9500 多种），覆盖全部 39 个工业行业大类，涉及调查种类 186 个。

9.5.2　消费者价格指数

消费者价格指数（简称CPI）是反映一定时期内消费者所购买的生活消费品价格和服务项目价格变动趋势和程度的一种价格指数。消费者价格指数是各国普遍编制的一种指数，我国称之为居民消费价格指数，并分别编制城市居民消费价格指数和农村居民消费价格指数。

从2001年起，我国采用国际通用做法，逐月编制并公布以2000年价格水平为基期的居民消费价格指数。居民消费分为八大类——食品、烟酒及用品、衣着、家庭设备用品及服务、医疗保健及个人用品、交通和通信、娱乐教育文化及服务、居住，各大类再划分为若干个中类和小类，编制居民消费价格指数时，从各类中选择有代表性的商品项目，利用有关对比时期的价格资料分别计算个体价格指数，并根据各种商品的销售额构成确定代表品的比重权数，然后采用固定权数算术平均指数公式，依次计算小类、中类、大类的消费价格指数和总指数。

通过消费者价格指数，可以观察消费价格的变动及其对消费者货币支出的影响，并进一步研究居民实际收入和实际消费水平的变动状况，是政府了解居民生活情况、监测和调控价格总水平、进行宏观经济分析、制定财政政策、货币政策、社会保障政策等的重要依据。具体地说，消费者价格指数具有以下几方面的作用。

1. 反映通货膨胀程度

通货膨胀程度是用通货膨胀率来反映的，通货膨胀率一般以消费者价格指数来计算，计算公式为：

$$\text{通货膨胀率} = \frac{\text{报告期消费者价格指数} - \text{基期消费者价格指数}}{\text{基期消费者价格指数}} \times 100\%$$

2. 反映货币购买力的变动程度

货币购买力是指单位货币能够买到的消费品和服务的数量，当消费品和服务价格上涨时，货币购买力下降，反之则上升。货币购买力指数等于消费者价格指数的倒数，即：

$$\text{货币购买力指数} = \frac{1}{\text{消费者价格指数}} \times 100\%$$

3. 用于缩减经济序列

将价值量指标的名义值除以消费者价格指数，可以消除价格变动的影响，得到指标的实际值。例如，将名义工资除以消费者价格指数，可以得到实际工资，即：

$$\text{实际工资} = \frac{\text{名义工资}}{\text{消费者价格指数}}$$

【例9-6】我国1997~2006年的人均GDP数据和居民消费价格指数CPI数据如表9-6和图9-3所示，表中最后一列为利用CPI对人均GDP进行缩减后的序列。

表9-6　　我国1997~2006年人均GDP和CPI数据

年　份	人均GDP（元）	CPI（%）	缩减后的人均GDP
1997	6420.2	102.8	6245.31
1998	6796.0	99.2	6850.83
1999	7158.5	98.6	7260.14
2000	7857.7	100.4	7826.37
2001	8621.7	100.7	8561.77
2002	9398.1	99.2	9473.85
2003	10542.0	101.2	10416.97
2004	12335.6	103.9	11872.55
2005	14103.3	101.8	13853.95
2006	16084.0	101.5	15846.31

资料来源：国家统计局网站（www.stast.gov.cn）。

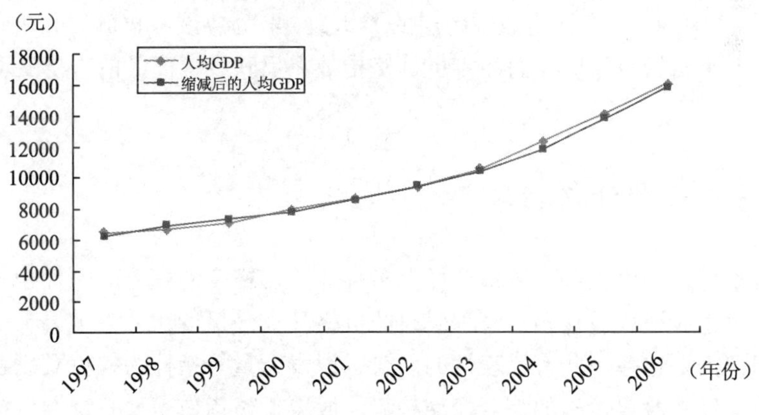

图9-3　1997~2006年人均GDP趋势

9.5.3 商品零售价格指数

商品零售价格指数（简称RPI）是反映商品零售价格变动趋势和程度的一种价格

指数。商品零售价格的变动直接影响到城乡居民的生活支出和国家的财政收入，影响居民购买力和市场供需平衡，影响消费与积累的比例，通过计算商品零售价格指数，可以对上述经济活动进行分析。

由于社会零售商品种类繁多，且价格经常处于变动之中，难以取得全面资料，因此无法采用综合指数公式计算，只能从全部零售商品中抽取一部分消费量大、价格变动有代表性的商品，对代表性商品的个体价格指数进行加权平均。目前，我国将消费品分为食品类、饮料烟酒类、服装鞋帽类、纺织品类、家用电器及音像器材类、文化办公用品类、日用品类、体育娱乐用品类、交通通信用品类、家具类、化妆品类、金银珠宝类、中西药品及医疗保健用品类、书报杂志及电子出版物类、燃料类、建筑材料类及五金电料类共 16 个大类，大类下又分为 225 个基本类。价格指数资料采用分层抽样的方法取得，即在全国范围内选择不同经济区域和分布合理的地区，在此基础上选择经营规模大、商品种类多的商场（包括集市）作为调查点，调查人员直接到调查点对商品价格进行登记调查。

我国从 1985 年开始编制商品零售价格指数，先分别计算出各代表商品基期和报告期的全社会综合平均价，并计算出相应的价格指数，然后分层逐级计算小类、中类、大类和总指数，计算公式为：

$$I_p = \frac{\sum k_p W}{\sum W} \times 100 \qquad \text{式 } 9-8$$

公式 9 - 8 中，k_p 为个体指数或各层的类指数；W 为各层零售额比重权数。

与消费者价格指数不同，商品零售价格指数只反映零售商品的价格变动，不包括服务价格。

9.5.4 股票价格指数

股票价格指数是反映某一股票市场上多种股票价格变动趋势的一种相对数，简称股价指数。由于股票数量众多，每种股票的价格又在随机变化，为了记录、衡量、分析股市行情，需要选择一些有代表性的股票，以发行量等指标为权重对股票价格进行加权平均，来反映股票价格的综合变动趋势。股票价格指数是反映证券市场行情变化的重要指标，不仅是证券投资者进行投资决策分析的依据，也被视为一个国家或地区宏观经济态势的“晴雨表”。

股票价格指数的单位一般用“点”来表示，即以基期指数作为 100，每上升或下降一个单位称为 1 点。股票价格指数的计算一般是以股票发行量为权数进行加权综合，计算公式为：

$$I_p = \frac{\sum p_{1i}q_i}{\sum p_{0i}q_i} \times 100 \qquad \text{式 } 9-9$$

公式9－9中，p_{1i}为第i种样本股票报告期价格；p_{0i}为第i种样本股票的基期价格；q_i为第i种样本股票的发行量，它可以确定为基期，也可以确定为报告期，世界上大多数股价指数是以报告期发行量作为权数的，只有德国法兰克福DAX指数以基期发行量作为权数。

目前，世界各国和地区的主要证券交易所都编制和公布自己的股票价格指数，如美国的道·琼斯指数、标准普尔指数、纳斯达克指数三大股指，英国的伦敦金融时报指数（也称富时指数），日本的日经指数，中国香港的恒生指数，法兰克福DAX指数，巴黎CAC40指数，俄罗斯MICEX指数等。我国上海和深圳两个证券交易所编制的股票价格指数有上证综合指数、深证成份指数、上证30指数、沪深300指数等，其中最受关注的是上证综合指数和深证分份指数。

上证综合指数系由上海证券交易所编制的股票指数，1990年12月19日正式开始发布。该股票指数的样本为所有在上海证券交易所挂牌上市的股票，其中新上市的股票在挂牌的第二天纳入股票指数的计算范围。该股票指数的权数为上市公司的总股本。由于我国上市公司的股票有流通股和非流通股之分，其流通量与总股本并不一致，所以总股本较大的股票对股票指数的影响就较大，上证指数常常就成为机构大户造市的工具，使股票指数的走势与大部分股票的涨跌相背离。上海证券交易所股票指数的发布几乎是和股票行情的变化相同步的，它是我国股民和证券从业人员研判股票价格变化趋势必不可少的参考依据。

深证成份指数系由深圳证券交易所编制的股票指数，以1991年4月3日为基期。该股票指数的计算方法基本与上证指数相同，其样本为所有在深圳证券交易所挂牌上市的股票，权数为股票的总股本。由于以所有挂牌的上市公司为样本，其代表性非常广泛，且它与深圳股市的行情同步发布，它是股民和证券从业人员研判深圳股市股票价格变化趋势必不可少的参考依据。由于深圳证交所的股票交投不如上海证交所那么活跃，深圳证券交易所后来改变了股票指数的编制方法，采用成份股指数，其中只有40只股票入选并于1995年5月开始发布。

股票价格走势常用K线图来反映，K线图与第三章介绍的箱线图类似，箱线图是由一组数据的最大值、最小值、中位数、两个四分位数共5个值绘制而成，K线图则是由开盘价、收盘价、最高价、最低价4个值绘制而成。

本章小结

1. 指数是用于反映事物相对变化程度的指标，按照不同的标准，指数可以划分为不同的类别，如个体指数与总指数、综合指数与平均指数、数量指数与质量指数、定基指数与环比指数。

2. 综合指数是由两个总量指标对比所得的反映多种现象综合变动的指数。编制综合指数时，必须确定指数化因素和同度量因素。同度量因素固定在基期的指数称为拉氏指数，同度量因素固定在报告期的指数称为帕氏指数，二者各有不同的适用条件。

3. 平均指数是以某一时期的价值总量对个体指数进行加权平均计算的总指数。根据计算方法不同，平均指数可分为加权算术平均指数和加权调和平均指数。

4. 指数体系是反映总体变动的指数以及总体中各因素指数所形成的数量关系式。利用指数体系，可以分析各个因素对现象总体变动影响的方向和程度，还可以在指数之间相互推算。

5. 常用的指数有生产者价格指数、消费者价格指数、商品零售价格指数、股票价格指数等。

思考题

1. 什么是指数？它有哪些作用？
2. 什么是指数化因素？什么是同度量因素？同度量因素有什么作用？
3. 平均指数和综合指数之间有什么样的关系？
4. 什么是指数体系？它有哪些作用？
5. 消费者价格指数的作用有哪些？

第十章　国民经济核算

学习目标

1. 了解什么是国民经济核算，国民经济核算的作用与发展概况。
2. 掌握国民经济核算的基本概念、范围、分类以及有关核算原则。
3. 掌握国内生产总值的内涵、核算方法以及有关核算实践情况。
4. 熟悉其他主要的国民经济核算总量指标。

关键名词

国民经济核算　常住单位　生产范围　产业部门　国内生产总值　生产法　总产出　增加值　收入法　劳动者报酬　固定资产折旧　支出法　最终消费　恩格尔系数　国民总收入　国民可支配总收入

国民经济核算可以提供对一个经济体的全面观察。它是进行经济分析最基本的工具之一。在许多领域，如果对国民经济核算认识不深，不能主动地利用国民经济核算的基本知识，则很难做出好的实证分析成果。

对于从事经济学研究的人员来说，国民经济核算提供了一套标准化的概念及核算框架，是经济指标的权威规范者。从某种程度上说，对经济运行的研究应建立在对国民经济核算的熟练运用上。对于初涉经济领域的人来说，国民经济核算所提供的描述经济流程的功能是一个极好的思路清晰化过程，它的结构和定义，不但能够决定深入学习的路径，而且可以显著影响一个人考虑经济和社会问题的方式。

对于政府经济管理部门来说，国民经济核算是进行经济分析、决策和政策制定的基础，这时，它是一个分析和评估经济运行的宏观经济“数据库”，可以为监测经济活动、分析宏观经济、制定政策和进行国际比较提供第一手的数据资讯。

对于工商界来说，国民经济核算的作用也日益突出，尤其是大公司的长期战略规划必须依赖于对未来经济发展的长期预测，这就需要借助国民经济核算的方法和数据。事实上，大公司在利用国民经济核算方面有着强烈的既得利益，如果没有国民经济核算体系，大公司在获取相关数据方面要面临着巨大的财政压力。而随着政府统计体系的完善和数据网络平台的发展，目前，越来越多的中小企业也正在受益于相关的国民经济核算产品。

总之，国民经济核算可以给出全面的统计指标，涉及生产、消费、投资、价格、就业等方方面面，其中增加值、消费率、物价水平等也是人们日常生活中关心的主要问题。而国民经济核算所具备的可简化性和概念的一致性，使新闻界和普通公众等非专业人士对其理解也不存在太大的障碍。正如《国民经济核算体系》1993 年版本中所述的那样："没有哪一个用户或哪一批用户比其他用户享有优先权"，即公众、工商界、研究机构、政府机构在运用国民经济核算方面受到了同等程度的关注。

10.1 国民经济核算概论

10.1.1 什么是国民经济核算

国民经济核算，从字面上理解，它是对国民经济的核算，即以一个国家或地区的经济为研究对象的核算，也可以被称为国民核算。具体说来，国民经济核算是以一定的经济理论为指导，综合应用统计、会计和数学方法，对一国（地区）在一定时期内各类经济主体的经济活动（流量）及其在特定时点的结果（存量）和各重要总量指标及其组成部分进行系统、综合、全面的测定，用以跟踪、描述一国（地区）国民经济的联系和结构的全貌。

英国经济学家、诺贝尔经济学奖获得者希克斯曾把国民经济核算比作是"人体解剖学"：人体解剖学以人类机体的结构、器官的配置及相互关系为研究对象，而经济解剖学——国民经济核算则以经济系统的结构及其各部分的相互关系为研究对象。

国民经济核算是从"national accounting"译过来的，它可被直译为国民会计或国民账户。通常，这些账户是环环相扣的，形成了一个体系，我们也把它们称为国民经济核算体系（system of national accounts，SNA）。按照 SNA 自身的定义，SNA 是由一套逻辑严密、协调一致而完整的宏观经济账户、资产负债表和表式组成，它的基础是一套符合国际惯例的概念、定义、分类和核算规则。这些账户以压缩的方式提供根据经济理论和观念组织的有关经济运行的大量而详尽的信息，它们细致而全面地记录了发生在不同经济机构之间、经济机构的集团之间的相互作用，并基于此向社会各界提供经济信息。具体来说，"它可以提供对一个经济体的全面观察"，它可以回答在一个经济过程中——谁，用什么，做什么，为了什么，与何人，交易什么，变化程度如何等问题。这些问题几乎可以涵盖经济过程的所有方面，而回答了这些问题，也基本上可以弄清经济过程的运行状态。

10.1.2 国民经济核算的作用

具体说来，国民经济核算的作用可概括为以下四个方面的内容。

1. 用于监测经济活动

国民经济核算数据提供的信息，既涉及不同类型的经济活动，又涉及经济中的不同部门。因此，它可以提供三个不同方面的监测。

（1）监测经济活动中许多主要的经济流量，例如生产、消费、资本形成、出口、进口、工资等方面的动态情况。

（2）提供某些只能在核算框架内界定和计算的但却是非常关键的信息，例如，预算盈余或赤字、各个部门或经济总体收入中用于储蓄或投资的份额，以及贸易差额等。

（3）提供解释和评估诸如工业生产、消费品价格或生产者价格的月度指数等短期指标的变动背景。

国民经济核算体系中的某些主要变量是以季度及年度编制的，可以为监测经济运行提供必要的数据。

2. 为宏观经济分析提供数据支持

国民经济核算也可用于研究经济运行中的一些机理。这样的分析通常采取的形式是利用国民经济核算框架内编制的现价和不变价的时间序列数据，通过计量经济方法，估算不同经济变量之间函数关系的参数。当然，用于这种研究的宏观经济模型的类型会因研究者的经济思想流派，以及分析目的的不同而不同。但是，国民经济核算所提供的数据，完全可以适应不同经济理论或模型的需要。反过来说，如果没有国民经济核算数据，这些研究是无法进行的。

随着计算机的普及，越来越多的用户可以参与到对宏观经济数据的分析中，这使得国民经济核算的数据使用者逐渐从政府部门、研究机构、大学扩展到企业和社会公众，它们都直接受益于国民经济核算数据。

3. 为制定经济政策和决策提供帮助

在宏观层次上，国民经济核算能够为制定经济政策提供帮助。经济政策有短期和中长期之分。短期经济政策是在评估最近以来的经济行为和目前的经济状况，以及展望或准确预测未来发展趋势的基础上形成的。短期预测一般借助计量经济模型进行。中长期经济政策必须联系综合的经济战略加以制定，这种战略往往要以计划形式定量化。而构成中长期经济计划的大多数内容要用到国民经济核算中的流量数据。可以说，没有国民经济核算数据，要制定中长期计划是不可能的。

在微观层次上，国民经济核算可以帮助相关部门或机构进行相应决策。例如，大公司的长期计划必须依赖于未来经济发展预测，这就需要核算数据。当然，对于专业从事宏观经济分析的公司来说，国民经济核算数据更是必不可少。

4. 为国际比较提供平台

国民经济核算体系是以一种标准的、国际通行的概念、定义和分类形式向用户报告国民经济核算数据的体系。这样的数据可广泛用于国与国之间在一些主要经济总量上的比较，如国内生产总值或人均国内生产总值。当然，除了经济总量指标上的比较，它也可以用于统计数据的结构比较，如投资、消费和政府支出占国内生产总值的比重等。如果没有国民经济核算提供的国际通行的数据，经济学家、媒体人士、专业分析人员在国际比较研究方面一定会束手无策。

显然，国民经济核算有很多的应用领域，我们要在了解国民经济核算理论的基础上增强利用国民经济核算数据进行统计分析的技能。

10.1.3 国民经济核算体系的形成和发展

国民经济核算体系的形成不是一蹴而就的。它经历了数百年的时间，历经了多个发展阶段，才形成了今天的体系规模。

现代国民经济核算是在国民收入统计的基础上产生的。而国民经济核算体系产生前的国民收入统计可以分成以民间统计为主和以官方统计为主的两大阶段。

威廉·配第是历史上进行国民收入估算的第一人，他在1664年提出应该做这种估算，并在1665年进行了实际估算，他实质上创立了国民收入的概念，被誉为统计学的创始人。

民间国民收入统计阶段共经历了253年，在这一时期，研究主要是民间自发的，研究者们只是为了更好地分析现实经济，才在估算方法上有所创新。因此，这一时期还没有形成系统的国民收入统计方法，估算时间也不连续，影响范围也很有限。

1918年，第一次世界大战结束后，世界各国在发展中遇到了许多新的、重大的经济问题，政府和社会组织迫切需要国民经济总量及其结构方面的信息，因而官方更多地参与和支持了国民收入的统计工作。同时，在这一阶段，尤其是20世纪30年代经济大萧条后的宏观经济理论新发展也为国民收入统计提供了新的理论支撑和数据需求。这使得国民收入统计进入了以官方统计为主的阶段。由于官方的推动和学者的努力，这一阶段成为国民收入统计的超常发展时期，为现代国民经济核算体系的形成做出了充足的理论准备。

第二次世界大战开始，国民经济核算的研究加速进行。第二次世界大战结束时，在国际联盟统计专家委员会之下成立了有关国民收入的统计分会，该分会由欧洲、北美和澳大利亚等国家直接指导编制国民收入和相关估计的专家组成。英国经济学家斯通所领导的专家小组起草的报告——“国民收入的计量和社会账户的建立”于1947年公布，这可以看作国民经济核算的胚胎形式。

1953年，以联合国统计委员会的名义公布了“国民经济核算体系及其辅助表”，这标志着国民经济核算体系的正式诞生，国民经济核算工作开始脱离了无序状态。

1968年是经济统计历史上非常重要的一年，经重大修订后的国民经济核算体系公布于世。经国民经济核算专家们的精心设计和开发，为1968年的国民经济核算体系设计了一套容量为20个账户的体系，以全面系统地反映国民经济运行状况。

1993年，由联合国、世界银行、国际货币基金组织、经济合作与发展组织、欧洲共同体等国际组织联合修订的国民经济核算体系得以公布，这次修订标志着SNA的成熟。1993年版国民经济核算体系代表了全球国民经济核算水平的重大进展。它提供了一个包罗广泛的核算框架，可望对国民经济核算工作提供几乎全面的指导。目前，世界上绝大多数国家都是以1993年版SNA为基础实施国民经济核算的。

随着时间的推移，世界经济环境又发生了一些变化，为了确保国民经济核算体系与经济运行的一致性，联合国统计委员会在2003年3月提出使用更综合的方法对1993年SNA修订计划的建议，可以预料，新版本的SNA将更加适当新经济形势的要求，更加成熟。

我国在新中国成立后的国民经济核算工作曾走过一段弯路。改革开放以后，我国开始尝试引入国际上通行的国民经济核算体系。1992年，我国公布了《中国国民经济核算体系（试行方案）》。党的十四大召开后，为全面准确地反映我国国民经济运行状况，增强国民经济核算在总体框架、基本原则、计算方法上与国际标准的一致性，以及指标的国际可比性，国家统计局于1994年对国民经济核算制度方案进行了重大修订，形成了明确的以SNA为主体的核算制度方案。2000年以来，国家统计局会同各部门对1992年颁布实施的《中国国民经济核算体系（试行方案）》做了重大修订，形成了《中国国民经济核算体系（2002）》。新体系在结构上更加严谨，充分反映了国民经济活动的内在联系。在内容上更加丰富，涵盖了市场经济条件下国民经济运行的主要环节和主要方面。在方法上更加科学，既考虑到需要，又考虑到可能。新体系能够更好地适应社会主义市场经济条件下宏观经济管理和对外交流工作的需要。

《中国国民经济核算体系（2002）》由5套基本核算表、1套国民经济账户和2张附属表组成。5套基本核算表包括国内生产总值表、投入产出表、资金流量表、国际收支表和资产负债表；1套国民经济账户包括经济总体账户、国内机构部门账户和国外部门账户；2张附属表即自然资源实物量核算表和人口资源与人力资本实物量核算表。

2004 年全国经济普查之后，国家统计局对国民经济核算体系进行了进一步的细化修订，并开始积极关注国际上对 1993 年 SNA 的修订进展，并为中国国民经济核算体系进一步发展完善作出了认真的准备。可以说，中国国民经济核算体系全面与 SNA 接轨是世界经济全球化的需要，也是中国统计改革与发展的必然趋势。

10.2 国民经济核算的一般问题

国民经济核算的基础是一套符合国际标准的概念、定义、分类的核算规则，正是在这些规则的规范下，国民经济核算才能以简洁的方式提供有关经济运行的大量而详尽的信息。

10.2.1 基本概念

1. 常住单位

国民经济核算是分区域进行的。显然，不是所有的单位都在本国核算的统计范围之内，只有与本国“常住单位”相关的经济活动才被核算。这里所指的常住单位并非基于国籍或法律标准，而是指在一国经济领土上具有经济利益中心的单位。

一国的经济领土（economic territory）是由一国政府控制或管理的、其公民及货物和资本可在其中自由流动的地理领土组成，它包括一国的领陆、领水、领空，以及位于国际水域，该国具有捕捞和海底开采管辖权的大陆架和专属经济区；它还包括本国在国外的所谓领土“飞地”，即位于其他国家，通过正式协议为本国政府所拥有或租借、用于外交等目的、具有明确边界的地域，如驻外使馆、领馆用地；不包括本国地理边界内的“飞地”，即位于本国地理领土范围内，通过正式协议为外国政府所拥有或租借、用于外交等目的、具有明确边界的地域，如外国使馆、领馆用地及国际组织用地。

经济利益中心是判断常住性的关键因素，如果一经济单位在一国的经济领土范围内具有一定的场所，如住房、厂房或其他建筑物，从事一定规模的经济活动并超过一定时期（一般以一年为操作准则），则该经济单位在该国具有经济利益中心。

一个法人企业，如果它的全部经济活动发生在我国经济领土范围内，那么它就是我国的常住单位。一个企业虽然它的经济活动并非全部发生在我国的经济领土范围内，但在我国经济领土内建立了一个子企业，从事生产经营活动一年以上，则该子企业也是我国的一个常住单位。一个住户，如果他在我国的经济领土范围内拥有住房，该住房为他的主要住所，则认为他是我国的常住单位。

2. 生产范围

国民经济核算的生产范围包括三部分：一是生产者提供或准备提供给其他单位的货物或服务的生产；二是生产者用于自身最终消费或固定资本形成的所有货物的自给性生产；三是自有住房提供的住房服务和付酬家庭雇员提供的家庭服务的自给性服务。

因此，生产范围包括所有货物的生产，不论是对外提供的货物还是自产自用的货物。而服务的生产，则基本上限于对外提供的部分；自给性服务是除了自有住房服务和付酬家庭雇员提供的家庭或个人服务外，则被排除在生产范围之外。被排除在生产范围之外的自给性服务是指住户成员为本住户提供的家庭或个人服务，如清扫房屋、做饭、照顾老人、教育儿童，等等。

3. 消费范围

生产范围决定消费范围，用于最终消费的货物和服务只能是生产范围内所包括的货物和服务。生产范围包括所有货物的生产和除住户成员为本住户提供的家庭或个人服务之外的所有服务的生产，从而消费范围也限于上述生产范围内的货物和服务。

4. 资产范围

国民经济核算中的资产是根据所有权的原则界定的经济资产，也就是说，资产必须为某个或某些单位所拥有，其所有者因持有或使用它们而获得经济利益。根据这个定义，金融资产和由生产过程创造出来的固定资产、存货等，以及某些不是经过生产过程创造出来的自然产生的资产（如土地、矿藏、森林、水资源资产等），只要某个或某些单位对这些资产有效地行使所有权，并能够从中获得经济利益，都属于资产范畴。资产范围中不包括诸如大气或公海等无法有效地行使所有权的那些自然资源与环境，以及尚未发现或难以利用的矿藏，即一定时期内，鉴于它们本身的状况和现有的技术不能为其所有者带来任何经济利益的资源与环境。

5. 流量和存量

流量是指某一时期发生的量，存量是指某一时点的量。期初存量与本期流量之和，形成期末存量。

6. 市场价格

市场价格是市场上买卖双方认定的成交价格，生产者价格和购买者价格都是市场价格。

生产者价格等于生产者生产单位货物和服务向购买者出售时获得的价值，包括开给购买者发票上的增值税或类似可抵扣税。该价格不包括货物离开生产单位后所发生的运输费用和商业费用。

购买者价格是购买者购买单位货物和服务所支付的价值，包括购买者按指定的时间和地点取得货物所发生的运输和商业费用。购买者价格等于生产者价格加上购买者支付的运输和商业费用，再加上购买者缴纳的不可扣除的增值税和其他税。

10.2.2　基本单位和部门分类

1. 机构单位和机构部门分类

机构单位是指有权拥有资产和承担负债，能够独立地从事经济活动并与其他实体进行交易的经济实体。机构单位具有的基本特点：（1）有权独立拥有货物和资产，能够与其他机构单位交换货物或资产的所有权；（2）能够作出直接负有法律责任的经济决定和从事相应的经济活动；（3）能以自己的名义承担负债、其他义务或未来的承诺，并能签订契约；（4）能够编制出包括资产负债表在内的一套在经济和法律上有意义的完整账户。

在现实经济生活中，具备机构单位条件的单位主要有两类：一类是住户；另一类是得到法律或社会承认的法律实体或社会实体。

同类机构单位构成机构部门。我国的国民经济核算体系把所有常住机构单位划分为四个大的机构部门，即非金融企业部门、金融机构部门、政府部门和住户部门。由非常住单位组成的国外部门也视同为机构部门。

（1）非金融企业与非金融企业部门。非金融企业指主要从事市场货物生产和提供非金融市场服务的常住企业，它主要包括从事上述活动的各类法人企业。所有非金融企业归并在一起，就形成非金融企业部门。

（2）金融机构与金融机构部门。金融机构指主要从事金融媒介以及与金融媒介密切相关的辅助金融活动的常住单位，它主要包括中央银行、商业银行和政策性银行、非银行信贷机构和保险公司。所有金融机构归并在一起，就形成金融机构部门。

（3）政府单位与政府部门。政府单位指在我国境内通过政治程序建立的、在一特定区域内对其他机构单位拥有立法、司法和行政权的法律实体及其附属单位。政府单位的主要职能是利用征税和其他方式获得的资金向社会和公众提供公共服务；通过转移支付，对社会收入和财产进行再分配。它主要包括各种行政单位和非营利性事业单位。所有政府单位归并在一起，就形成政府部门。

（4）住户与住户部门。住户指共享同一生活设施、部分或全部收入和财产集中使用、共同消费住房、食品和其他消费品与服务的常住个人或个人群体。所有住户归并在一起，就形成了住户部门。

（5）非常住单位与国外部门。所有不具有常住性的机构单位都是非常住单位。将所有与我国常住单位发生交易的非常住单位归并在一起，就形成国外部门。对于国外部门来说，并不需要核算它的所有经济活动，只需核算它与我国常住机构单位之间的交易活动。

2. 产业活动单位和产业部门分类

产业部门分类是按照主产品同质性的原则对产业活动单位进行的部门分类。所谓产业活动单位是指在一个地点，从事一种或主要从事一种类型生产活动并具有收入和支出会计核算资料的生产单位。产业活动单位是为生产核算而设立的，其目的在于比较准确地反映各种类型产业活动的生产规模、结构等。产业活动单位应同时具备三个条件：一是地点的唯一性。如果一个单位在不同的地点从事生产活动，哪怕是同一种类型生产活动，也要划分为不同的产业活动单位。二是生产活动的单一性。一个产业活动单位要么只从事一种类型生产活动，要么虽然允许有一种以上的生产活动，但主要活动在单位的增加值中占有绝对大的比重，也就是说，所有次要活动的总体规模与主要活动相比是很小的。三是具有收入和支出会计核算资料。国民经济核算体系根据新的国民经济行业分类标准和统计基础情况确定产业部门分类。随着统计基础的改善，产业部门的分类要逐步细化，以更好地满足宏观经济管理、社会公众和对外交流工作的需要。

考虑我国宏观经济管理、社会公众和对外交流工作的需要和统计基础，目前的产业部门分类为第一产业、第二产业和第三产业。

第一产业：农林牧渔业，包括农业、林业、畜牧业、渔业、农林牧渔服务业。

第二产业：工业，包括采矿业、制造业、电力、燃气及水的生产和供应业；建筑业，包括房屋和土木工程建筑业、建筑安装业、建筑装饰业、其他建筑业。

第三产业：交通运输、仓储和邮政业；信息传输、计算机服务和软件业；批发和零售业；住宿和餐饮业；金融业，包括银行业、证券业、保险业、其他金融活动；房地产业，包括房地产开发经营业、物业管理业、房地产中介服务业、其他房地产活动等；租赁和商务服务业；科学研究、技术服务和地质勘查业；水利、环境和公共设施管理业；居民服务和其他服务业；教育；卫生、社会保障和社会福利业；文化、体育和娱乐业；公共管理和社会组织。

10.2.3 核算原则

1. 权责发生制原则

在国民经济核算中，各种交易的记录时间是按照权责发生制原则来确定的，即在经济价值被创造、转换、交换、转移或消失时记录经济流量。在这个原则下，交易在其实际发生时记录，而不是在相应的收入与支付发生时记录。这个原则对一个连续的、跨越多个核算期的生产过程非常重要。

2. 估价原则

在国民经济核算中，各种交易、资产和负债的记录价格，遵循的规定：凡发生货币支付的交易，都按交易双方认定的成交价格，即市场价格来估价；没有发生货币支付的交易，如同一机构单位内部的交易（如自制设备、自给性消费等），按市场上相同货物和服务的市场价格或按所发生的实际成本来估价。一般来说，货物和服务产出按生产者价格估价；大多数货物和服务的使用（如中间消耗、固定资产形成和最终消费）按购买者价格估价。固定资产存量按编制资产负债表时的现价估价，而不是按原购置价格估价。

10.3　国内生产总值核算

国内生产总值核算是整个国民经济核算的基础和开端。

10.3.1　什么是国内生产总值

国内生产总值（gross domestic product，GDP）。从英文字面上理解，它是指一定范围内的（domestic）产品（product）的毛额（gross）。

经常有人想当然地认为国内生产总值中的“总”是总额、全部的意思，这并不准确。其实 gross 是一个“毛”的概念。就好像我们买的家电，包装箱上会标明“毛重”和“净重”，这里的“毛”与“净（Net）”相对应，指附加了某些可剥离部分的总额，后面我们会提到，这些可剥离的部分是指固定资产折旧。

“domestic”兼有国内及家庭内等多重意义，实际上是对统计空间的一个限定，准确的理解应为系统内，区域内。因此，国内生产总值这一总量指标是对某一特定空间内经济总量的描述，而不是仅仅对国家层次经济总量的称谓，正如我们所知，一省、一市、一县内，都可以有 GDP 统计指标。在 2004 年以前，经常有“辽宁省国内生产总值”“大连市国内生产总值”等提法，这在一定程度上不太规范。2004 年 1 月，国家统计局发出关于改进和规范地区 GDP 核算的通知，决定将某地 GDP 的中文叫法改为“地区生产总值”，比如大连市地区生产总值；特定地区的 GDP 用行政区的名字作定语，如“辽宁省生产总值”，简称为“辽宁省 GDP”，这是一个新的变化。

“product”是一个名词，严格地讲，它不是“生产”而是指产品，如前所述，产品包括货物与服务两方面的内容。但不是所有的产品都在国内生产总值统计范围内，只有最终产品才在国内生产总值的统计范围内。

所谓最终（final）产品是指本期完成生产，被用于最终消费、积累和出口的产品。与它相对应的概念是中间（intermediate）产品，即在一个生产过程中生产出来但又在另一个生产过程中被完全消耗掉或形态被改变的产品。显然，中间产品只是用以获得最终产品的过渡性产品。

GDP 只包括最终产品是为了防止核算上的重复计算。例如，模拟面包的生产过程，农场生产出稻谷，被面粉厂用于生产面粉，然后面粉卖给面包厂生产面包，假设它们是独立的核算单位，整个生产环节不需要其他的投入，上一生产环节的所有产品都被下一生产环节使用。则这一过程可由表 10－1 所示。

表 10－1　　面包的生产过程

	农场	面粉厂	面包厂	合计
中间投入	0	a	a + b	2a + b
产出	a	a + b	a + b + c	3a + 2b + c

显然，这一生产过程只有面包厂的产出是最终产品，而农场和面粉厂的产出都是中间产品。如果不区分中间产品与最终产品，则会形成 3a + 2b + c 总计生产成果，明显重复计算了 2a + b 个单位的生产成果。

但随之而来的一个问题是，对于一个产品的最终产品属性的确定是非常困难的，尤其是对那些既可做最终产品，又可做中间产品的产品而言。比如煤，既是工业生产的原料，又可以是居民消费的燃料。双重属性使最终产品从实物角度分析不可能，因为我们不能根据产品的完成程度来找出最终产品，而只能根据它的去向来确定，这给统计带来了很大困难。因此，对最终产品的分析只能从价值构成的角度来分析，即通过对每一生产环节的“增加值”加总的方法来估计最终产品的总量。

仍以表 10－1 数据为例，如果我们先计算各厂商的增加值（value added），即产出－中间投入，再对其加总，得到表 10－2 中的结果。

表 10－2　　面包的生产增加值

	农场	面粉厂	面包厂	合计
中间投入	0	a	a + b	2a + b
产出	a	a + b	a + b + c	3a + 2b + c
增加值	a	b	c	a + b + c

我们发现，增加值合计结果（a + b + c）与在面包厂形成的最终产品量(a + b + c)

是相同的，而且这一过程不需要区分中间产品与最终产品，解决了最终产品统计的难题。从这个角度说，国内生产总值又可被称为总增加值。

值得说明的是，国内生产总值这一指标虽然是对最终产品的统计，但这并不是说国内生产总值统计中不存在重复计算问题，因为从经济统计的角度讲，要计算纯粹的增加值，不仅要扣除生产环节中的中间产品，还要扣除生产设备等资产的转移价值（固定资产折旧）。在国内生产总值统计的过程中，没有进一步地扣除固定资本消耗部分，以计算真正的无重复计算的经济总量指标，主要是出于统计可行性的考虑。

在经济统计中，固定资产折旧的性质本身决定了它是很难进行客观地计量的。因为固定资产折旧的计算不仅取决于其有形损耗的程度，还取决于无形损耗、价格变化、财政政策及工商政策等，很难准确计算，而传统上的会计资料的折旧额由于受到其经济主体主观因素的影响而不能直接应用，比如为税收目的计算的折旧与实际折旧可能相距甚远。

由于固定资产折旧数据的模糊性，所以扣除固定资产折旧后的国内生产净值也是不准确的，相比之下，倒是包含重复计算因素的国内生产总值比较客观一些。因此，通常我们只计算国内生产“总”值，而由于它除了最终产品之外，还包含了一些应剥离而未剥离的固定资产折旧部分，所以才是一个“总”值。与此相对应，扣除固定资产折旧后的国内生产总值被称为国内生产“净”值。

综上，国内生产总值是指一个国家或地区在一定时期内所生产和提供的最终产品的价值。

10.3.2　国内生产总值的统计方法

在这一部分，我们要讨论国内生产总值是如何计算出来的。

1. 生产法

生产法又被称为增加值法，它是直接根据国内生产总值的最终产品属性来设计的。它的基本原理就如表 10－2 所示，通过汇总各生产环节的增加值（总产出－中间投入），形成全社会的国内生产总值（总增加值）。

当然对于一个国家而言，其生产过程是非常复杂的，需要计算各产业部门的增加值，并进行加总。计算增加值的前提是计算各行业的总产出和中间投入。

（1）总产出统计方法。这里的总产出指常住单位在一定时期内生产的所有货物和服务的价值，既包括新增价值，也包括转移价值。它反映了常住单位生产活动的总规模。对于一个国家，其国内总产出等于各部门总产出之和，这些部门既包括货物生产部门，也包括服务生产部门。由于各部门经济活动具有不同的特点，计算总产出的方法也不尽相同。

中国的总产出核算按生产者价格（其中不包括货物离开生产单位后发生的运输费用和商业费用）计算。农林牧渔业总产出采用产品法计算，即凡有产品产量的农产品均按单位产品价格乘产量的方法计算。工业总产出采用工厂法计算。所谓工厂法就是以工业企业作为一个整体，按企业工业生产活动的最终成果计算总产出，同一企业内部的产品价值不允许重复计算。建筑业总产出按两种方法计算：一种是从施工企业和自营建设单位的建筑生产活动角度入手直接计算；另一种是从建筑产品所有方的建筑工程造价角度入手计算。考虑到建筑产品的稳定性和施工单位的流动性特点，目前以后一种方法为主。交通运输仓储和邮政业总产出等于其营业收入。批发和零售业总产出等于商业附加费，即商品销售收入净额减去商品销售成本。住宿和餐饮业的总产出等于其营业收入。银行业总产出等于金融媒介服务活动的虚拟服务收入加实际服务费收入。其中，虚拟服务收入等于利息收入减去利息支出的差额，但应扣除银行业利用自有资金获得的利息收入，实际服务费收入为手续费收入和其他业务收入。银行业总产出的公式为：

银行业总产出 = 虚拟服务费收入 + 实际服务费收入

= 各项利息收入 - 各项利息支出 + 手续费收入 + 信托业务收入 + 融资租赁业务收入 + 外汇业务收入 + 咨询业务收入 + 投资分红收入

保险业总产出的计算方法与银行业类似，等于保费收入与理赔支出之差加其他营业收入。具体公式为：

保险服务总产出 = 营业收入 - 赔款支出 - 退保金及给付 - 分保费支出 - 分保赔款及费用支出 - 提存未决赔款准备金 - 准备金提转差 + 投资收益

其中营业收入包括保费收入和其他营业收入。

房地产业总产出包括房地产开发经营业总产出、物业管理总产出、房地产中介服务总产出和居民自有住房服务总产出。房地产开发经营业总产出是经营房屋销售的差价收入和从事房地产租赁活动获得的租金收入；物业管理总产出为管理服务的经营收入；房地产中介服务总产出是从事房地产经纪与代理中介活动取得的收入。居民自有住房服务总产出原则上应等于按市场上同等住房的房租价格计算的虚拟房租，由于中国尚未形成健全的房地产市场，没有合适的房租价格可以参考，目前以按房屋价值和规定的折旧率虚拟计算的固定资产折旧作为总产出。

其他服务业总产出按两种情况分别计算：一是营利性单位，即以追求利润为主要目标的服务单位，总产出一般按实现的营业收入总额计算；二是非营利性单位，其经费支出主要来源于国家财政和其他赞助，或虽然有部分营业收入，但无法弥补自身经营活动成本，如公共管理和社会组织等，这类单位的总产出一般按业务活动支出进行计算，即等于经常性业务支出加虚拟折旧，不计算营业盈余。

（2）中间投入的统计方法。中间投入指常住单位在一定时期内生产过程中消耗和使用的非固定资产货物和服务的价值。中间投入也称为中间消耗，反映用于生产过程中的转移价值，一般按购买者价格计算。计入中间投入的货物和服务必须具备两个条件，一是与总产出的计算范围保持一致；二是本期一次性使用的。

（3）增加值。正确地确定各个部门的总产出及相应的中间投入，二者相减，计算出各部门的增加值，将所有部门的增加值求和，生产法国内生产总值便计算完毕。

国内生产总值 = $\sum$ 各部门增加值 = $\sum$（各部门的总产出 - 各部门的中间投入）

显然，增加值是从生产者角度来观察经济流量，是国内生产总值计算思想的直接体现。同时，它是对各部门增加值的加总，因此，也把生产法或增加值法称为部门法。

2. 收入法

显然，国内生产总值核算的生产法是最为直接的国内生产总值计算方法，它如实地反映了 GDP 这块“蛋糕”做大的过程。那么，还有没有其他途径算出 GDP 这块蛋糕有多大呢？我们知道，“蛋糕”生产出来是要分配的，如果我们能知道都有谁分到了“蛋糕”以及它们分到的蛋糕有多大，再把各部分数量加总在一起，同样可以推知所生产的“蛋糕”到底有多大，这就引出了国内生产总值核算的收入法。

收入法的基本思想是计算生产单位所拥有的生产要素在生产中得到的市场价格收入，这也是以“收入”命名该法的原因。这些生产要素归纳起来有劳动、政府服务、固定资产及企业管理等，在中国现行国民经济核算体系中，它们分别对应于劳动者报酬、生产税净额、固定资产折旧和营业盈余四部分。它们分别是劳动者的收入、政府的税收收入、固定资产的收入（对固定资本消耗的补偿）及企业（业主）的收入。将这四部分收入加总也就可以得到国内生产总值，其基本算式为：

国内生产总值 = 劳动者报酬 + 生产税净额 + 固定资产折旧 + 营业盈余

收入法国内生产总值等于生产法国内生产总值。其中，劳动者报酬是指劳动者从事生产活动所应得的全部报酬。包括劳动者应得的工资、奖金和津贴，既有货币形式的，也有实物形式的，还有劳动者所享受的公费医疗和医药卫生费、上下班交通补贴和单位为职工缴纳的社会保险费等。对于个体经济来说，其所有者所获得的劳动报酬和经营利润不易区分，这两部分统一作为劳动者报酬处理。在计算劳动者报酬时，需要注意作为劳动者报酬的实物性收入与中间投入的界限。如果生产单位向从事生产活动的劳动者提供的货物或服务，可以满足劳动者在闲暇时间里的需要，并可改善和提高他们的实际生活水平，同时，其他普通消费者也可以在市场上购买到这些货物和服务，那么这部分货物和服务就属于劳动者的实物收入。生产单位为了生产能正常进行，为劳动者购买的货物和提供的服务，以及因特殊工作需要提供的服装或鞋，或因公出差提供的运输和旅馆服务费用等，都属于中间投入。

生产税净额指生产税减生产补贴后的差额。生产税指政府对生产单位从事生产、销售和经营活动以及因从事生产活动使用某些生产要素，如固定资产、土地、劳动力所征收的各种税、附加费和规费，包括销售税金及附加、增值税、管理费中开支的各种税、应交纳的养路费、排污费和水电费附加、烟酒专卖上缴政府的专项收入等。生产补贴与生产税相反，是政府对生产单位单方面的转移支付，因此视为负生产税处理，包括政策性亏损补贴、价格补贴等。

固定资产折旧指一定时期内为弥补固定资产损耗按照核定的固定资产折旧率提取的固定资产折旧，或按国民经济核算统一规定的折旧率虚拟计算的固定资产折旧。它反映了固定资产在当期生产中的转移价值。各种类型企业和企业化管理的事业单位的固定资产折旧指实际计提的折旧费；不计提折旧的单位，如政府机关、非企业化管理的事业单位和居民住房的固定资产折旧则是按照统一规定的折旧率和固定资产原值计算的虚拟折旧。原则上，固定资产折旧应按固定资产的重置价值来计算，但是中国目前尚不具备对全社会固定资产进行重估价的基础，所以暂时只能采用上述方法来计算。

营业盈余是企业的营业净利润，相当于常住单位创造的增加值扣除劳动者报酬、生产税净额和固定资产折旧后的余额。

3. 支出法

与收入法原理相同，国内生产总值作为一种经济流量要等量地通过国民经济各环节。除了在生产、分配环节来测量国内生产总值以外，还可以在支出环节来间接地统计国内生产总值。也就是说，“蛋糕”生产出来是要吃的，统计出当期蛋糕是如何被消费和使用掉的，也就可以推知生产的“蛋糕”有多大。这是国内生产总值支出法的基本思想。

支出法国内生产总值是从最终使用的角度反映一个国家或地区一定时期内生产活动最终成果的一种方法。最终使用包括最终消费、资本形成总额及净出口三部分，计算公式为：

支出法国内生产总值 = 最终消费 + 资本形成总额 + 净出口

最终消费指常住单位为满足物质、文化和精神生活的需要，从本国经济领土和国外购买的货物和服务的支出。它不包括非常住单位在本国经济领土内的消费支出。最终消费分为居民消费和政府消费。

居民消费指常住住户在一定时期内对于货物和服务的全部最终消费支出。居民对于货物的最终消费支出在货物的所有权发生变化时记录，对于服务的最终消费支出在服务提供时记录。居民消费按居民支付的购买者价格计算。居民消费除了直接以货币形式购买的货物和服务的消费支出外，还包括以其他方式获得的货物和服务的消费支出，即所谓的虚拟消费支出。居民虚拟消费支出包括四种类型：单位以实物报酬及实物转移的形式提供给劳动者的货物和服务；住户生产并由本住户消费了的货物和服务，其中的服务仅指住户的自有住房服务和付酬的家庭雇员提供的家庭和个人服务；金融机构提供的金融媒介服务；保险公司提供的保险服务。

政府消费指政府部门为全社会提供的公共服务的消费支出和免费或以较低的价格向居民住户提供的货物和服务的净支出，前者等于政府服务的产出价值减去政府单位所获得的经营收入的价值，后者等于政府部门免费或以较低价格向居民住户提供的货物和服务的市场价值减去向住户收取的价值。

资本形成总额指常住单位在一定时期内获得减去处置的固定资产和存货的净额，包括固定资本形成总额和存货增加两部分。

固定资本形成总额指生产者在一定时期内获得的固定资产减处置的固定资产的价值总额。固定资产是通过生产活动生产出来的，且其使用年限在一年以上、单位价值在规定标准以上的资产，不包括自然资产。可分为有形固定资本形成总额和无形固定资本形成总额。有形固定资本形成总额包括一定时期内完成的建筑工程、安装工程和设备工器具购置（减处置）价值，以及土地改良、新增役、种、奶、毛、娱乐用牲畜和新增经济林木价值。无形固定资本形成总额包括矿藏的勘探、计算机软件等获得减处置。

存货增加指常住单位在一定时期内存货实物量变动的市场价值，即期末价值减期初价值的差额，再扣除当期由于价格变动而产生的持有收益。存货增加可以是正值，也可以是负值。正值表示存货上升，负值表示存货下降。存货包括生产单位购进的原材料、燃料和储备物资等存货，以及生产单位生产的产成品、在制品和半成品等存货。

货物和服务净出口指货物和服务出口减货物和服务进口的差额。出口包括常住单位向非常住单位出售或无偿转让的各种货物和服务的价值；进口包括常住单位从非常住单位购买或无偿得到的各种货物和服务的价值。由于服务活动的提供与使用同时发生，一般把常住单位从非常住单位得到的服务作为进口，非常住单位从常住单位得到的服务作为出口。货物的出口和进口都按离岸价格计算。

10.3.3 中国的国内生产总值核算

1. 数据发布

应该指出的是，在中国国内生产总值的三种计算方法中，生产法和收入法都是对各产业部门的增加值进行核算。为了使每一产业取得一致的增加值数据，根据资料来源状况，在某些产业部门，如农业、工业的增加值，确定以生产法的计算结果为准；在另外的产业部门，如部分服务业增加值，确定以收入法的计算结果为准，因此，中国的生产法国内生产总值等于收入法国内生产总值。但是，支出法国内生产总值与生产法和收入法国内生产总值之间存在统计误差，有的年份支出法国内生产总值大于生产法和收入法国内生产总值，有的年份则相反。中国通常以生产法和收入法国内生产总值数据为准，将上述统计误差控制在一定范围内。各种公开发表的国内生产总值总量和增长速度数据均是生产法和收入法的计算结果。

不同算法的国内生产总值之间的关系可以概括为：

生产法国内生产总值 = 收入法国内生产总值

= 支出法国内生产总值 + 统计误差

中国年度国内生产总值核算包括三个过程：初步核算过程、初步核实过程和最终核实过程。

初步核算过程一般在每年年终和次年年初进行。初步核算数据在 12 月份的进度统计资料的基础上计算，在次年 1 月 20 日左右发布。这时，年度国内生产总值核算所能得到的资料较少，基本上以国家统计局有关专业司提供的主要专业初步统计资料为基础，进行估计和推算。因此，初步核算过程所得到的年度国内生产总值只是一个初步数据，以满足年度宏观经济形势分析和判断的需要，它有待于在获得较充分的资料后进行核实。这也就是称这一过程为初步核算过程的理由。国内生产总值初步核算数据发布在次年 2 月《中华人民共和国统计公报》和次年 5 月的《中国统计摘要》上。

初步核实过程一般在次年的第二季度进行。初步核算数据在统计年报资料的基础上计算。这时，初步核算过程所依据的主要专业初步资料得到核实，国家统计局其他专业统计资料、国务院有关部门的统计资料和部分会计决算和业务核算资料陆续获得，但是大多数会计决算和业务核算资料，如金融保险系统、铁路系统、民航系统、邮电运输系统等会计决算资料和财政决算资料尚不能获得。因此，与初步核算数据相比，初步核实所获得的国内生产总值更准确些，但因仍缺少国内生产总值核算所需要的许多重要资料，因此相应的数据尚需进一步核实。国内生产总值初步核实数据在次年 9 月出版的《中国统计年鉴》上公布。

最终核实过程一般在次年的第四季度进行。最终核算数据在统计年报、部门会计、财政决算资料的基础上计算。这时，国内生产总值核算所需要的和所能搜集到的各种统计资料、会计决算资料和有关业务核算资料基本齐备。与初步核实数据相比，依据这些更全面、更细致的资料计算出来的国内生产总值数据显然更准确些。国内生产总值最终核实数据在隔年（第三年）5 月出版的《中国统计摘要》和 9 月出版的《中国统计年鉴》上公布。

从以上操作过程中可以看出，中国国内生产总值核算要公布三次数据，其统计精度逐步提高，所以某年的国内生产总值最早的数据可于次年初得到，而最准确的数据可以在第三年得到。如果查到某年的国内生产总值数值有三个不同的数值是很正常的，我们应以最后公布的数据为准。

2. 季度国内生产总值

国内生产总值这一统计指标是宏观经济分析的核心指标，具有很高的经济重要性，但其时效性却相对不足，为了弥补年度国内生产总值指标的不足，世界上大多数国家都计算和公布季度国内生产总值指标。中国从 1992 年起根据国务院的要求在全国和各省、市、自治区开展了季度国内生产总值的计算。

季度国内生产总值与年度国内生产总值之间既有紧密联系也有不同之处，从国内生产总值的基本核算原则来看，季度与年度国内生产总值有共同之处，但是由于季度核算的核算时间短，所需的基础资料不足，因此，季度国内生产总值的核算方法在某些方面又与年度国内生产总值有所不同。

我国的季度国内生产总值核算也按初步核算、初步核实和最终核实三个步骤进行，初步核算数在主要季度统计资料的基础上计算，于季后 20 日左右发布；初步核实数在所能获得的更加全面的资料基础上计算，于季后 45 天发布；最终核实数根据年度 GDP 最终核实数来确定，并对外公布。

3. 不变价国内生产总值核算

不变价国内生产总值核算的目的是剔除按现期市场价格衡量的国内生产总值中的价格变动因素，以反映一定时期内生产活动最终成果的实际变动。

不变价国内生产总值的生产核算是将各产业部门现价增加值换算成不变价增加值，各产业部门不变价增加值加总得出不变价国内生产总值。不变价的生产核算方法基本上有两种，即缩减法和外推法。缩减法又分为双缩法和单缩法，双缩法是分别利用产出价格指数和中间投入价格指数缩减现价总产出和现价中间投入，得出不变价总产出和不变价中间投入，不变价总产出减去不变价中间投入得到不变价增加值。单缩法一般是直接利用总产出价格指数缩减现价增加值，求得不变价增加值。单缩法假定中间投入的价格变化与总产出的价格变化基本上保持相同的幅度。

外推法也分为双外推法和单外推法。双外推法是在基期不变价总产出和中间投入的基础上，分别用总产出物量指数和中间投入物量指数外推出当期不变价总产出和中间投入，当期不变价总产出减不变价中间投入得出当期不变价增加值。单外推法一般是利用总产出物量指数乘以基期不变价增加值，求得当期不变价增加值。这种方法是假定中间投入的物量变化与总产出的物量变化基本上保持相同的幅度。目前中国不变价国内生产总值生产核算，农林牧渔业采用的是双缩法，交通运输、仓储和邮政业采用的是外推法，其他行业都是单缩法。

10.3.4 国内生产总值的结构分析

国内生产总值的生产法、收入法和支出法的计算过程中有很多变量，这些变量之间的关系以及变量的结构变动可以揭示出很多重要的信息，经常被用于经济分析。

1. 产业结构

可以通过各产业增加值占总增加值的比重来观察产业结构及各产业的贡献率，比如，在我国2008年国内生产总值中，第一产业增加值为33702亿元，占GDP的比重为10.7%；第二产业增加值为149003亿元，占GDP的比重为47.5%；第三产业增加值为131340亿元，占GDP的比重为41.8%。这说明2008年中国第二产业仍是提供增加值最多的产业，而第三产业也得到了一定的发展。

2. 增加值率

它是指增加值占总产出或中间投入的比重。我们知道增加值是总产出减去中间投入的结果，是新增加的价值，计算增加值率很显然是为了反映生产过程中新追加价值的相对份额。一般来说，增加值率高也就意味着生产附加值高。

3. 要素收入比例

我们知道，国内生产总值 = 劳动者报酬 + 生产税净额 + 固定资产折旧 + 营业盈余，其中后四项分别代表劳动等生产要素对国内生产总值的贡献情况，我们可以分别计算这四项占国内生产总值的比重，它们也就分别代表了要素收入的比例。比如，北京市2006年劳动要素收入占地区生产总值的比重为44.43%。

4. 最终消费率

最终消费率是最终消费占国内生产总值的比例。按照支出法计算国内生产总值，国内生产总值有三个去向：一是用于最终消费；二是用于资本形成；三是用于出口。它们分别代表了消费、积累、国外对GDP的需求，我们所常说的消费、投资、出口对国内生产总值的拉动作用也体现了这个意思。我们可以分别计算三者在GDP中的比重，其中，最终消费率比较常见，它反映的是最终产品中有多大的比重被用于消费，或者消费对GDP的拉动作用有多大。

5. 恩格尔系数

恩格尔系数通常是指食品消费支出占居民消费支出的比重。一般说来，随着社会生产发展和人民生活水平的提高，恩格尔系数呈下降的趋势。根据联合国粮农组织提出的标准，恩格尔系数在59%以上为贫困，50%~59%为温饱，40%~50%为小康，30%~40%为富裕，低于30%为最富裕。

10.4　其他重要总量指标

国内生产总值是最为重要的总量指标，除了国内生产总值之外，还有一些重要的总量指标。

10.4.1　初次分配总收入

初次分配指生产活动形成的收入在参与生产活动的生产要素的所有者及政府之间的分配。生产要素包括劳动力、土地和资本。劳动力所有者因提供劳动而获得劳动报酬；土地所有者因出租土地而获得地租；资本的所有者因资本的形态不同而获得不同形式的收入，借贷资本所有者获得利息收入，股权所有者获得红利或未分配利润。政府因对生产活动或生产要素征税而获得生产税或因对生产进行补贴而支付生产补贴。初次分配的结果形成各个机构部门初次分配总收入。

初次分配总收入＝增加值－支付的劳动者报酬＋收到的劳动者报酬
－支付的生产税净额＋收到的生产税净额－支付的财产收入
＋收到的财产收入

各机构部门的初次分配总收入之和就等于国民总收入。一般来说，各部门原始总收入之和称为国民总收入。因此国民总收入可以定义为在一定时期内，一个国家或地区的国民在国民经济初次分配中获得的原始收入总和。与国内生产总值联系起来，可以得出这样的平衡关系：

国民总收入＝国内生产总值＋来自非常住单位的要素收入－非常住单位从本国获得的要素收入
＝国内生产总值＋来自非常住单位的要素收入净额

国民总收入在1993年以前被称为国民生产总值。国民生产总值与国内生产总值只有一字之差，人们往往难以分辨，这确实是个问题。需要强调的是二者的核算主体是相同的，都是一国的常住单位，只不过国内生产总值衡量的是一国常住单位的生产规模，而国民生产总值衡量的是一国常住单位的收入水平。二者的联系在于：尽管收入大多来源于生产成果，但由于一些生产要素的使用是跨国进行的，各国的生产成果（国内生产总值）还要以要素收入的方式在全球范围内进行分配，而这些生产成果分配后才能形成各国原始收入（国民生产总值）。比如海尔集团在美国设厂，该厂就是美国的常住单位，其增加值应被计入美国的国内生产总值；而海尔集团总部因此获取的收入却能形成中国的收入，成为中国国民生产总值的一部分。

所以，尽管国民生产总值叫“生产总值”，但它却不同于国内生产总值，它不是生产指标，是一个收入指标。考虑到名称都叫“生产总值”会带来使用上的混乱问题，联合国统计委员会早在1993年就在其国民经济核算体系官方文本中提出了国民总收入的概念，强调要用这个新名词来取代原有的国民生产总值的概念，使之明确区分于国内生产总值。从2002年开始，中国国家统计局也正式废弃了国民生产总值的叫法，按国际标准把它改称为国民总收入。

10.4.2 可支配总收入

在初次分配总收入的基础上，还可以通过经常转移的形式对初次分配总收入进行再次分配。再分配的结果形成各个机构部门的可支配总收入。各机构部门的可支配总收入之和称为国民可支配总收入。

经常转移有多种存在形式，不同的形式有不同的功能。归纳起来大致有三种形式：所得、财产等经常税；社会缴款和社会福利；其他经常转移。这里我们介绍一下这些不同的转移形式，这样有利于我们更进一步认识收入再分配的各种手段所具有的功能。

1. 所得税、财产等税。这是居民部门和企业、金融机构、行政事业单位等法人单位针对当期所得应支付的所得税、利润税、资本收益税（如利息税）和定期支付的财产税及其他经常收入税，如人头税、彩票税等。生产税、资本税、资本转移税不包括在内。这种经常转移发生的流向通常是由其他部门向政府部门转移，形成政府部门的转移收入。

2. 社会缴款和社会福利。这种转移可能在全社会各个机构部门之间相互交错发生，旨在维持居民当前和未来的福利而在机构单位之间进行的经常转移。社会缴款是居民部门为保证在未来某个时期能获取社会福利金，而对政府组织的社会保险计划或各个单位建立的基金所缴纳的款项，如对失业保险、退休保险、医疗卫生保险计划的缴款。缴纳的形式有：雇员及其他居民个人直接对社会保险计划缴款；各单位代其雇员对社会保险计划支付缴款，一般将其视为单位以报酬形式支付给雇员，然后由雇员支付给社会保险计划。这样，整个社会缴款表现为居民部门的转移性支出，政府部门和其他部门的转移性收入。

社会福利是居民从政府及其他部门收到的经常转移，形成政府和其他部门的转移性支出、居民部门的转移性收入，不过社会福利的受益者往往是特定的社会群体。具体包括两部分：一是以失业金、退休金、抚恤金、医疗保险金等形式出现的社会保险福利，这种社会福利以居民在此以前支付社会缴款为前提；二是以生活困难补助、救济金、人民助学金等形式出现的社会救济金。这种社会福利没有列入社会保险计划，不受以前支付缴款的条件限制。社会福利的形式既可以是现金社会福利，也可以是实物社会福利，如政府对灾民发放的救灾物资等。

3. 其他经常转移。是指除上述转移之外的各种经常性转移，具体形式包括政府内不同部门或不同单位间的经常转移，本国政府与国外政府及国际组织间的经常转移，如援助、捐赠、会费缴纳或定期付款；对私人非营利机构的经常转移，如会费、捐赠、赞助及其他形式的缴款、国际间的私人转移，以及以罚款、抽彩赌博等形式引起的各种现期转移。

显然，可支配总收入是体现各经济主体参与收入初次分配和再分配最终结果的总量，是各经济主体当期用于收入使用的最大数额。

可支配总收入 = 初次分配总收入 + 经常转移收入 - 经常转移支出

国内各部门可支配总收入之和为国民可支配总收入。显然，

国民可支配总收入 = 国民总收入 + 来自非常住单位的经常转移净额

= 国内生产总值 + 来自非常住单位的要素收入净额

+ 来自非常住单位的经常转移净额

10.4.3 我国的居民收入指标

居民收入在一国收入格局中占有重要的作用，居民收入指标对于评价人民生活水平和全社会消费能力具有重要的作用。

我国目前的有关居民收入指标是分城乡提供的。主要指标有：

1. 城镇居民家庭全部收入

指被调查城镇居民家庭全部的实际收入，包括经常或固定得到的收入和一次性收入。不包括周转性收入，如提取银行存款、向亲友借款、收回借出款及其他各种暂收款。

2. 城镇居民家庭可支配收入

指被调查的城镇居民家庭在支付个人所得税、财产税及其他经常性转移支出后所余下的实际收入。

3. 职工工资总额

指各单位在一定时期内直接支付给本单位全部职工的劳动报酬总额。工资总额的计算原则应以直接支付给职工的全部劳动报酬为根据。各单位支付给职工的劳动报酬以及其他根据有关规定支付的工资，不论是计入成本的还是不计入成本的，不论是按国家规定列入计征奖金税项目的，还是未列入计征奖金税项目的，不论是以货币形式支付的还是以实物形式支付的，均包括在工资总额内。

4. 职工平均工资

指企业、事业、机关单位的职工在一定时期内平均每人所得的货币工资额。它表明一定时期职工工资收入的高低程度，是反映职工工资水平的主要指标。计算公式为：

职工平均工资 = 报告期实际支付的全部职工工资总额/报告期全部职工平均人数

5. 农村居民家庭纯收入

农村常住居民家庭总收入中，扣除从事生产和非生产经营费用支出、缴纳税款和上交承包集体任务金额以后剩余的，可直接用于进行生产性、非生产性建设投资、生活消费和积蓄的那一部分收入。农村居民家庭纯收入包括从事生产性和非生产性的经营收入，取自在外人口寄回、带回和国家财政救济、各种补贴等非经营性收入；既包括货币收入，又包括自产自用的实物收入。但不包括向银行、信用社和向亲友借款等属于借贷性的收入。

6. 农村居民家庭总收入

是指农村住户年内从各种来源得到的全部实际收入（包括现金收入和实物收入），具体来说它由工资性收入、家庭经营收入、财产性收入和转移性收入四部分组成。农民家庭总收入与农民家庭纯收入的关系为：

农民家庭纯收入 = 农民家庭总收入 - 从事生产和非生产经营费用支出 - 缴纳税款 - 上交承包集体任务金额 - 调查补贴 - 生产性固定资产折旧 - 赠送农村外部亲友支出

7. 农村居民家庭全年现金收入

是指农村住户年内所有家庭成员的全部现金收入，包括工资性收入、家庭经营现金收入、财产性收入、转移性收入和储蓄借贷现金收入。不包括实物收入。

实物收入是指农村住户年内生产的（包括自用的和结存的）和家庭成员在就业单位带回的及亲友赠送的各种实物折价收入。

在我国目前的统计中，进度监测使用农民现金收入，按月统计；年度经常使用的是农民人均纯收入。

本章小结

1. 国民经济核算是以一定的经济理论为指导，综合应用统计、会计和数学方法，对一国（地区）在一定时期内各类经济主体的经济活动（流量）及其在特定时点的结果（存量）和各重要总量指标及其组成部分进行系统、综合、全面的测定，用以跟踪、描述一国（地区）国民经济的联系和结构的全貌。

2. 国民经济核算的作用可概括为监测经济活动、为宏观经济分析提供数据支持、为制定经济政策和决策提供帮助、为国际比较提供平台等方面。中国国民经济核算体系全面与SNA接轨是世界经济全球化的需要，也是中国统计改革与发展的必然趋势。

3. 国民经济核算的基础是一套符合国际标准的概念、定义、分类的核算规则，正是在这些规则的规范下，国民经济核算才能以简洁的方式提供有关经济运行的大量而详尽的信息。

4. 国内生产总值是指一个国家或地区在一定时期内所生产和提供的最终产品的价值。国内生产总值的计算方法包括生产法、收入法和支出法。国内生产总值的生产法、收入法、支出法计算过程中有很多变量，这些变量之间的关系以及变量的结构变动可以揭示出很多重要的信息。

5. 生产法又被称为增加值法，它是直接根据国内生产总值的最终产品属性来设计的。计算增加值的前提是计算各行业的总产出和中间投入。

6. 收入法的基本思想是计算生产单位所拥有的生产要素在生产中得到的市场价格收入。在中国现行国民经济核算体系中，它们分别对应于劳动者报酬、生产税净额、固定资产折旧和营业盈余四个部分。收入法国内生产总值等于这四部分的加总。

7. 支出法国内生产总值是从最终使用的角度反映一个国家或地区一定时期内生产活动最终成果的一种方法。最终使用包括最终消费、资本形成总额及净出口三部分。

8. 各机构部门的初次分配总收入之和等于国民总收入。国民总收入在1993年以前被称为国民生产总值，2002年开始，中国国家统计局也正式废弃了国民生产总值的叫法，按国际标准把它改称为国民总收入。

9. 可支配总收入是体现各经济主体参与收入初次分配和再分配最终结果的总量，是各经济主体当期用于收入使用的最大数额。

思考题

1. 什么是国民经济核算？为什么要学习国民经济核算？
2. 试述国民经济核算的基本概念、部门分类和核算原则。
3. 什么是国内生产总值？如何核算国内生产总值？
4. 试述国内生产总值、国民总收入、国民可支配总收入的关系。

参考文献

1. [美] 戴维·M·莱文、戴维·F·斯蒂芬:《商务统计轻松学》,商国印、张丹、董入芳译,机械工业出版社 2008 年版。

2. [美] 戴维·M·莱文、蒂莫西·C·克雷比尔、马克·L·贝伦森:《商务统计学》,李鹏宇、许红燕等译,中国人民大学出版社 2004 年版。

3. [美] 戴维·R·安德森、丹尼斯·J·斯威尼、托马斯·A·威廉姆斯:《商务与经济统计》,张建华等译,机械工业出版社 2006 年版。

4. [美] 杰克·莱文、詹姆斯·艾伦·福克斯:《社会研究中的基础统计学》,王卫东译,中国人民大学出版社 2008 年版。

5. [美] 尼尔·J·萨尔金:《爱上统计学》,史玲玲译,重庆大学出版社 2008 年版。

6. [美] 小卡尔·迈克丹尼尔、罗杰·盖兹:《当代市场调研》,范秀成译,机械工业出版社 2000 年版。

7. [英] 堤姆·汉拿根:《统计学》,陈宋生、朱丽译,经济管理出版社 2008 年版。

8. William Navici 著:《统计学—科学与工程应用》,清华大学出版社 2007 年版。

9. 曹刚、李文新:《统计学原理》,上海财经大学出版社 2006 年版。

10. 陈殿阁:《市场调查与预测》,清华大学出版社 2004 年版。

11. 陈希孺:《概率论与数理统计》,中国科学技术大学出版社 2009 年版。

12. 陈希孺:《机会的数学》,清华大学出版社 2000 年版。

13. 陈希孺:《数理统计简史》,湖南教育出版社 2002 年版。

14. 高敏雪:《国民经济核算原理与中国实践》,中国人民大学出版社 2007 年版。

15. 贾俊平、何晓群、金勇进:《统计学》,中国人民大学出版社 2007 年版。

16. 李桂华、张建华、周红:《统计学》,清华大学出版社 2008 年版。

17. 李金昌、苏为华:《统计学》,机械工业出版社 2007 年版。

18. 李心愉、袁诚:《应用经济统计学》,北京大学出版社 2008 年版。

19. 梁前德、陈元江:《论统计学》,高等教育出版社 2008 年版。

20. 刘春英:《应用统计学》,中国金融出版社 2007 年版。

21. 罗良清:《统计学》,高等教育出版社 2006 年版。

22. 欧阳卓飞：《市场营销调研》，清华大学出版社 2006 年版。

23. 邱东：《国民经济核算分析》，格致出版社、上海人民出版社 2009 年版。

24. 邱东：《国民经济统计学》，东北财经大学出版社 2001 年版。

25. 施锡铨、范正绮：《数据分析与统计建模——社科研究中的统计学方法》，上海人民出版社 2007 年版。

26. 孙允午：《统计学——数据的搜集、整理和分析》，上海财经大学出版社 2006 年版。

27. 吴明礼、黄立山：《统计学》，中国统计出版社 2002 年版。

28. 吴喜之：《统计学：从数据到结论》，中国统计出版社 2004 年版。

29. 徐国祥：《统计学》，高等教育出版社 2006 年版。

30. 徐建邦、李培军：《统计学》，东北财经大学出版社 2008 年版。

31. 曾五一、肖红叶：《统计学导论》，科学出版社 2008 年版。

32. 曾五一、朱平辉：《论统计学》（中国版），北京大学出版社 2006 年版。

33. 张梅琳：《应用统计学》，复旦大学出版社 2008 年。

《统　计　学》

操作与习题手册

宋旭光　等/编

经 济 科 学 出 版 社

目　　录

第一章　总　　论

一、练习题

（一）单项选择题（下列每小题的备选答案中，只有一个符合题意的正确答案，请将正确答案的代码填写在括号内。）

1. 统计学是处理（　　）的一门科学。
   A. 数据　　B. 数学　　C. 数字　　D. 数量
2. （　　）是统计工作的基础。
   A. 数据搜集　　B. 数据整理　　C. 数据分析　　D. 数据核算
3. 数据分析是指运用（　　）对有关数据进行处理，并从数据中提取出有效信息的过程。
   A. 计算器　　B. 统计方法　　C. 计算机　　D. 统计机构
4. 在社会科学领域，为了规范数据的开发与分析，国民经济核算体系、社会核算方法、工商会计等（　　）有着较多的应用。
   A. 数学方法　　B. 系统科学　　C. 核算技术　　D. 经济手段
5. 作为一种通用的（　　），统计学已经成为一种工具。
   A. 数学符号　　B. 衡量方法　　C. 支付手段　　D. 数据处理方法

（二）多项选择题（下列每小题的备选答案中，有两个或两个以上符合题意的正确答案，请将正确答案的代码填写在括号内。）

1. 统计学的主要任务包括（　　）。
   A. 数据搜集　　B. 数据整理　　C. 数据分析　　D. 数据核算
2. 数据搜集上来以后，还要进行必要的整理，以使得数据更加（　　）。
   A. 直观　　B. 清晰　　C. 易读　　D. 增多
3. 以下属于统计学重要组成部分的有（　　）。
   A. 描述统计学　　B. 数学　　C. 推断统计学　　D. 会计学
4. 统计学可在以下哪些学科中有所应用（　　）。
   A. 医学　　B. 心理学　　C. 考古学　　D. 物理学
5. 在经济与管理领域，统计学的应用领域包括（　　）。
   A. 市场调研　　B. 金融保险　　C. 公共管理　　D. 人力资源管理

（三）判断题（正确的在括号内填"√"；错误的填"×"。）

1. 随着数据量的不断增多和统计任务的不断复杂化，统计工作的重心已经从对过去的回顾转移到对现状的分析和对未来的预测上来。（　　）
2. 在当前情况下，描述统计学已经不重要了。（　　）
3. 网络的出现不利于统计学的发展。（　　）

4. 描述统计学与推断统计学的划分，反映了数据分析的不同层次。 ( )
5. 推断统计学是研究如何利用总体数据来推断总体特征的统计方法。 ( )

（四）名词解释题

1. 统计学　　2. 描述统计学　　3. 推断统计学

（五）论述题

试述描述统计学与推断统计学的区别与联系。

二、参考答案

（一）单项选择题

1. A　　2. A　　3. B　　4. C　　5. D

（二）多项选择题

1. ABCD　　2. ABC　　3. AC　　4. ABCD　　5. ABCD

（三）判断题

1. √　　2. ×　　3. ×　　4. √　　5. ×

（四）名词解释题

1. 答：统计学是处理数据的一门科学。具体来说，统计学是研究如何核算、搜集、整理、分析数据，并从数据中得出结论的科学。

2. 答：描述统计学研究如何取得反映客观现象的数据，并通过图表形式对所搜集到的数据进行加工、整理和显示，进而通过综合、概括与分析得出反映事物的数量特征和数量关系的统计方法。

3. 答：推断统计学是研究如何利用样本数据来推断总体特征的统计方法。它是在对搜集的样本数据进行描述的基础上，对统计总体的未知数量特征作出以概率形式表述的推断。

（五）论述题

答：描述统计学研究如何取得反映客观现象的数据，并通过图表形式对所搜集到的数据进行加工、整理和显示，进而通过综合、概括与分析得出反映事物的数量特征和数量关系的统计方法。推断统计学是研究如何利用样本数据来推断总体特征的统计方法。它是在对搜集的样本数据进行描述的基础上，对统计总体的未知数量特征作出以概率形式表述的推断。

描述统计学与推断统计学的划分，反映了数据分析的不同层次。如果我们所处理的数据是一个总体的数据，则可以通过描述统计学认识该总体的数量规律性；而如果我们所处理的数据只是总体的一部分，那么就必须通过推断统计学对总体的数量规律性进行科学的推断。

描述统计学与推断统计学都是统计学的重要组成部分。其中描述统计学是统计学的基础；推断统计学是统计学的主干。随着数据量的不断增多和统计任务的不断复杂化，推断统计学在统计学中的地位和作用日益增强。

第二章　数据的搜集

一、练习题

（一）单项选择题（下列每小题的备选答案中，只有一个符合题意的正确答案，请将正确答案的代码填写在括号内。）

1. 对定序数据进行分析的统计量包括（　　）。
   A. 频数和频率　B. 累计频数　C. 累计频率　D. 以上都是
2. 为解决特定问题而专门搜集的数据资料称为（　　）。
   A. 原始数据　B. 二手数据　C. 定量数据　D. 定性数据
3. 如果需要展示可视资料，则不宜采用哪种调查方式（　　）。
   A. 入户访谈　B. 拦截式访谈　C. 电话访谈　D. 网络调查
4. 下面哪种调查方式可以避免访谈误差（　　）。
   A. 入户访谈　B. 拦截式访谈　C. 电话访谈　D. 邮件调查
5. 下列关于观察法的说法错误的是（　　）。
   A. 可以避免由于访谈和问卷设计等问题造成的误差
   B. 不会受到被观察者的回答意愿和回答能力等因素影响
   C. 不会受到调查人员素质和经验的影响
   D. 无法搜集到动机、态度、想法、情感等主观信息
6. 天气预报利用了数据的（　　）功能。
   A. 描述　B. 评价　C. 预测　D. 分析
7. 商品价格属于（　　）。
   A. 定类数据　B. 定序数据　C. 定距数据　D. 定比数据
8. 如果要搜集比较详细的信息，应该采用哪种调查方式（　　）。
   A. 入户访谈　B. 电话访谈　C. 邮件调查　D. 网络调查
9. 如果要搜集反映态度、想法、动机、意向等主观特征的数据，应该采用（　　）。
   A. 开放式问题　B. 封闭式问题　C. 量表式问题　D. 半封闭式问题
10. 在安排调查问卷中问题的顺序时，应该（　　）。
   A. 将人口统计方面的问题放在开头
   B. 首先通过过滤性问题筛选出符合要求的调查对象
   C. 需要思考的问题放在最后
   D. 先问态度和意向方面的问题，后问事实性问题

（二）多项选择题（下列每小题的备选答案中，有两个或两个以上符合题意的正确答案，请将正确答案的代码填写在括号内。）

1. 二手数据的主要作用是（　　）。

A. 有助于明确调查目标
B. 为数据搜集方法的选择提供参考
C. 为调查方案的设计提供参考
D. 提醒调查者可能出现的问题

2. 以下哪些方法适于调查敏感问题（ ）。
A. 入户访谈 B. 电话调查 C. 邮件调查 D. 网络调查

3. 询问法主要包括（ ）。
A. 个人访谈 B. 电话访谈 C. 邮件调查 D. 网络调查

4. 消费痕迹观察法属于（ ）。
A. 人员观察 B. 机器观察 C. 间接观察 D. 直接观察

5. 为了证明变量 A 和变量 B 之间存在因果关系，必须满足（ ）。
A. A 与 B 存在相关关系
B. A 与 B 同时发生
C. A 与 B 存在适当的时间顺序
D. 除了 A 之外，不存在其他可能引起 B 的原因

6. 一份完整的调查问卷通常由（ ）组成。
A. 开头部分 B. 甄别部分 C. 主体部分 D. 背景部分

7. 调查问卷中的问题通常包括（ ）。
A. 开放式问题 B. 封闭式问题 C. 结构式问题 D. 量表式问题

8. 问卷的措辞设计应该遵循以下原则（ ）。
A. 用词准确
B. 不带主观倾向和暗示
C. 考虑回答者的能力
D. 敏感性问题要注意提问技巧

9. 设计量表时需要考虑的因素主要包括（ ）。
A. 量表类型的选择
B. 平衡量表还是非平衡量表
C. 量级层次的个数
D. 量级层次是奇数还是偶数

10. 调查问卷的开头部分一般包括（ ）。
A. 问候语 B. 填表说明 C. 问卷编号 D. 过滤性问题

（三）判断题（正确的在括号内填“√”；错误的填“×”。）

1. 定序数据的不同类别间能进行比较和排序，且这种差异能够准确计量。（ ）
2. 定距数据之间的每一间隔是相等的。（ ）
3. 二手数据的时效性优于原始数据。（ ）
4. 网络调查可以避免样本代表性不足的缺点。（ ）
5. 入户访谈容易受到访员素质的影响。（ ）
6. 观察法会受到被观察者的回答意愿和回答能力等因素影响。（ ）
7. 问卷的措辞不应该带有主观倾向和暗示。（ ）
8. 在设计调查问卷时，应该首先以易于回答的问题引起调查对象的兴趣。（ ）
9. 量表可以用来搜集反映态度、想法、动机、意向等主观特征的数据。（ ）
10. 采用调查问卷可以避免由于问卷和访员造成的主观误差。（ ）

（四）名词解释题

1. 原始数据 2. 二手数据 3. 询问法 4. 观察法
5. 实验法 6. 调查问卷 7. 量表

(五) 简答题

1. 统计数据按照测量尺度的不同可分为哪几类？各有什么特点？
2. 询问法中各种调查方式分别具有哪些优点和缺点？
3. 观察法具有哪些优点和缺点？
4. 封闭式问题和开放式问题各自的适用条件是什么？
5. 设计调查问卷时，应该按怎样的顺序来编排问题？
6. 什么是量表？它主要用于测量调查对象的哪些特性？

(六) 案例分析题

某公司想要了解客户对某品牌手机售后服务的评价，拟进行相关调查，考虑以下问题：
(1) 要搜集的是原始数据还是二手数据？
(2) 采用哪种调查方法较为合适？
(3) 调查问卷主要包括哪几部分内容？
(4) 如何搜集客户的态度、想法、意向等主观数据？
(5) 尝试设计一份调查问卷。

二、参考答案

(一) 单项选择题

1. D	2. A	3. C	4. D	5. C
6. C	7. D	8. A	9. C	10. B

(二) 多项选择题

1. ABCD	2. BCD	3. ABCD	4. AC	5. ACD
6. ABCD	7. ABD	8. ABCD	9. ABCD	10. ABC

(三) 判断题

1. ×	2. √	3. ×	4. ×	5. √
6. ×	7. √	8. ×	9. √	10. √

(四) 名词解释题

1. 答：原始数据是为了解决特定问题而专门搜集的数据资料。

2. 答：二手数据是已经搜集到的、不一定与当前问题相关的数据资料。

3. 答：询问法是通过与代表性样本进行交流来搜集相关信息数据的搜集方法，常用的方式有个人访谈、电话访谈、邮件调查、网络调查等。

4. 答：观察法是不与调查对象直接交流，而是以旁观者的身份对具体事件、人物、行为模式等的特征和演变过程进行记录的数据搜集方法。

5. 答：实验法是通过实验来研究变量之间因果关系的一种方法，也称为因果调研。

6. 答：调查问卷是搜集原始数据的一种常用工具，它由一系列问题构成，用于向被调查者了解具体事实和对某一问题的看法。

7. 答：量表是以数字或其他符号代表客体的某一特征，从而对所考察客体的不同特征以多个数字来代表的测量工具。

（五）简答题

1. 答：数据按照测量尺度的不同可分为四类：定类数据、定序数据、定距数据和定比数据。定类数据的特征包括：定类数据只是对事物类别的区分，各类别之间是平等的并列关系；对事物的分类必须遵循穷尽和互斥的原则；对定类数据进行分析的统计量主要是频数或频率。定序数据的主要特点是：定序数据的不同类别间存在顺序性差异，因此能进行比较和排序，但这种差异无法准确计量；对定序数据进行分析的统计量，除了频数和频率之外还有累计频数和累计频率。定距数据的主要特点是：能精确地计量出两个数字之间的差距；没有绝对零点。定比数据的主要特点是：可以计算两个数值的比率；具有绝对零点。

2. 答：各种调查方式的优点和缺点如下表所示。

调查方法	优 点	缺 点
入户访谈	被访者安全且放松；可以展示相关资料，可以解释和追问	存在抽样误差和访员误差；对访员素质要求高；成本高
拦截式访谈	可以展示相关资料，可以解释和追问；样本寻找较为容易	存在抽样误差和访员误差；被访者通常比较匆忙，容易分心
电话访谈	费用较低；样本抽取较容易	时间不宜过长，调查内容不宜太复杂；受电话普及率的影响
邮件调查	覆盖面广；被访者可以从容作答；适于调查敏感问题	时效性差、回答率低
网络调查	费用低、速度快、可视效果好	样本的代表性不够

3. 答：观察法的优点主要包括：（1）能够迅速、准确地收集到相关数据，避免由于访员和问卷设计等问题造成的误差；（2）不会受到被观察者的回答意愿和回答能力等因素影响；（3）观察法可以作为询问法的一种辅助手段。

观察法的缺点主要包括：（1）只有行为和自然物理特征才能被观察到，而动机、态度、想法、情感这些主观的信息无法被观察到，非公开的行为也无法被观察到；（2）被观察的行为必须是重复的、频繁的、相对短期或可预测的，否则，观察的成本将会非常高；（3）调查人员需要根据观察记录进行判断和推测，他们的素质和经验会直接影响分析结果。

4. 答：封闭式问题的突出优点是便于回答，被访者只需要在给定的答案中进行选择，调查人员不需要过多地解释和追问，从而避免了调查人员造成的误差，答案的编码与数据录入也非常简单。缺点是可能无法把所有可能的答案都包括进来。

采用开放式问题，回答者完全按照自己的思路来回答，不受既定答案的限制，因此能够提供大量的信息，尤其是在一些探索性调研中，往往会有意外的发现。开放式问题的缺点是回答难度较大。由于没有提供现成的答案，回答者需要有一个思考的过程，与封闭式问题相比，开放式问题更容易遭到拒绝，作答时间也会明显增加。还有开放式问题答案的编码、录入、整理比较困难。

5. 答：问题的排列应该有一定的逻辑顺序，符合正常的思维程序，一般应先易后难、先简后繁、先具体后抽象、先问事实性问题后问态度和意向方面的问题，最后问原因方面的问题。具体地说应该按照如下顺序来编排：(1) 采用过滤性问题筛选出合格调查对象；(2) 以易于回答的问题引起调查对象的兴趣；(3) 需要思考的问题放在中间；(4) 敏感性问题和人口统计方面的问题放在最后。

6. 答：量表是以数字或其他符号代表客体的某一特征，从而对所考察客体的不同特征以多个数字来代表的测量工具。量表主要用来测量调查对象的主观特性，如顾客对品牌的认知程度、忠诚度、购买意向、满意程度等。

(六) 案例分析题

答案要点如下：

(1) 要搜集的是原始数据。

(2) 为了获取详细信息，宜采用询问法中的个人访谈法。

(3) 调查问卷主要包括开头部分、甄别部分、主体部分、背景部分四部分内容。

(4) 通过量表式问题，可以搜集到客户的态度、想法、意向等主观数据。

(5) 问卷设计中应该注意的问题：应包括过滤性问题，将未使用该品牌手机的人筛除；通过量表式问题，从多方面对售后服务进行评价；应有一定的开放式问题；问卷最后为用户的基本资料；问卷长度适中，措辞简明。

第三章　数据的整理和显示

一、练习题

（一）单项选择题（下列每小题的备选答案中，只有一个符合题意的正确答案，请将正确答案的代码填写在括号内。）

1. 可以用来显示定性数据的统计图是（　　）。
A. 茎叶图　B. 直方图　C. 条形图　D. 散点图
2. 使用组中值代表该组数列的假设前提条件是（　　）。
A. 组中值是平均数　B. 组中值是中间值
C. 组内数值均匀变化　D. 组中值最有代表性
3. 对于连续性变量（　　）。
A. 必须采用组距式分组　B. 必须采用单项式分组
C. 可以采用组距式或单项式分组　D. 以上都不对
4. 以下哪个是统计表（　　）。
A. 列车时刻表　B. 对数表　C. 年终考评表　D. 某商品销售情况表
5. 如果分组标志是连续型变量，则相邻组的组限（　　）。
A. 不能重合　B. 必须重合　C. 不一定重合　D. 以上都不对
6. 对于给定的总体，组距与组数（　　）。
A. 成正比关系　B. 成反比关系　C. 没有确定的关系　D. 都取决于全距
7. 箱线图中，箱子中间的数为（　　）。
A. 最大值　B. 中位数　C. 上四分位数　D. 下四分位数
8. 要表示两个变量之间的关系，可以采用（　　）。
A. 雷达图　B. 茎叶图　C. 散点图　D. 环形图
9. 要对总体的内部结构进行分析，可以绘制（　　）。
A. 条形图　B. 箱线图　C. 饼图　D. 直方图
10. 人口自然死亡率按年龄的分布是（　　）。
A. 正态分布　B. 左偏分布　C. 右偏分布　D. U 型分布

（二）多项选择题（下列每小题的备选答案中，有两个或两个以上符合题意的正确答案，请将正确答案的代码填写在括号内。）

1. 统计分组的主要步骤是（　　）。
A. 选择分组标志　B. 确定分组数目　C. 选择分组体系　D. 计算标志总量
2. 显示定性数据可以采用的统计图有（　　）。
A. 条形图　B. 直方图　C. 饼图　D. 散点图

3. 显示定量数据可以采用的统计图有（　　）。

A. 条形图　　B. 直方图　　C. 饼图　　D. 散点图

4. 对于定序数据，可以计算（　　）。

A. 频数　　B. 频率　　C. 累计频数　　D. 累计频率

5. 统计表主要由（　　）构成。

A. 总标题　　B. 行标题　　C. 列标题　　D. 指标数值

6. 组距式分组的要素是（　　）。

A. 组数　　B. 组限　　C. 组距　　D. 组中值

7. 下列属于钟型分布的是（　　）。

A　　B　　C　　D

8. 关于组距式分组，下列说法正确的是（　　）。

A. 对于给定的总体，组距与组数一般成正比关系

B. 如果分组标志是连续型变量，则相邻组的组限必须重合

C. 组距式分组要遵循“不重不漏”的原则

D. 如果各组数据在组内呈均匀分布，用组中值来代表一组数据的平均水平比较合适

（三）判断题（正确的在括号内填“√”；错误的填“×”。）

1. 定量数据的整理方法同样适用于定性数据。（　　）
2. 定性数据的整理方法同样适用于定量数据。（　　）
3. 统计分组的关键问题是确定组距和组数。（　　）
4. 确定组数时，应保证各组都有足够的单位数并能够充分体现总体的分布特征。（　　）
5. 不能把品质标志和数量标志结合起来进行分组。（　　）
6. 在同一个变量数列中，组距的大小与组数的多少成反比。（　　）
7. 组距式分组只适合连续变量。（　　）
8. 社会经济现象中，大多数统计总体的次数分布都服从正态分布。（　　）
9. 箱线图由一组数据的最大值、最小值、中位数、两个四分位数绘制而成。（　　）
10. 茎叶图中每条茎代表一个原始数据，每片叶表示一个组别。（　　）

（四）名词解释题

1. 频数　　2. 频率　　3. 组限　　4. 组距　　5. 组中值

（五）简答题

1. 什么是统计分组？它有哪些作用？
2. 组距式分组应遵循什么原则？
3. 单项式分组和组距式分组分别在什么情况下运用？

4. 组距和组数的关系如何?
5. 钟型分布具有怎样的特点?
6. 统计表的设计原则有哪些?
7. 统计图的绘制原则有哪些?

(六) 计算题

1. 某班40名学生统计学考试成绩分别为:

68	89	88	84	86	87	75	73	72	68
75	82	97	58	81	54	79	76	95	76
71	60	90	65	76	72	76	85	89	92
64	57	83	81	78	77	72	61	70	81

学校规定:60分以下为不及格,60~70分为及格,70~80分为中,80~90分为良,90~100分为优。

要求:(1) 将该班学生分为不及格、及格、中、良、优五组,编制一张次数分配表。(2) 指出分组标志及类型;分组方法的类型;分析学生考试成绩的分布情况。

2. 某单位40名职工业务考核成绩分别为:

68	89	88	84	86	87	75	73	72	68
75	82	97	58	81	54	79	76	95	76
71	60	90	65	76	72	76	85	89	92
64	57	83	81	78	77	72	61	70	81

单位规定:60分以下为不及格,60~70分为及格,70~80分为中,80~90分为良,90~100分为优。

要求:(1) 将参加考试的职工按考核成绩分为不及格、及格、中、良、优五组并编制一张考核成绩次数分配表。(2) 指出分组标志及类型与采用的分组方法。(3) 根据考核成绩次数分配表计算本单位职工业务考核平均成绩。(4) 分析本单位职工业务考核成绩的分布情况。

二、参考答案

(一) 单项选择题

1. C　2. C　3. A　4. D　5. B
6. B　7. B　8. C　9. C　10. D

(二) 多项选择题

1. ABC　2. AC　3. ABCD　4. ABCD　5. ABCD
6. ABCD　7. ABC　8. BCD

(三) 判断题

1. ×　2. √　3. ×　4. √　5. ×
6. √　7. ×　8. √　9. √　10. ×

（四）名词解释题

1. 答：频数也称次数，是指将总体划分为若干个类别后，各类别所包含的数据个数。

2. 答：频率也称比重，是指各类中的数据个数占全部数据总数的比例，通常以百分数来表示。

3. 答：组距式分组中，每一组的最大值和最小值称为组限，其中最大值称为上限，最小值称为下限。

4. 答：组距式分组中，各组上限与下限之间的距离称为组距。

5. 答：组距式分组中，每组上、下限之间的中点数值称为组中值，它反映了各组标志值的一般水平。

（五）简答题

1. 答：统计分组是根据事物内在的特点和统计研究的任务需要，对所研究的社会经济现象，按照一定的标志划分为若干组的一种统计方法。

统计分组主要有三个方面的作用：（1）区分社会经济现象的类型；（2）研究现象的内部结构；（3）分析现象之间的依存关系。

2. 答：组距式分组要遵循“不重不漏”的原则，“不重”是指一项数据只能分在其中的某一组，不能在其他组中重复出现；“不漏”是指每项数据都能分在其中的某一组，不会被遗漏掉。

3. 答：当变量为离散变量，且变量值不多、变量值的变动范围不大的情况下，一般采用单项式分组。当离散型变量值较多、变量值变动范围比较大时，以及变量为连续型变量时，都应该采用组距式分组。

4. 答：对于给定的总体，组距与组数一般成反比关系，组数越多，组距就越小；反之，组数越少，组距就越大。

5. 答：钟型分布的特征是“两头小、中间大”，即靠近中间的变量值分布的次数多，靠近两边的变量值分布的次数少，其分布曲线的形状宛如古钟。

6. 答：统计表的设计应符合科学、实用、简明、美观的总体原则，具体地说应注意以下几点：（1）总标题、行标题、列标题应简明、准确地概括出表的内容，如数据的含义和时期；（2）统计表一般是开口式，即左右两边不封口；表的上下两条横线一般用粗线；纵栏之间应用直线分开，横行之间可不画线，但合计行与分行之间应用直线分开；（3）表中数字部分一般不留空白，数字为零时要填上“0”，无数字时填上“—”，相同的数字应分别填写，不得以“同上”等字样代替；（4）必须注明数据的计量单位，如果表中所有数据的计量单位相同，可在表的右上角标出；如果各指标的计量单位不同，应在每个指标后标明；（5）如果统计表的栏次较多，可对各栏进行编号，为了说明各栏之间的关系，还可以用加、减、乘、除等数学运算符标出各栏之间的数字关系。

7. 答：绘制统计图应该遵循的基本原则：（1）客观真实地表述数据，形式简明，突出所要传达的信息，没有不必要的标签、背景、网格线等；（2）图必须有标题和必要的说明，明确图形的含义、计量单位、坐标轴代表的变量、资料来源，等等；（3）二维图中每个轴都应该包含刻度，如果显示的数值是非负的，纵轴的刻度应该从零开始。

（六）计算题

1. 解：（1）学生成绩次数分布表如下：

成　绩（分）	学生人数（人）	频率（%）
60 以下	3	7.5
60～70	6	15
70～80	15	37.5
80～90	12	30
90～100	4	10
合　计	40	100

（2）分组标志为“成绩”，其类型为“数量标志”；分组方法为组距式分组，而且是开口式分组；本班学生的考试成绩的分布呈“两头小，中间大”的正态分布的形态。

2. 解：（1）次数分配表如下：

考试成绩（分）	人数（人）	比率（%）
60 以下	3	7.5
60～70	6	15
70～80	15	37.5
80～90	12	30
90～100	4	10
合　计	40	100

（2）考试成绩为连续变量，需采用组距式分组，同时考试成绩变动较均匀，故可以采用等距式分组。

（3）$\bar{x}=\frac{\sum xf}{\sum f}=(55\times3+65\times6+75\times15+85\times12+95\times4)/40=77$（分）

（4）分组标志为考试成绩，属于数量标志，分组方式为组距式分组，两端为开口组，考试成绩近似正态分布。

第四章　数据分布特征的描述

一、练习题

（一）单项选择题（下列每小题的备选答案中，只有一个符合题意的正确答案，请将正确答案的代码填写在括号内。）

1. 当各变量值大小不等时，算术平均数、调和平均数、几何平均数的大小关系是（　　）。
   A. 算术平均数最大　　B. 调和平均数最大　　C. 几何平均数最大　　D. 不一定
2. 总体各单位中标志值的最大值和最小值的差为（　　）。
   A. 组距　　B. 组中值　　C. 极差　　D. 平均值
3. 适宜在不同水平的同类指标现象，特别是不同类现象中进行直接对比的指标是（　　）。
   A. 平均差　　B. 标准差　　C. 方差　　D. 变异系数
4. 根据同一资料计算的数值平均数通常是各不相同的，三者之间的关系是（　　）。
   A. 算术平均数≥几何平均数≥调和平均数
   B. 几何平均数≥调和平均数≥算术平均数
   C. 调和平均数≥算术平均数≥几何平均数
   D. 没有确定的关系
5. 总体中出现次数最多的标志值称为（　　）。
   A. 组中值　　B. 众数　　C. 中位数　　D. 平均数
6. 用总体中各单位某一数量标志值之和除以总体单位总数，得到（　　）。
   A. 算术平均数　　B. 调和平均数　　C. 几何平均数　　D. 中位数
7. 加权算术平均数不但受标志值大小的影响，也受各组次数多少的影响，因此（　　）。
   A. 当标志值比较小而次数较多时，对平均数没有影响
   B. 当标志值比较大而次数较少时，对平均数没有影响
   C. 当标志值出现的次数相等时，对平均数没有影响
   D. 当标志值较大而次数较多时，对平均数没有影响
8. 权数对算术平均数的影响作用，取决于（　　）。
   A. 权数本身数值的大小
   B. 标志值本身数值的大小
   C. 权数是否相同
   D. 作为权数的各组单位数占总体单位数的比重大小
9. 下列属于位置平均数的是（　　）。
   A. 算术平均数　　B. 调和平均数　　C. 几何平均数　　D. 中位数
10. 标准正态分布的峰度系数等于（　　）。
    A. 0　　B. 1　　C. 2　　D. 3

（二）多项选择题（下列每小题的备选答案中，有两个或两个以上符合题意的正确答案，请将正确答案的代码填写在括号内。）

1. 关于众数，下列说法正确的是（　　）。
   A. 众数是一种位置平均数
   B. 众数不受数列中的各单位标志值的影响
   C. 当数列中存在异常标志值时，众数能够较准确地代表总体的集中趋势
   D. 如果总体中没有明显的集中趋势，则众数不存在
2. 根据所掌握资料的表现形式不同，算术平均数可以分为（　　）。
   A. 简单算术平均数　　B. 调和平均数
   C. 几何平均数　　D. 加权算术平均数
3. 影响加权平均数大小的因素包括（　　）。
   A. 中位数　　B. 变量自身的水平　　C. 次数　　D. 众数
4. 关于算术平均值，以下正确的是（　　）。
   A. 简单算术平均值是加权算术平均值的特例
   B. 各标志值与算术平均值的离差之和等于0
   C. 各标志值与算术平均值的离差平方和最小
   D. 简单算术平均值是权数相等条件下的加权算术平均值
5. 总体各单位标志值倒数的算术平均数的倒数，这是（　　）。
   A. 简单算术平均数　　B. 调和平均数
   C. 几何平均数　　D. 倒数平均数
6. 以下关于调和平均数的使用正确的是（　　）。
   A. 调和平均数一般作为算术平均数的变形使用
   B. 已知分组数列的各组标志值和标志总量时，可以计算调和平均数
   C. 计算内容需服从于总体标志总量除以总体单位总量的要求
   D. 当各组单位数未知时，对原公式进行变形使用
7. 一般来说，变异系数指标越大，说明（　　）。
   A. 总体各单位离散的相对程度越大
   B. 总体平均数的代表性越差
   C. 总体各单位离散的相对程度越小
   D. 总体平均数的代表性越强
8. 下列说法中正确的是（　　）。
   A. 各个观察值与算术平均数的离差之和等于零
   B. 各个观察值与算术平均数的离差之和最小
   C. 各个观察值与算术平均数的离差平方之和最小
   D. 各个观察值与算术平均数的离差平方之和最大
9. 数列中存在极端数值的情况下，能较好地反映数据集中趋势的是（　　）。
   A. 算术平均数　　B. 众数　　C. 中位数　　D. 调和平均数
10. 反映数据离散趋势的统计量包括（　　）。
   A. 极差　　B. 平均差　　C. 标准差　　D. 离散系数

（三）判断题（正确的在括号内填“√”；错误的填“×”。）

1. 众数是总体中出现最多的次数。（ ）

2. 一数列，直接利用未分组资料计算算术平均数和先分组再计算算术平均数，二者的结果完全一致。（ ）

3. 两总体的标志平均值相等，则两总体标志变异程度相同。（ ）

4. 标志变异指标数值越大，说明总体中各单位标志值的变异程度越大，则平均指标的代表性越大。（ ）

5. 极差是以绝对数形式表现的标志变异指标。（ ）

6. 权数对算数平均数的影响取决于权数本身的大小。（ ）

7. 统计平均指标中的位置平均数指的是众数和中位数。（ ）

8. 总量指标和平均指标反映了现象总体的规模和一般水平，但掩盖了总体各单位的差异情况，因此通过这两个指标不能全面认识总体的特征。（ ）

9. 反映数据分布的偏斜方向和程度的统计量是偏度系数。（ ）

10. 定序数据的集中趋势可以用算术平均数来反映。（ ）

（四）名词解释题

1. 众数　2. 中位数　3. 算术平均数　4. 调和平均数
5. 几何平均数　6. 极差　7. 方差　8. 离散系数

（五）简答题

1. 标准差的大小受哪些因素影响？
2. 计算几何平均数的条件有哪些？
3. 加权算数平均数中的变量值和权数对平均数的大小各有什么影响？
4. 简述平均差和标准差的主要异同点。
5. 什么是变异系数？变异系数的应用条件是什么？

（六）计算题

1. 某生产车间工人日产量资料如下表所示：

日产量分组（件）	占总人数比重（%）
20～30	10
30～40	25
40～50	60
50～60	5

要求：（1）计算工人平均日产量。（2）计算工人日产量标准差。

2. 某车间有甲、乙两个生产组，甲组平均每个工人的日产量为36件，标准差为9.6件；乙组工人日产量资料如下：

日产量（件）	工人数（人）
15	15
25	38
35	34
45	13

要求：（1）计算乙组平均每个工人的日产量和标准差；（2）比较甲、乙两生产小组哪个组的日产量更有代表性。

3. 某厂甲、乙两个工人班组，每班组有 8 名工人，每个班组每个工人的月生产量记录如下：

甲班组：20、40、60、70、80、100、120、70

乙班组：67、68、69、70、71、72、73、70

要求：（1）计算甲、乙两组工人平均每人产量；（2）计算全距、平均差、标准差、标准差系数。

二、参考答案

（一）单项选择题

1. A　2. C　3. D　4. A　5. B
6. A　7. C　8. D　9. D　10. D

（二）多项选择题

1. ABCD　2. AD　3. BC　4. ABCD　5. BD
6. ABCD　7. AB　8. AC　9. BC　10. ABCD

（三）判断题

1. ×　2. ×　3. ×　4. ×　5. √
6. ×　7. √　8. √　9. √　10. ×

（四）名词解释题

1. 答：众数是一组数据中出现次数最多的变量值。

2. 答：中位数是将一组数据按顺序排列后，位于中间位置的变量值。

3. 答：算术平均数又称均值，是用一组数据中所有观察值之和除以观察值的个数得到。

4. 答：调和平均数又称倒数平均数，它的计算方法是先求各变量值倒数的算术平均数，将结果再取倒数。

5. 答：几何平均数是 n 个变量值乘积的 n 次方根。

6. 答：极差也称全距，是一组数据的最大值与最小值之差。

7. 答：方差是各变量值与平均数离差平方的平均数。

8. 答：离散系数也称为变异系数，它等于一组数据的标准差与其相应的平均数之比。

（五）简答题

1. 答：标准差的大小受两个因素影响：（1）各变量值之间差异的大小，差异大则标准差大，差异小则标准差小；（2）变量值水平的大小，水平大，标准差也大，水平小，标准差也小。

2. 答：计算几何平均数的条件包括：（1）变量值是相对数；（2）各变量值能够连乘；（3）变量值的乘积有明确含义。

3. 答：变量值大小对平均数起决定性作用，它的大小决定平均数的大小；权数大小对平均数起权衡轻重的作用，它的大小影响平均数的大小，使平均数趋向于权数大的变量值。

4. 答：共同点：二者都是反映变量值与平均数差异的指标，影响二者大小的因素相同。

不同点：（1）计算结果不同；（2）平均差受极端值影响小，反映变异较迟缓，标准差受极端值影响大，反映变异较灵敏；（3）平均差用绝对值符号保证正负离差不抵消，标准差用先平方再开方的方法保证正负离差不抵消。

5. 答：变异系数是以相对数形式表示的变异指标。变异系数的应用条件是：为了对比分析不同水平的变量数列之间标志值的变异程度，就必须消除数列水平高低的影响，这时就要计算变异系数。常用的是标准差系数 $V_\sigma = \frac{\sigma}{\bar{x}}$。

（六）计算题

1. 解：$\bar{x} = \sum x \cdot \frac{f}{\sum f} = 41$（件）

$$\sigma = \sqrt{\sum (x-\bar{x})^2 \cdot \frac{f}{\sum f}} = 7.35\text{（件）}$$

即平均每人日产量41件，日产量标准差为7.35件。

2. 解：（1）乙小组的平均日产量 $\bar{x} = \frac{\sum xf}{\sum f} = 2950/100 = 29.5$（件/人）

乙小组的标准差 $\sigma = \sqrt{\sum (x-\bar{x})^2 f / \sum f} = 8.98$（件/人）

乙小组 $V_\sigma = \sigma/\bar{x} = 9.13/28.7 = 30.46\%$　甲小组 $V_\sigma = \sigma/\bar{x} = 9.6/36 = 26.67\%$

（2）标准差系数较小的甲小组工人的平均日产量更具有代表性。

3. 解：甲班组：平均每人产量 $\bar{x} = \frac{\sum x}{n} = 70$（件）；

全距 $R = x_{max} - x_{min} = 120 - 20 = 100$（件）；平均差 $MAD = \frac{\sum |x-\bar{x}|}{n} = \frac{|180|}{8} = 22.5$（件）；

标准差　$\sigma = \sqrt{\frac{\sum (x-\bar{x})^2}{n}} = \sqrt{\frac{7000}{8}} = 29.6$（件）；标准差系数 $V_\sigma = \frac{\sigma}{\bar{x}} = \frac{29.6}{70} = 42.29\%$

乙班组：平均每人产量 $\bar{x} = \frac{\sum x}{n} = 70$（件）

全距 $R = x_{\max} - x_{\min} = 73 - 67 = 6$(件)；平均差 $MAD = \frac{\sum |x - \bar{x}|}{n} = \frac{|12|}{8} = 1.5$(件)；

标准差 $\sigma = \sqrt{\frac{\sum (x - \bar{x})^2}{n}} = \sqrt{\frac{28}{8}} = 3.5$(件)；标准差系数 $V_\sigma = \frac{\sigma}{\bar{x}} = \frac{3.5}{70} = 5.00\%$

第五章　抽样调查与参数估计

一、练习题

（一）单项选择题（下列每小题的备选答案中，只有一个符合题意的正确答案，请将正确答案的代码填写在括号内。）

1. 抽样调查是按照（　　）抽取部分单位进行调查。
   A. 随机原则　B. 样本的重要性　C. 典型单位　D. 以上都不对
2. 对水库中鱼的存量，往往采用（　　）获得数据。
   A. 重点调查　B. 抽样调查　C. 典型调查　D. 全面调查
3. 某城市居民家计调查中的所有居民家庭属于（　　）。
   A. 总体　B. 个体　C. 样本　D. 样本单位
4. 从某城市所有居民家庭中抽取出500户居民家庭，构成（　　）。
   A. 总体　B. 个体　C. 样本　D. 样本单位
5. 从某城市抽取500户居民家庭得到的人均月收入、人均生活费支出属于（　　）。
   A. 总体指标　B. 样本个数　C. 样本指标　D. 样本单位
6. 某公司全体职工的每周平均加班工资为110元，而抽样调查得到的职工每周平均加班工资为100元，抽样误差为（　　）。
   A. 10元　B. 100元　C. 110元　D. 5元
7. 在抽样工作中经常产生误差，有的误差是由于在调查工作过程中观察、测量、登记、汇总、计算上的差错所引起的误差，这类误差我们称为（　　）。
   A. 工作误差　B. 系统误差　C. 偏差　D. 样本误差
8. 从总体中随机抽取一个单位后，记录其标志值后，把它放回总体中继续参加下一轮样本单位的抽取，这种抽样方法称为（　　）。
   A. 回置抽样　B. 不回置抽样　C. 重点调查　D. 非全面调查
9. 总体指标也称为总体参数，是根据总体各个单位的标志值计算的统计指标，总体指标具有（　　）。
   A. 唯一性　B. 随机性
   C. 随样本单位变化　D. 以上都不对
10. 如果某个总体参数估计量的期望值等于参数真值，那么这个估计量具有（　　）。
   A. 无偏性　B. 一致性　C. 相对有效性　D. 以上都不对

（二）多项选择题（下列每小题的备选答案中，有两个或两个以上符合题意的正确答案，请将正确答案的代码填写在括号内。）

1. 抽样调查同其他统计调查方法相比，其特点为（　　）。

A. 属于非全面调查
B. 其目的是推断总体的数量特征
C. 属于全面调查
D. 会产生抽样误差

2. 抽样调查的一般步骤包括（　　）。

A. 确定调查目的与要求
B. 设计抽样方案
C. 抽取样本
D. 样本调查
E. 数据整理
F. 分析数据结果、撰写调查报告

3. 从抽样方法来看，抽样可以分为（　　）。

A. 重复抽样　B. 不重复抽样　C. 分层抽样　D. 样本调查

4. 影响抽样误差的因素有（　　）。

A. 总体各单位标志值的差异程度
B. 样本容量的大小
C. 抽样方法不同
D. 抽样组织方式不同

5. 参数估计就是根据样本统计量确定总体参数，一般来说，参数估计方法有（　　）。

A. 点估计　B. 区间估计　C. 最大似然估计　D. 矩估计

6. 对于给定的样本，我们可以得到各种各样的点估计，为了在不同的点估计之间进行比较，就必须对各种点估计的好坏给出评价，其标准包括（　　）。

A. 估计量的无偏性
B. 估计量的一致性
C. 估计量的相对有效性
D. 样本容量的大小

7. 抽取样本的方法有（　　）。

A. 简单随机抽样　B. 等距抽样　C. 分层抽样　D. 集团抽样

8. 抽样方案包括（　　）。

A. 抽取样本的方法
B. 样本容量的大小
C. 编制抽样框
D. 样本抽取

9. 调查的方式包括（　　）。

A. 邮寄调查表　B. 网上调查　C. 上门访问　D. 样本调查

10. 通过将总体各个单位按照某种标志加以分类，然后再从各层中按随机原则抽取一定数量的单位组成一个样本，这种抽样方式称为（　　）。

A. 分层随机抽样　B. 分类抽样　C. 类型抽样　D. 集团抽样

（三）判断题（正确的在括号内填“√”；错误的填“×”。）

1. 抽样调查是按照随机原则从总体中抽取部分单位组成样本进行观察，并以这部分单位的观察结果推断总体数量特征的一种统计分析方法。（　　）

2. 重复抽样和不重复抽样这两种抽样方法，对抽样误差没有影响。（　　）

3. 在同样的条件下，重复抽样所要求的样本容量小一些，不重复抽样的样本容量大一些。（　　）

4. 非抽样误差的大小与样本容量大小之间没有关系。（　　）

5. 简单随机抽样往往适用于总体规模较小，抽样框完备的调查。（　　）

6. 统计调查中的重点调查和典型调查属于非全面调查。（　　）

7. 样本指标是随机变量，它只与给定的样本有关。（　　）

8. 样本调查包括调查问卷设计、调查员的培训和调查内容的搜集。（　　）

9. 在选取样本时，如果总体中每个单位或个体有同样的概率被抽中，这种抽样方式称为简单

随机抽样。 ( )

10. 等距抽样不是严格意义上的随机抽样，只有初始单位是随机确定的，其他单位由初始单位和间隔决定，这样，若第一个样本单位抽取不当，将影响抽样结果的代表性。 ( )

（四）名词解释题

1. 抽样调查　2. 总体　3. 样本
4. 重复抽样　5. 不重复抽样　6. 总体指标
7. 样本指标　8. 简单随机抽样　9. 分层抽样
10. 等距抽样　11. 集团抽样　12. 抽样误差
13. 点估计　14. 区间估计

（五）简答题

1. 抽样调查有何特点和作用？
2. 一项完整的抽样调查包括哪些方面？
3. 影响抽样误差的因素有哪些？
4. 评价估计量好坏的标准是什么？

（六）计算题

1. 某大学对学生身高进行调查，从该校 10000 名学生中，随机抽取 5% 的学生进行调查，测得学生的平均身高为 172.05cm，样本方差 60.5，求所抽取到的学生平均身高的抽样标准误。

2. 某市对居民工资水平进行抽样调查，随机抽出 324 户家庭，得到平均工资水平为 2420 元，样本标准差为 205 元，那么根据这次抽样调查的结果，该市居民平均工资水平为多少？取 $\alpha = 5\%$，其范围如何？

二、参考答案

（一）单项选择题

1. A　2. B　3. A　4. C　5. C
6. A　7. A　8. A　9. A　10. A

（二）多项选择题

1. AB CD　2. ABCDEF　3. AB　4. ABCD　5. AB
6. ABC　7. ABCD　8. AB　9. ABC　10. ABC

（三）判断题

1. √　2. ×　3. ×　4. √　5. √
6. √　7. √　8. √　9. √　10. √

（四）名词解释题

1. 答：抽样调查是按照随机原则从总体中抽取部分单位组成样本进行观察，并以这部分单位的观察结果推断总体数量特征的一种统计分析方法。

2. 答：总体是调查对象所包括的所有单位，是我们所要研究事物的全体。

3. 答：样本是按照随机原则从总体中抽取出来的单位所构成的集合。

4. 答：重复抽样也称回置抽样，是指从总体中随机抽取一个单位后，记录其标志值后，把它放回总体中继续参加下一轮样本单位的抽取。

5. 答：不重复抽样也称不回置抽样，是指从总体中随机抽取一个单位后，登记后不放回，而从剩下的总体单位中抽取下一个样本单位。

6. 答：总体指标也称为总体参数，是根据总体各个单位的标志值计算的统计指标，是进行统计推断的对象，因为总体是确定的、唯一的，所以总体指标也是确定的、唯一的。

7. 答：样本指标就是根据样本各个单位的标志值计算的指标。

8. 答：简单随机抽样也称为纯随机抽样，就是在选取样本时，总体中每个单位或个体有同样的概率被抽中。

9. 答：分层随机抽样也称分类抽样或类型抽样，是通过将总体各个单位按照某种标志加以分类，然后再从各层中按随机原则抽取一定数量的单位组成一个样本。

10. 答：等距抽样也称机械抽样或系统抽样，是对各单位按照某一标志进行排队，在抽样框中随机抽取一个单位作为起始单位，然后按相等间隔抽取样本单位组成样本。

11. 答：集团抽样也称整群抽样，它是将总体单位按照某种标准划分为一些集团，首先抽取一些集团（凡未被抽中的集团，其中的个体皆不进入样本），然后在每一个抽出的集团中按照某种方式抽出一些个体，组成样本。

12. 答：抽样误差是指具体的样本数值和总体指标之间的差异。

13. 答：点估计就是根据样本计算得到用于估计总体参数的统计量。

14. 答：区间估计就是根据样本数据构造一个区间，该区间以一定的概率包含总体参数。

（五）简答题

1. 答：抽样调查同其他统计调查方法相比，具有以下特点：

第一，抽样调查属于非全面调查。统计调查中有全面调查和非全面调查，全面调查要调查总体中每个单位，一个也不遗漏，而抽样调查只是调查总体中的部分单位。

第二，抽样调查是按照随机原则抽取部分单位进行调查。统计调查中的重点调查和典型调查也属于非全面调查，但是在选择调查单位时，都不是按照随机原则进行的，重点调查是对总体客观上存在着的重点单位进行的调查，典型调查则是有意识地选择部分单位进行调查，抽样调查是按照随机原则抽取单位进行调查。

第三，抽样调查的目的是推断总体的数量特征。重点调查的目的是为了掌握总体的基本情况，典型调查则是对具有典型意义或具有代表性的个别事物进行深入的调查研究。

第四，抽样调查会产生抽样误差，但是，这种误差可以事先估计，并可以控制在允许的范围之内。例如，对某高校5%学生的消费水平进行调查，得到人均月消费额是300元，利用该结果对全校学生的人均月消费水平进行推断，是会产生误差的，但是其误差不超过55元的概率保证程度不低于90%，如果认为这个估计的可靠程度能够满足要求，我们就可以用这5%学生的人均消费额代表某高校大学生人均消费水平。如果不能满足要求，则需要调整抽样方式或样本容量，来提高结论的可靠程度。

抽样调查是一种投入少、成效大、事半功倍的调查方法，这种调查方法在世界多数国家得到广泛的应用，抽样调查的作用主要体现在以下几个方面：

第一，有些不可能进行全面调查的总体，而又要了解全面情况的，只能采用抽样调查。例如，对于全国居民家庭生活消费情况的调查，如果对全国每个家庭进行逐一考察，其费用将达到惊人的数目。

第二，有些总体不具备考察总体所有单位的可行性。例如对水库里鱼的存量、森林地区的蓄材量等。

第三，有些试验是破坏性的，也只能采用抽样调查。例如在工业生产领域，对钢板、金属丝等类似产品需要保证最小的拉伸力，为确保产品达到最低标准要求，质检部门从产品中抽取样本，进行拉伸试验。显然，如果所有产品都进行拉伸力试验，那么所有的产品都已经破坏，只能使用抽样调查的方法。

第四，有些能够进行全面调查的总体，但没有必要进行全面调查，通过抽样调查这种非全面调查，既可以节省大量的人力、物力、时间，又可以达到调查的要求。特别是有些信息的时效性很强，也只能通过抽样调查才能为决策和实施及时提供支持。

第五，抽样调查结果还可以用于对全面调查质量的检验。例如，在人口普查后，往往用抽样调查来检验人口普查的质量。

2. 答：一项完整的抽样调查，从开始到结束包含若干个既互相独立又互相联系的工作阶段，一般来说，包括下面几个阶段：

（1）确定调查目的与要求。任何抽样调查都是在一定的目的下进行的，不同的研究目的和要求，决定着不同的调查内容和范围。因此，在进行抽样调查时，首先要明确调查目的和要求，在此基础上，进一步明确调查对象和调查单位，调查对象是解决在什么范围内进行调查，调查单位是确定由谁提供调查资料的问题；然后，要明确需要估计的总体指标和具体的精度要求，以便确定样本容量；最后，制订调查的具体实施计划，包括调查的时间、地点、进度安排、调查人员的培训和经费预算等。

（2）设计抽样方案。抽样方案就是指抽取样本的方法和样本容量的大小。抽取样本的方法有简单随机抽样、等距抽样、分层抽样和集团抽样等。样本容量的大小与总体差异程度、抽样方法和抽样调查的精度要求等方面有关。科学地设计抽样方案，可以取得事半功倍的效果。

（3）抽取样本。抽取样本包括编制抽样框和样本抽取。将总体中的所有单位划分为抽样单元，对抽样单元编上号码的工作就是编制抽样框，抽样单元应该互不重叠，并且能够合成总体。抽样框必须全面完整、并且及时更新、尽量减少偏差。抽样单元不一定是组成总体的最小单位，如家计调查中把户作为抽样单元。常见的抽样框如选民名单、电话号码簿、工资名单等。然后根据抽样方案利用随机数在抽样单元中抽取样本。

（4）样本调查。样本调查包括调查问卷设计、调查员的培训和调查内容的搜集。问卷设计又称调查表，是保证调查质量的关键环节，调查问卷应该根据调查目的和最终要形成的调查报告或汇总表的内容来设计，为了保证质量，可以对初步拟订的问卷先做试点调查，以便对问卷作进一步修改。在进行调查时调查员对于调查数据的质量起着关键性作用，为使他们明确调查目的和要求、准确理解调查问卷中的问题和掌握一定的调查技巧，必须对调查员进行事先培训。调查内容的搜集是指调查方式的选择，调查方式包括邮寄调查表、网上调查、上门访问等方式。

（5）数据整理。对于调查得到的数据，首先，进行检查，包括数据计算检查、资料逻辑检查；其次，根据事先拟订的要求进行输入、分类、汇总、计算和打印汇总表等。

（6）分析数据结果撰写调查报告。调查报告是整个调查工作的集中体现，人们往往通过调查报告对整个项目的完成状况进行评价，撰写调查报告涉及的方面。

3. 答：抽样误差的大小受以下几个方面因素的影响。

首先，总体各单位标志值的差异程度。在其他条件不变的情况下，总体差异程度越大，抽样误差越大，反之，抽样误差越小。

其次，样本容量的大小。在其他条件不变的情况下，样本容量越大，样本对总体的代表性就越强，抽样误差就越小，反之，抽样误差就越大。若样本容量等于总体单位数目，抽样调查就变成全面调查，抽样误差就不存在了。

再次，抽样方法不同。一般来说，抽样方法不同，抽样误差也不同。重复抽样的抽样误差往往比不重复抽样的抽样误差大。

最后，抽样组织方式不同。不同的组织方式，会有不同的抽样误差。

4. 答：如果一个估计量是一个好估计量，需要具有如下三个方面的性质。

首先，估计量的无偏性。一个总体参数的无偏估计是指其期望值等于参数真值的估计量。根据数理统计中的结果，样本均值是总体均值的无偏估计量。

其次，估计量的一致性。如果随着样本容量的增大，估计量和总体参数的差异变小，那么我们说这个无偏估计量具有一致性。

最后，估计量的相对有效性。如果一个参数有两个估计量，我们说方差较小的估计量是相对有效的。

（六）计算题

1. 解：根据已知条件，$N=10000$，$n=10000\times5\%=500$，$s^2=60.5$，$\bar{x}=172.05$。

按重复抽样计算：$\sigma_{\bar{x}}=\sqrt{s^2/n}=\sqrt{\dfrac{60.5}{500}}=\sqrt{0.121}=0.35$

按不重复抽样计算：$\sigma_{\bar{x}}=\sqrt{\dfrac{s^2}{n}\left(1-\dfrac{n}{N}\right)}=\sqrt{\dfrac{60.5}{500}\left(1-\dfrac{500}{10000}\right)}=\sqrt{0.115}=0.34$

2. 解：该市居民的平均收入为多少，我们只能根据样本均值进行估计，因为抽取样本的均值为2420元，所以，可以把2420作为该市居民平均收入的一个点估计。

该市居民平均收入的范围可以根据区间估计的方法进行计算。选定 $\alpha=5\%$，则 $z_{\frac{\alpha}{2}}=1.96$，因此，有

$$\bar{x}\pm z_{\frac{\alpha}{2}}\frac{S}{\sqrt{n}}=2420\pm1.96\times\frac{205}{\sqrt{324}}=2420\pm22.32$$

因此，区间（2397.68，2442.32）有95%的可能性包含该市居民平均收入。

第六章　假设检验和方差分析

一、练习题

（一）单项选择题（下列每小题的备选答案中，只有一个符合题意的正确答案，请将正确答案的代码填写在括号内。）

1. 在假设检验中，我们都提出原假设 H_0，与原假设对立的假设称为（　　）。
   A. 备择假设　　B. 单边检验　　C. 双边检验　　D. 以上都不对
2. 在假设检验中，我们把应该接受的原假设拒绝接受，这种错误称为（　　）。
   A. 第Ⅱ类错误　　B. 第Ⅰ类错误　　C. 取伪错误　　D. 以上都不对
3. 在假设检验中，我们把应该拒绝的原假设接受，这种错误称为（　　）。
   A. 第Ⅰ类错误　　B. 第Ⅱ类错误　　C. 弃真错误　　D. 以上都不对
4. 下列属于双边备择假设的是（　　）。
   A. $H_1: \mu > 500$　　B. $H_1: \mu < 500$　　C. $H_1: \mu \neq 500$　　D. 以上都不对
5. 当样本容量一定时，犯第Ⅰ类错误的概率和犯第Ⅱ类错误的概率都很小的是（　　）。
   A. 能够实现　　B. 不能实现
   C. 根据具体问题而定　　D. 以上都不对
6. 犯第Ⅰ类错误的概率和显著性水平（　　）。
   A. 相同　　B. 不同
   C. 有时相同有时不同　　D. 以上都不对
7. 在假设检验中，根据样本数值，计算出检验统计量的值，如果比临界值大，应该（　　）。
   A. 拒绝原假设　　B. 接受原假设　　C. 原假设为真　　D. 原假设为假
8. 在假设检验中，根据样本数值，计算出检验统计量的值，如果比临界值小，应该（　　）。
   A. 拒绝原假设　　B. 接受原假设　　C. 原假设为真　　D. 原假设为假
9. 当原假设为真时，拒绝原假设的概率为（　　）。
   A. 显著性水平　　B. 犯第Ⅱ类错误的概率
   C. 取伪错误的概率　　D. 以上都不对
10. 在方差分析中，通常把需要考察的引起数据变动的主要原因称为因素或因子，把因素的不同状态称为水平或处理，如果在分析中只涉及一个因素，则称为（　　）。
   A. 单因素方差分析　　B. 双因素方差分析
   C. 多因素方差分析　　D. 以上都不对

（二）多项选择题（下列每小题的备选答案中，有两个或两个以上符合题意的正确答案，请将正确答案的代码填写在括号内。）

1. 原假设为 $H_0: \mu = 27000$，与 H_0 对立的备择假设 H_1 为（　　）。
   A. $H_1: \mu > 27000$　　B. $H_1: \mu < 27000$　　C. $H_1: \mu \neq 27000$　　D. $H_1: \mu = 35000$

2. 在假设检验中有可能犯的错误有（　　）。
A. 第Ⅰ类错误　B. 弃真错误　C. 第Ⅱ类错误　D. 取伪错误
3. 显著性水平就是（　　）。
A. 当原假设为真时，拒绝原假设的概率
B. 犯第Ⅰ类错误的概率
C. 犯第Ⅱ类错误的概率
D. 犯弃真错误的概率
4. 犯第Ⅰ类错误的概率 α 和犯第Ⅱ类错误的概率 β 之间有（　　）。
A. $\alpha+\beta=1$　B. $\alpha>\beta$　C. $\alpha<\beta$　D. 可能都变大
E. 可能都变小　F. 一个变大，另一个变小
5. 在假设检验时，通常使用的显著性水平有（　　）。
A. 0.05　B. 0.01　C. 0.1　D. 0.5
6. 假设检验一般包括（　　）。
A. 提出原假设 H_0 和备择假设 H_1　B. 确定显著性水平
C. 选择检验统计量　D. 建立决策规则　E. 进行判断
7. 显著性水平与检验拒绝域的关系为（　　）。
A. 显著性水平提高（α 变小），意味着拒绝域缩小
B. 显著性水平降低，意味着拒绝域扩大
C. 显著性水平提高，意味着拒绝域扩大
D. 显著性水平降低，意味着拒绝域缩小
E. 显著性水平提高或降低，对拒绝域没有影响
8. 方差分析包括（　　）。
A. 单因素方差分析　B. 双因素方差分析
C. 多因素方差分析　D. 回归分析
9. 方差分析的假设条件有（　　）。
A. 各总体是正态分布　B. 各总体有相同的方差
C. 样本相互独立　D. 只涉及一个因素
10. 方差分析的一般步骤包括（　　）。
A. 建立原假设和备择假设　B. 选择显著性水平
C. 选择检验统计量　D. 给出判别准则
E. 选择样本，计算结果，做出判断

（三）判断题（正确的在括号内填“√”；错误的填“×”。）

1. 假设检验是指对未知总体的某一数量特征（比如均值、方差）提出某种假设，然后根据所获得的样本数据，按照一定的程序，对该假设做出拒绝或接受的判断。（　　）
2. 在假设检验中，根据样本数值，计算出检验统计量的值，如果比临界值大，则接受原假设。（　　）
3. 在假设检验中，根据样本数值，计算出检验统计量的值，如果比临界值小，则接受原假设。（　　）
4. 在假设检验中，我们把应该接受的原假设拒绝接受，这种错误称为第Ⅰ类错误。（　　）
5. 犯第Ⅱ类错误的概率就是显著性水平。（　　）

6. 当样本容量一定时，同时使得 α，β 都很小是达不到的。当 α 变小时，β 就变大；反之，当 β 变小时，α 就变大。（　）

7. 方差分析是通过分析数据的方差来确定我们是否能够推断出总体均值存在差异。（　）

8. 在方差分析中，人们把需要考察的引起数据变动的主要原因称为因素或因子，把因素的不同状态称为水平或处理。如果在分析中只涉及一个因素，称为单因素方差分析。（　）

9. 在进行方差分析时要求各个总体有相同的方差。（　）

10. 在进行方差分析时要求各个样本相互独立。（　）

（四）名词解释题

1. 假设检验　2. 显著性水平　3. 第Ⅰ类错误
4. 第Ⅱ类错误　5. 方差分析　6. 单因素方差分析

（五）简答题

1. 简述假设检验的一般步骤？
2. 简述方差分析的假设条件包括哪些方面？
3. 简述方差分析的一般步骤？

（六）计算题

1. 某健身俱乐部承诺在一个为期6周的减肥训练中，至少可以使肥胖者平均减去8.5千克以上的体重。为了验证该承诺是否可信，调查人员从参加该训练的成员中随机抽取10人，得到他们训练前后的体重数据如下表所示。

训练效果调查表　单位：千克

编号	1	2	3	4	5	6	7	8	9	10
训练前	94.5	101	110	103.5	97	88.5	96.5	101	104	116.5
训练后	85	89.5	101.5	96	86	80.5	87	93.5	93	101
差	9.5	11.5	8.5	7.5	11	8	9.5	7.5	11	14.5

试在显著性水平0.05下，检验调查结果是否支持该俱乐部的承诺。

2. 在入户推销上有5种方法，某大公司想比较这5种方法有无显著的效果差异，设计了一项实验：从应聘的且无推销经验的人员中随机挑选一部分人，将他们随机地分为5个组，每一组用一种推销方法进行培训，培训相同时间后观察他们在一个月内的推销额，数据如下表所示。

推销数据表

组别	推销额/千元						
第一组	20.0	16.8	17.9	21.1	23.9	26.8	22.4
第二组	24.9	21.3	22.6	30.2	29.9	22.5	20.7

续表

第三组	16.0	20.1	17.3	20.9	22.0	26.8	20.8
第四组	17.5	18.2	20.2	17.7	19.1	18.4	16.5
第五组	25.2	26.2	26.9	29.3	30.4	29.7	28.2

假设数据满足方差分析的假定，对数据进行分析，在 $\alpha=0.05$ 下，这五种方法在平均月推销额上有无显著差异？

二、参考答案

（一）单项选择题

1. A　2. B　3. B　4. C　5. B
6. A　7. A　8. B　9. A　10. A

（二）多项选择题

1. AB C　2. ABCD　3. ABD　4. DEF　5. ABC
6. ABCDE　7. AB　8. ABC　9. ABC　10. ABCDE

（三）判断题

1. √　2. ×　3. √　4. √　5. ×
6. √　7. √　8. √　9. √　10. √

（四）名词解释题

1. 答：假设检验是指对未知总体的某一数量特征（比如均值、方差）提出某种假设，然后根据所获得的样本数据，按照一定的程序，对该假设做出拒绝或接受的判断。

2. 答：显著性水平就是当原假设为真时，拒绝原假设的概率。

3. 答：在假设检验中，我们把应该接受的原假设拒绝接受，这种错误称为第Ⅰ类错误。

4. 答：在假设检验中，如果原假设是错误的，但是却接受，这类错误称为第Ⅱ类错误。

5. 答：方差分析简称 ANOVA，是检验判断两个或多个总体均值间是否存在差异的一种方法，方差分析是通过分析数据的方差来确定我们是否能够推断出总体均值存在差异。

6. 答：在方差分析中，人们把需要考察的引起数据变动的主要原因称为因素或因子，把因素的不同状态称为水平或处理。如果在分析中只涉及一个因素，称为单因素方差分析。

（五）简答题

1. 答：假设检验的一般步骤如下：

第一步，提出原假设 H_0 和备择假设 H_1。与 H_0 对立的假设，称为备择假设，记为 H_1，备择假设有单边备择假设和双边备择假设。备择假设的选择要根据具体问题决定。

第二步，确定显著性水平。显著性水平就是当原假设为真时，拒绝原假设的概率。我们用希腊字母 α 表示显著性水平。在假设检验时，通常使用的显著性水平有0.05、0.01和0.1，当然，也可以选择0~1之间的任何数值。

第三步，选择检验统计量。由样本对原假设进行判断总是通过一个统计量完成的，这个统计量称为检验统计量。

第四步，建立决策规则。决策规则说明了拒绝原假设的特定条件以及不能拒绝原假设的条件。我们设 c 为区分拒绝与接受原假设 $H_0: \mu = \mu_0$ 的临界值，用 W 表示拒绝域，则有

$$W = \{(x_1, x_2, \cdots, x_n) \mid |z| > c\}$$

第五步，进行判断。当样本点 $(x_1, x_2, \cdots, x_n)$ 落入拒绝域 W 时，就拒绝 $H_0: \mu = \mu_0$，接受 H_1；当样本点 $(x_1, x_2, \cdots, x_n)$ 不在拒绝域 W 时，就接受 $H_0: \mu = \mu_0$。

2. 答：方差分析的假设条件有：（1）各总体是正态分布；（2）各总体有相同的方差；（3）样本相互独立。

3. 答：（1）建立原假设和备择假设；（2）选择显著性水平；（3）选择检验统计量；（4）给出判别准则；（5）选择样本，计算结果，做出判断。

（六）计算题

1. 解：表中最后一行是配对数据差 d，$\bar{d} = 9.85, s = 2.2$。假设它服从正态分布，该正态分布的标准差未知，需要用样本数据估计。假设检验步骤如下：

第一步：建立原假设 H_0 和备择假设 H_1，两个假设分别表示为：

$H_0: \mu_d = 8.5$；$H_1: \mu_d > 8.5$

第二步：确定显著性水平。题中已经给出了显著性水平为0.05，这就是犯第Ⅰ类错误的概率。

第三步：选择检验统计量。由于总体方差未知，用样本方差 s^2 代替，利用 t 统计量：

$$t = \frac{\bar{d} - 8.5}{s/\sqrt{n}}$$

作为检验统计量，该统计量服从自由度为9的 t 分布。

第四步：确定决策规则。首先根据自由度为9的 t 分布表，查找临界值为1.833。因此，决策规则为当计算出的 t 值大于1.833时，拒绝原假设，接受备择假设；当计算出的 t 值小于1.833时，拒绝备择假设，不能拒绝原假设。

第五步：进行判断。计算 t 值，将 $\bar{d} = 9.85, s = 2.2$ 代入公式 $t = \frac{\bar{d} - 8.5}{s/\sqrt{n}}$，计算出 t 值为：

$$t = \frac{\bar{d} - 8.5}{s/\sqrt{n}} = \frac{9.85 - 8.5}{2.2/\sqrt{10}} = 1.94$$

因为，t 值大于1.833，所以，拒绝原假设。认为该俱乐部的承诺可信。

2. 解：

第一步：建立原假设和备择假设。原假设为“5个小组在月推销额上无差异”，备择假设为“5个小组在月推销额上存在差异”，两个假设分别表示为：

$H_0: \mu_1 = \mu_2 = \mu_3 = \mu_4 = \mu_5$；$H_1: \mu_1, \mu_2, \mu_3, \mu_4, \mu_5$ 不全相等

如果原假设不成立，说明至少有两个小组在月推销额上存在差异，从而培训方法之间存在差别。

第二步：确定显著性水平。我们选择显著性水平为0.05，这就是犯第Ⅰ类错误的概率。

第三步：选择检验统计量。在方差分析中，我们选择检验统计量为F统计量：

$$F = \frac{MSB}{MSE}$$

其中MSB为组间均方，MSE为均方误。

第四步：给出判别准则。首先根据自由度查F分布表，得到临界值。在利用F分布表时，需要知道分子和分母的自由度，分子的自由度等于处理的水平数减1，分母的自由度等于总观察值个数减处理水平数。由于处理水平数为5，总观测值个数为35，因此，分子和分母的自由度分别为4和30。查表得临界值为4.02。

因此，决策规则为当计算出的F值小于4.02时，不能拒绝原假设；当计算出的F值大于4.02时，拒绝原假设，接受备择假设。

第五步：选择样本，计算结果，做出判断。

首先计算组间偏差平方和、误差平方和。组间偏差平方和是各组均值与总平均值之间离差的平方和，误差平方和就是各组观察值和组平均值之间离差的平方和。

组间偏差平方和用SSB表示，误差平方和用SSE表示。

$$SSB = \sum_{i=1}^{r}\sum_{j=1}^{n_i}(\bar{x}_i - \bar{x})^2 = \sum_{i=1}^{r} n_i(\bar{x}_i - \bar{x})^2$$

$$SSE = \sum_{i=1}^{r}\sum_{j=1}^{n_i}(x_{ij} - \bar{x})^2$$

我们计算样本均值和总平均值分别为：

$\bar{x}_1 = 21.27$

$\bar{x}_2 = 24.59$

$\bar{x}_3 = 20.56$

$\bar{x}_4 = 18.23$

$\bar{x}_5 = 27.99$

$\bar{x} = 22.53$

因此，$SSB = \sum_{i=1}^{r} n_i(\bar{x}_i - \bar{x})^2 = 405.784$　　$SSE = \sum_{i=1}^{r}\sum_{j=1}^{n_i}(x_{ij} - \bar{x})^2 = 269.76$

所以，$MSB = \frac{SSB}{4} = 101.45$，$MSE = \frac{SSE}{30} = 8.99$

$$F = \frac{MSB}{MSE} = \frac{101.45}{8.99} = 11.28$$

因为F值的计算结果为11.28大于4.02，所以，拒绝原假设，认为这5种方法在平均月推销额上存在显著差异。

第七章　相关与回归分析

一、练习题

（一）单项选择题（下列每小题的备选答案中，只有一个符合题意的正确答案，请将正确答案的代码填写在括号内。）

1. 两个变量之间的相关关系，称为（　　）。
   A. 单相关　B. 复相关　C. 偏相关　D. 非线性相关
2. 当一个变量的变化完全由另一个变量确定时，称这两个变量之间的关系为（　　）。
   A. 线性相关　B. 非线性相关　C. 完全相关　D. 不完全相关
3. 当一个变量增加时，相应的另一个变量随之也增加，我们称这两个变量之间为（　　）。
   A. 单相关　B. 复相关　C. 正相关　D. 复相关
4. “回归”这个名词是由19世纪后半叶英国生物学家兼统计学家（　　）在研究遗传现象时提出的。
   A. 高尔登　B. 高斯　C. 费歇尔　D. 伯努里
5. 相关图又称（　　）。
   A. 点图　B. 散点图　C. 直方图　D. 茎叶图
6. 判定系数 R^2 的取值（　　）。
   A. 在0~1之间　B. 大于1　C. 小于0　D. 以上都不对
7. 判定系数 R^2 为（　　）。
   A. $\frac{SSE}{SST}$　B. $\frac{SSR}{SSE}$　C. $\frac{SSR}{SST}$　D. $\frac{SSE}{SSR}$
8. 判定系数与相关系数的关系为（　　）。
   A. 判定系数等于相关系数的平方　B. 判定系数等于相关系数
   C. 判定系数与相关系数无关　D. 相关系数等于判定系数的平方
9. 当一个变量增加时，相应的另一个变量随之减少，我们称这两个变量之间为（　　）。
   A. 单相关　B. 复相关　C. 正相关　D 负相关
10. Spearman 相关系数是由英国统计学家查尔斯·斯皮尔曼在1904年提出的，适用于对（　　）之间相关性的一种度量方法。
   A. 定量数据　B. 定性数据　C. 顺序数据　D. 以上都不对

（二）多项选择题（下列每小题的备选答案中，有两个或两个以上符合题意的正确答案，请将正确答案的代码填写在括号内。）

1. 按照所研究变量个数的多少，相关关系包括（　　）。
   A. 单相关　B. 复相关　C. 偏相关　D. 非线性相关

2. 按照相关关系的程度，分为（　　）。
A. 完全相关　B. 不完全相关　C. 不相关　D. 线性相关
E. 非线性相关
3. 按照相关关系表现的形态，分为（　　）。
A. 线性相关　B. 非线性相关　C. 单相关　D. 复相关
4. 按照相关变量变化的方向，分为（　　）。
A. 正相关　B. 负相关　C. 单相关　D. 偏相关
5. 在回归方程中涉及的变量有（　　）。
A. 因变量　B. 自变量　C. 解释变量　D. 被解释变量
6. 相关系数是衡量两个变量线性相关关系的重要指标，通常我们用 r 表示相关系数，我们经常使用的相关系数有（　　）。
A. Pearson 相关系数　B. Spearman 相关系数
C. 复相关系数　D. 偏自相关系数
7. 在回归分析中，按研究中使用自变量个数的多少可分为（　　）。
A. 一元回归　B. 多元回归　C. 复相关　D. 单相关
8. 判定系数 R^2 又称（　　）。
A. 可决系数　B. 决定系数　C. 自相关系数　D. 复相关系数
9. 根据资料是否分组，相关表可分为（　　）。
A. 简单相关表　B. 分组相关表　C. 复相关表　D. 调查表
10. 相关分析涉及（　　）。
A. 简单线性相关分析　B. 偏自相关分析
C. 复相关分析　D. 等级相关分析

（三）判断题（正确的在括号内填“√”；错误的填“×”。）

1. 当所研究的是一个变量对两个或两个以上其他变量的相关关系时，称为复相关。（　　）
2. 当两个变量之间的关系大致呈线性关系时，称这两个变量之间的关系为线性相关。（　　）
3. 当一个变量增加时，相应的另一个变量随之也增加，我们称这两个变量之间为正相关。（　　）
4. 相关分析和回归分析之间不存在联系。（　　）
5. 在相关分析中，各变量的地位不同。（　　）
6. 在回归分析中，回归方程左边的变量，通常称为解释变量。（　　）
7. 在回归分析中，回归方程右边的变量，通常称为被解释变量。（　　）
8. $SST = SSR + SSE$。（　　）
9. 判定系数 $R^2 = \frac{SSE}{SST}$。（　　）
10. 判定系数 R^2 的取值介于 $-1 \sim 1$ 之间。（　　）

（四）名词解释题

1. 完全相关　2. 线性相关　3. 正相关　4. 回归分析
5. 相关表　6. 相关图　7. 总离差平方和　8. 判定系数 R^2

（五）简答题

1. 简要分析相关关系的种类有哪些？
2. 相关分析和回归分析的关系？
3. 简要说明最小二乘法。
4. 相关系数、判定系数和估计标准误之间的关系？

（六）计算题

1. 表7－1是某公司的10家下属企业的产量与生产费用的有关数据，根据Pearson相关系数的计算公式，计算产量和生产费用之间的Pearson相关系数。

表7－1　某公司的10家下属企业的产量与生产费用的有关数据

企业编号		1	2	3	4	5	6	7	8	9	10
产量（件）	Y	40	42	48	55	65	79	88	100	120	140
生产费用（元）	X	150	140	160	170	150	162	185	165	190	185

2. 某公司每周销售额和广告费支出数据如表7－2所示。根据有关数据，建立销售额和广告费支出之间的回归方程。

表7－2　某公司每周销售额和广告费支出数据

销售额（万元）	Y	4100	5400	6300	5400	4800	4600	6200	6100	4000	7100
广告费（元）	X	12.5	13.8	14.25	14.25	14.5	13	14	15	15.75	16.5

二、参考答案

（一）单项选择题

1. A　2. C　3. C　4. A　5. B
6. A　7. C　8. A　9. D　10. C

（二）多项选择题

1. ABC　2. ABC　3. AB　4. AB　5. ABCD
6. AB　7. AB　8. AB　9. AB　10. ABCD

（三）判断题

1. √	2. √	3. √	4. ×	5. ×
6. ×	7. ×	8. √	9. ×	10. ×

（四）名词解释题

1. 答：当一个变量的变化完全由另一个变量确定时，称这两个变量之间的关系为完全相关。

2. 答：当两个变量之间的关系大致呈线性关系时，称这两个变量之间的关系为线性相关。

3. 答：当一个变量增加时，相应的另一个变量随之也增加，我们称这两个变量之间为正相关。

4. 答：在统计学中，把通过搜集数据，建立回归方程方程，对其误差进行估计等，称为回归分析。

5. 答：相关表是一种反映变量之间相关关系的统计表。根据资料是否分组，相关表可分为简单相关表和分组相关表。

6. 答：相关图又称散点图，是一种用于描述两个变量之间关系的图形，它是以平面直角坐标系的两个轴分别表示所研究的两个变量，把两个变量所对应的值用坐标系中的点表示，这样得到的一系列的点。

7. 答：被解释变量的实际观察值 Y_i 与其样本均值 $\overline{Y}$ 的离差称为总离差，记为：$Y_i - \overline{Y}$，$SST = \sum_{i=1}^{n}(Y_i - \overline{Y})^2$，称 SST 为总离差平方和。

8. 答：人们把 $\frac{SSR}{SST}$ 定义为判定系数（又称可决系数或决定系数），用 R^2 表示。

（五）简答题

1. 答：根据现象变量之间相关的形态和特征，我们可以把相关关系分为几种：（1）按照所研究变量个数的多少，分为单相关、复相关和偏相关；（2）按照相关关系的程度，分为完全相关、不完全相关和不相关；（3）按照相关关系表现的形态，分为线性相关和非线性相关；（4）按照相关变量变化的方向，分为正相关和负相关。

2. 答：相关分析和回归分析都是研究具有非确定性关系的现象之间相互关系的统计分析方法，二者具有密切的联系，相关分析是回归分析的前提和基础，而回归分析是对相关关系的拓展和深化。特别是在具体应用时，常常互相补充，只有存在相关关系的变量才能进行回归分析，只有当变量之间存在着高度相关时，进行回归分析寻求其相关的具体形式才有意义。因此，从广义上说，相关分析包括回归分析，但是，二者在研究目的和研究方法上是有明显区别的，二者的差别主要有两点：（1）在回归分析中，有一个变量，即因变量 Y 处在特殊的地位，而在相关分析中，各变量的地位是平等的，这意味着二者在研究的着重方面、所引出的统计推断问题有很大的不同。（2）在回归分析中，因变量 Y 是随机的，但自变量 X 可以是随机的，也可以是非随机的。而在相关分析中，所涉及的变量都是随机的。

3. 答：我们首先用下面的方程表示回归直线：

$$\hat{Y}_i = a + bX_i, i = 1, \cdots, n$$

其中，$\hat{Y}_i$ 表示当 $X = X_i$ 时 Y 的预测值，有偏离 $Y_i - \hat{Y}_i$，$i = 1, \cdots, n$，我们希望这些偏离越小越好，衡量偏离大小的一个合理标准就是它们的平方和（通过平方，去掉符号的影响，如果简单求和，那么正负偏离抵消了）：

$$Q(a,b) = \sum_{i=1}^{n} (Y_i - \hat{Y}_i)^2 = \sum_{i=1}^{n} (Y_i - a - bX_i)^2$$

给定观测数据后，$(X_1,Y_1),(X_2,Y_2),\cdots,(X_n,Y_n)$ 这些数据都是确定的，$Q(a,b)$ 随 a 和 b 的取值而变化，我们就考虑寻找 a 和 b 的值，使得 $Q(a,b)$ 达到最小，利用微积分中多元函数求极值的方法确定 a 和 b，解方程组：

$$\begin{cases} \dfrac{\partial Q}{\partial a} = -2\sum_{i=1}^{n} (Y_i - a - bX_i) = 0 \\ \dfrac{\partial Q}{\partial b} = -2\sum_{i=1}^{n} X_i(Y_i - a - bX_i) = 0 \end{cases}$$

求得这个方程组的解，分别记为 a 和 b：

$$b = \frac{\sum_{i=1}^{n} (X_i - \bar{X})(Y_i - \bar{Y})}{\sum_{i=1}^{n} (X_i - \bar{X})^2}$$

$$a = \bar{Y} - b\bar{X}$$

使 $\sum_{i=1}^{n} (Y_i - \hat{Y}_i)^2 = \sum_{i=1}^{n} (Y_i - a - bX_i)^2$ 达到最小来确定 a 和 b 的这个方法，称为最小二乘法（OLS），这个重要的方法一般归功于德国大数学家高斯在1799～1809年间的工作；称这样得到的 a 和 b 为最小二乘估计量。

4. 答：估计标准误用于度量真实值接近回归直线的程度，当估计标准误很小时，说明两个变量相关程度高。在计算估计标准误时，关键是求 $SSE = \sum_{i=1}^{n} (Y_i - \hat{Y}_i)^2$，如果 SSE 很小，那么估计标准误就很小。

相关系数度量了两个变量之间相关关系的强弱程度。当散点图中的点看起来接近直线时，相关系数也比较大。因此，估计标准误和相关系数与同样的信息有关，但使用不同的度量方法来反映相关程度，但是，在计算时，都使用了 $SSE = \sum_{i=1}^{n} (Y_i - \hat{Y}_i)^2$。

判定系数是相关系数的平方，判定系数反映了回归直线拟合数据程度的好坏。

（六）计算题

1. 解：由表7－1中的数据，可计算得到表7－3。

表 7-3　　**Pearson 相关系数的计算过程**

	X	Y	X^2	Y^2	XY
	150	40	22500	1600	6000
	140	42	19600	1764	5880
	160	48	25600	2304	7680
	170	55	28900	3025	9350
	150	65	22500	4225	9750
	162	79	26244	6241	12798
	185	88	34225	7744	16280
	165	100	27225	10000	16500
	190	120	36100	14400	22800
	185	140	34225	19600	25900
总计	1657	777	277119	70903	132938

$\sum_{i=1}^{110} X_i = 1657 \quad \sum_{i=1}^{10} Y_i = 777 \quad \sum_{i=1}^{10} X_i Y_i = 132938 \quad \sum_{i=1}^{10} X_i^2 = 277119 \quad \sum_{i=1}^{10} Y_i^2 = 70903$

根据公式，有

$$r = \frac{n\sum_{i=1}^{n} X_i Y_i - \sum_{i=1}^{n} X_i \sum_{i=1}^{n} Y_i}{\sqrt{\left(n\sum_{i=1}^{n} X_i^2 - \left(\sum_{i=1}^{n} X_i\right)^2\right)\left(n\sum_{i=1}^{n} Y_i^2 - \left(\sum_{i=1}^{n} Y_i\right)^2\right)}}$$

$$= \frac{10(132938) - 1657(777)}{\sqrt{(10(277119) - (1657)^2)(10(70903) - (777)^2)}}$$

$$= 0.81$$

2. 解：根据表 7-2 数据计算得到表 7-4。

表 7-4　　**确定最小二乘回归方程的计算过程**

	X	Y	$X-\bar{X}$	$(X-\bar{X})^2$	$Y-\bar{Y}$	$(X-\bar{X})(Y-\bar{Y})$
	12.5	4100	-1.855	3.441025	-1300	2411.5
	13.8	5400	-0.555	0.308025	0	0
	14.25	6300	-0.105	0.011025	900	-94.5
	14.25	5400	-0.105	0.011025	0	0

续表

	X	Y	$X-\bar{X}$	$(X-\bar{X})^2$	$Y-\bar{Y}$	$(X-\bar{X})(Y-\bar{Y})$
	14.5	4800	0.145	0.021025	-600	-87
	13	4600	-1.355	1.836025	-800	1084
	14	6200	-0.355	0.126025	800	-284
	15	6100	0.645	0.416025	700	451.5
	15.75	4000	1.395	1.946025	-1400	-1953
	16.5	7100	2.145	4.601025	1700	3646.5
总计	143.55	54000		12.71725		5175

回归线的斜率为：

$$b=\frac{\sum_{i=1}^{n}(X_i-\bar{X})(Y_i-\bar{Y})}{\sum_{i=1}^{n}(X_i-\bar{X})^2}$$

$$=\frac{5175}{12.72}$$

$$=406.93$$

$$a=\bar{Y}-b\bar{X}$$

$$=5400-406.93\times\frac{143.55}{10}$$

$$=-441.45$$

最后确定的销售额和广告费支出之间的回归方程为：

$$\hat{Y}_i=-441.45+406.93X_i$$

第八章　时间序列分析

一、练习题

（一）单项选择题（下列每小题的备选答案中，只有一个符合题意的正确答案，请将正确答案的代码填写在括号内。）

1. 绝对数时间序列又称为（　　）。

A. 绝对数时间序列　　B. 相对数时间序列
C. 平均数时间序列　　D. 总量指标时间序列

2. 累计增长量也称为（　　）。

A. 定基增长量　　B. 逐期增长量　　C. 增长率　　D. 报告期水平

3. 平均增长量等于（　　）。

A. 逐期增长量之和/逐期增长量的个数　　B. 增长量/报告期水平
C. 各期水平与上一期水平之比　　D. 以上都不对

4. 定基发展速度是（　　）。

A. 报告期水平/基期水平　　B. 各期水平与某一固定基期水平之比
C. 各期水平与上一期水平之比　　D. 以上都不对

5. 环比发展速度是（　　）。

A. 报告期水平/基期水平　　B. 基期水平/报告期水平
C. 各期水平与上一期水平之比　　D. 以上都不对

6. 同一时间序列各期环比发展速度的连乘积等于相应时期的（　　）。

A. 定基发展速度　　B. 增长速度　　C. 发展速度　　D. 增长量

7. 两个相邻定基发展速度之比，等于相应时期的（　　）。

A. 增长速度　　B. 环比发展速度　　C. 平均发展速度　　D. 累计增长量

8. 增长速度也称为（　　）。

A. 增长率　　B. 增长量　　C. 平均发展速度　　D. 以上都不对

9. 平均增长速度等于（　　）。

A. 平均发展速度 - 1　　B. 平均发展速度　　C. 环比发展速度　　D. 以上都不对

10. 周期性变动也称为（　　）。

A. 季节变动　　B. 随机波动　　C. 长期波动　　D. 循环变动

（二）多项选择题（下列每小题的备选答案中，有两个或两个以上符合题意的正确答案，请将正确答案的代码填写在括号内。）

1. 时间序列也称为（　　）。

A. 时间数列　　B. 动态数列　　C. 时期数列　　D. 时点数列

2. 按照统计指标性质的不同，时间序列可以分为（　　）。

A. 绝对数时间序列　　B. 相对数时间序列

C. 平均数时间序列　　D. 时点序列

3. 构成时间序列的基本要素有（　　）。

A. 对某种现象的观测时间　　B. 各时间上所观测到的统计指标数值

C. 每日数据　　D. 每月数据

4. 在绝对数时间序列中，根据反映现象的时间状况不同，绝对数时间序列又分为（　　）。

A. 时期序列　　B. 总量指标时间序列

C. 时点序列　　D. 相对数时间序列

5. 时间序列的水平指标分析包括（　　）。

A. 发展水平　　B. 平均发展水平　　C. 增长量　　D. 平均增长量

6. 平均发展水平也称作（　　）。

A. 序时平均数　　B. 相对平均数　　C. 时点数列　　D. 动态平均数

7. 时间序列的速度指标主要有（　　）。

A. 发展速度　　B. 增长速度　　C. 平均发展速度　　D. 平均增长速度

8. 定基增长速度等于（　　）。

A. 累计增长量/固定基期水平

B. （报告期水平 - 固定基期水平）/固定基期水平

C. 环比发展速度 - 1

D. 定基发展速度 - 1

9. 环比增长速度等于（　　）。

A. 逐期增长量/前一期水平

B. （报告期水平 - 前一期水平）/前一期水平

C. 环比发展速度 - 1

D. 各个时期环比发展速度的几何平均数

10. 通常我们都把影响时间序列的因素归纳为（　　）。

A. 长期趋势　　B. 周期性变动　　C. 季节变动　　D. 随机波动

（三）判断题（正确的在括号内填“√”；错误的填“×”。）

1. 时间序列是按照时间的先后顺序对某种现象进行观测并记录下来的一系列观测值。（　　）

2. 总量指标时间序列是由一系列同类总量指标按照时间先后顺序排列而成。（　　）

3. 时期序列各个时期指标数值不可以相加。（　　）

4. 时点序列中各个指标数值可以相加。（　　）

5. 时期序列中各个指标数值的大小与时期长短有关，一般情况下，时期越长，指标数值越大，时期越短，指标数值越小。（　　）

6. 在相对数时间序列中，各个指标数值可以相加。（　　）

7. 平均数时间序列中的指标数值不能相加。（　　）

8. 平均发展水平是把时间序列中各个时期（或时点上）的指标数值进行平均而求得的平均数。（　　）

9. 增长量是总量指标在一段时期内增长的绝对量，为报告期水平与基期水平之差。（　　）

10. 同一时间序列各期环比发展速度的连乘积等于相应时期的定基发展速度。 （ ）

（四）名词解释题

1. 时间序列 2. 绝对数时间序列 3. 时期序列 4. 时点序列
5. 相对数时间序列 6. 平均数时间序列 7. 发展水平 8. 平均发展水平
9. 增长量 10. 平均增长量 11. 发展速度 12. 增长速度
13. 长期趋势 14. 周期性变动 15. 季节变动 16. 随机波动

（五）简答题

1. 时期序列和时点序列的特点有哪些？
2. 在编制时间序列时应该注意哪些方面？
3. 影响时间序列的因素有哪些？

（六）计算题

根据表 8－1 的资料计算我国人口数的逐期增长量、累计增长量，以及 1991～2008 年间的平均增长量；计算发展速度、增长速度；用几何平均法计算人口的年平均发展速度和平均增长速度。

表 8－1 **我国 1991～2008 年年末总人口数** 单位：万人

年份	年末总人口数（万人）	年份	年末总人口数（万人）
1991	115823	2000	126743
1992	117171	2001	127627
1993	118517	2002	128453
1994	119850	2003	129227
1995	121121	2004	129988
1996	122389	2005	130756
1997	123626	2006	131448
1998	124761	2007	132129
1999	125786	2008	132802

二、参考答案

（一）单项选择题

1. D 2. A 3. A 4. B 5. C

6. A　　7. B　　8. A　　9. A　　10. D

（二）多项选择题

1. AB　　2. ABC　　3. AB　　4. AC　　5. ABCD
6. AD　　7. ABCD　　8. ABD　　9. ABC　　10. ABCD

（三）判断题

1. √　　2. √　　3. ×　　4. ×　　5. √
6. ×　　7. √　　8. √　　9. √　　10. √

（四）名词解释题

1. 答：时间序列也称时间数列、动态数列，是按照时间的先后顺序对某种现象进行观测并记录下来的一系列观测值。

2. 答：绝对数时间序列又称总量指标时间序列，由一系列同类总量指标按照时间先后顺序排列而成。

3. 答：时期序列是由一系列时期指标形成的，序列中的每个指标数值都是反映社会经济现象在一段时期内发展过程的总量。

4. 答：时点序列是由一系列时点指标形成的，序列中的每个指标数值都是反映社会经济现象在某一时点（时刻）上的状态。

5. 答：相对数时间序列是将一系列同类相对指标的数值，按照时间先后顺序排列而成的时间序列。它反映了具有相互联系的社会经济现象之间的发展变化情况，说明社会经济现象的比例关系、结构、速度的发展变化过程。

6. 答：平均数时间序列就是将一系列同类的平均指标，按照时间先后顺序排列起来而形成的时间序列。

7. 答：发展水平是时间序列中各个不同时期的指标数值。

8. 答：平均发展水平也称作序时平均数或动态平均数，是把时间序列中各个时期（或时点上）的指标数值进行平均而求得的平均数。

9. 答：增长量是总量指标在一段时期内增长的绝对量，为报告期水平与基期水平之差。

10. 答：平均增长量说明了社会经济现象在一定时期内平均每期增长的绝对数量，是逐期增长量的平均数。

11. 答：发展速度表明了社会经济现象发展变化的程度，由两个不同时期发展水平相比求得，一般用百分数或倍数表示。

12. 答：增长速度也称增长率，是报告期的增长量与基期水平之比，表明社会经济现象增长程度的相对指标。

13. 答：长期趋势是指时间序列的长期、连续变动规律或方向，通常是长期因素作用的结果，持续时间一般超过一年。

14. 答：周期性变动也称循环变动，是指时间序列在几年的时间里表现出的围绕长期趋势有规律地上下变动，时间序列产生周期性变动的原因是由于社会经济发展中的一种近乎规律性的盛衰交替循环运动，周期性变动的持续时间都超过一年。

15. 答：季节变动是指短时期内发生的有规律的重复性变动。

16. 答：随机波动是指时间序列中除长期趋势、周期性变动、季节变动之外的变动，这些变动是由许多难以预测的不规则变化引起的。

（五）简答题

1. 答：第一，从定义来看，它们刻画现象的性质不同。时期序列中的各个指标数值，反映了现象在一定时期内发展过程的总量；时点序列中的各个指标数值，反映的是现象在某一时点上的总量。

第二，从序列中数值相互之间的关系上看。时期序列各个时期指标数值可以相加，相加后的结果反映更长时期内的总量；时点序列中各个指标数值不能相加，因为相加之后的结果没有意义。

第三，从序列中数值与观测时间之间的关系看。时期序列中各个指标数值的大小与时期长短有关，一般情况下，时期越长，指标数值越大，时期越短，指标数值越小；而时点序列中各个指标数值的大小与时间的间隔长短不存在直接关系。

第四，从序列中数据的来源上看。时期序列中的各个指标数值都是连续登记得到的，而时点序列中的各个指标数值通常都是通过一次性调查得到的，具有不连续统计的特点。

2. 答：应该注意以下四个方面：

第一，时期长短应该一致。由于在时期序列中，各个指标数值的大小与时期长短有直接的关系，因此，各个指标所属时期的长短应当前后统一，以便能够通过比较各个指标数值的大小正确地反映社会经济现象的发展变化情况。但是，有时为了特殊的研究目的，也可以将时期长短不同的时期指标编制成时期数列。

对于时点序列来说，由于各个时期指标数值只反映社会经济现象在某一个时点的状态，所以，指标数值的大小与时间间隔长短并没有直接的关系，因此，间隔即使不相等，仍然具有可比性，不存在时期长短统一的问题，但是，为了更好地反映社会经济现象发展变化的动态规律，时点间隔最好能保持一致。

第二，总体范围应当前后一致。在研究社会经济现象时，所研究对象的范围经常发生变动，在使用相关数据时，必须进行适当调整，使得前后范围一致。

第三，指标的含义和经济内容应当一致。在时间序列中各个指标的经济内容应该前后一致，保持同质性，以免导致错误的结果。有时时间序列中指标的名称不变，但是其内涵却发生了变化。

第四，计算方法、计算单位必须统一。时间序列中各个时期指标的计算方法和计算单位应该一致，才能使得先后数值具有可比性。

3. 答：通常我们都把影响时间序列的因素归纳为四个方面：长期趋势、周期性变动、季节变动和随机波动。（1）长期趋势是指时间序列的长期、连续变动规律或方向，通常是长期因素作用的结果，持续时间一般超过一年。（2）周期性变动也称循环变动，是指时间序列在几年的时间里表现出的围绕长期趋势有规律地上下变动，时间序列产生周期性变动的原因是由于社会经济发展中的一种近乎规律性的盛衰交替循环运动，周期性变动的持续时间都超过一年。（3）季节变动是指短时期内发生的有规律的重复性变动，季节变动的持续时间一般小于一年，但是，也有的时间序列在一天内呈现季节变动。（4）随机波动是指时间序列中除长期趋势、周期性变动、季节变动之外的变动，这些变动是由许多难以预测的不规则变化引起的。随机波动掩盖了其他相对比较容易预测的时间序列的成分，这是由于几乎所有的时间序列中都存在随机波动。

时间序列分析的主要任务就是从时间序列中得到它的长期趋势、周期性变动、季节变动和随机波动，便于预测未来社会经济现象的变动情况。

（六）计算题

解：根据表 8－1 计算出逐期和累计增长量列于表 8－2 中

表 8－2　　我国 1991～2008 年年末总人口数、逐期和累计增长量　　单位：万人

年份	年末总人口数	增长量	
		逐期	累计
1991	115823	–	–
1992	117171	1348	1348
1993	118517	1346	2694
1994	119850	1333	4027
1995	121121	1271	5298
1996	122389	1268	6566
1997	123626	1237	7803
1998	124761	1135	8938
1999	125786	1025	9963
2000	126743	957	10920
2001	127627	884	11804
2002	128453	826	12630
2003	129227	774	13404
2004	129988	761	14165
2005	130756	768	14933
2006	131448	692	15625
2007	132129	681	16306
2008	132802	673	16979

根据表 8－1 计算出发展速度和增长速度列于表 8－3 中。

表 8-3　　我国 1991~2008 年人口发展速度及增长速度指标

年份	年末总人口数（万人）	发展速度（%）		增长速度（%）	
		定基	环比	定基	环比
1991	115823			0	
1992	117171	101.16	101.16	1.16	1.16
1993	118517	102.33	101.15	2.33	1.15
1994	119850	103.48	101.12	3.48	1.12
1995	121121	104.57	101.06	4.57	1.06
1996	122389	105.67	101.05	5.67	1.05
1997	123626	106.74	101.01	6.74	1.01
1998	124761	107.72	100.92	7.72	0.92
1999	125786	108.60	100.82	8.60	0.82
2000	126743	109.43	100.76	9.43	0.76
2001	127627	110.19	100.70	10.19	0.70
2002	128453	110.90	100.65	10.90	0.65
2003	129227	111.57	100.60	11.57	0.60
2004	129988	112.23	100.59	12.23	0.59
2005	130756	112.89	100.59	12.89	0.59
2006	131448	113.49	100.53	13.49	0.53
2007	132129	114.08	100.52	14.08	0.52
2008	132802	114.66	100.51	14.66	0.51

平均发展速度为：$\sqrt[17]{\frac{132802}{115823}}=100.808\%$

平均增长速度 = 平均发展速度 - 1 = 0.808%

第九章　指数及其应用

一、练习题

（一）单项选择题（下列每小题的备选答案中，只有一个符合题意的正确答案，请将正确答案的代码填写在括号内。）

1. 反映个体事物动态变化的相对数指标叫做（　　）。
   A. 总指数　　B. 综合指数　　C. 定基指数　　D. 个体指数
2. 说明现象总体规模和水平变动情况的统计指数是（　　）。
   A. 质量指标指数　　B. 平均指标指数　　C. 数量指标指数　　D. 环比指数
3. 某公司所属三个工厂生产同一产品，要反映三个工厂产量报告期比基期的发展变动情况，三个工厂的产品产量（　　）。
   A. 能够直接加总
   B. 不能加总
   C. 必须用不变价格作同度量因素才能相加
   D. 必须用现行价格作同度量因素才能相加
4. 若销售量增长5%，零售价格增长2%，则商品销售额增长（　　）。
   A. 7%　　B. 10%　　C. 7.1%　　D. 15%
5. 指标数列中以某一固定时期的水平作为对比时期的指数是（　　）。
   A. 综合指数　　B. 平均指数　　C. 环比指数　　D. 定基指数
6. 在总量指标中包括两个或两个以上的因素，将其中的被研究因素以外的所有因素固定下来，仅观察被研究因素的变动，这样编制的指数称为（　　）。
   A. 综合指数　　B. 平均指数　　C. 环比指数　　D. 定基指数
7. 综合指数的特点是（　　）。
   A. 先对比后综合　　B. 先综合后对比　　C. 先综合后分解　　D. 先综合后平均
8. 编制数量指标综合指数的一般原则是采用（　　）作为同度量因素。
   A. 报告期的质量指标　　B. 报告期的数量指标
   C. 基期的质量指标　　D. 基期的数量指标
9. 编制统计指数的主要目的是（　　）。
   A. 分析社会经济现象变动的长期趋势
   B. 进行因素分析
   C. 反映有关指数之间的经济联系
   D. 综合反映多种不同事物在数量上的总变动
10. 用综合指数变形权数计算的加权调和平均数指数的权数是（　　）。
    A. $\sum p_0 q_0$　　B. $p_0 q_0$　　C. $\sum p_1 q_1$　　D. $p_1 q_1$

（二）多项选择题（下列每小题的备选答案中，有两个或两个以上符合题意的正确答案，请将正确答案的代码填写在括号内。）

1. 关于拉氏指数和帕氏指数的说法正确的是（　　）。
A. 拉氏指数主要受基期商品的结构影响
B. 帕氏指数主要受报告期商品的结构影响
C. 数量指标综合指数采用拉氏指数
D. 质量指标综合指数属于帕氏指数

2. 关于平均指数说法正确的是（　　）。
A. 平均指数是总指数的一种计算形式
B. 它是个体指数的加权平均数
C. 计算方法是先对比后综合
D. 既适用于全面资料，也适用于非全面资料

3. 平均指数与综合指数两者的区别与联系是（　　）。
A. 平均指数是综合指数的一般形式
B. 运用资料的条件不同
C. 经济分析中的具体作用不同
D. 在一定的权数条件下两者具有变形关系

4. 平均指数按所使用的权数不同，可以分为（　　）。
A. 综合指数变形权数的平均指数　　B. 固定权数的平均指数
C. 加权算数平均指数　　D. 加权调和平均指数

5. 居民消费价格指数的作用有（　　）。
A. 反映通货膨胀程度
B. 反映货币购买力变动程度
C. 反映实际工资的变动情况
D. 用于缩减经济序列

6. 下列属于质量指标指数的是（　　）。
A. 商品零售量指数　　B. 商品零售额指数
C. 商品零售价格指数　　D. 职工劳动生产率指数

7. 总量指标变动的因素分析中，正确的是（　　）。
A. 分析的对象可以是简单现象也可以是复杂现象
B. 简单现象中，总量指标直接表现为两个因素指标的乘积
C. 复杂现象中，对象指数表现为两个因素指标乘积之和
D. 总量指标的变动可以从总体单位数和总平均水平两个因素的影响进行分析

8. 同度量因素的作用有（　　）。
A. 平衡作用　　B. 同度量作用　　C. 权数作用　　D. 稳定作用

9. 某市按不变价格计算的工业总产值，今年相当于去年的124%，这是（　　）。
A. 数量指标指数　　B. 质量指标指数　　C. 总指数　　D. 综合指数

10. 下列属于统计指数的是（　　）。
A. 空气污染指数　　B. 人气指数　　C. 股票价格指数　　D. 居民消费价格指数

（三）判断题（正确的在括号内填“√”；错误的填“×”。）

1. 数量指标指数反映总体的总规模水平，质量指标指数反映总体的平均水平。（　）
2. 说明现象总的规模和水平变动情况的统计指数是平均指标指数。（　）
3. 数量指标作为同度量因素，时期一般固定在基期。（　）
4. 综合指数是总指数的基本形式。（　）
5. 如果各种商品的销售量平均上涨5%，销售价格平均下降5%，则销售额不变。（　）
6. 某地区零售物价2009年为2008年的105%，这是一个定基指数。（　）
7. 按照计算方法的不同，指数可分为定基指数和环比指数。（　）
8. 平均指数也是编制总指数的一种重要形式，有它的独立应用意义。（　）
9. 因素分析内容包括相对数和平均数分析。（　）
10. 利用指数体系中各个指数之间的关系可以进行相互推算。（　）

（四）名词解释题

1. 指数　2. 定基指数　3. 环比指数　4. 综合指数
5. 平均指数　6. 同度量因素　7. 指数体系　8. 消费者价格指数

（五）简答题

1. 解释定基指数和环比指数的含义。
2. 什么是同度量因素？在编制综合指数时应如何确定同度量因素？
3. 平均指数在什么条件下才能成为综合指数的变形？
4. 平均指数与综合指数的主要区别是什么？
5. 指数的主要作用有哪些？

（六）计算题

1. 某商场的销售资料如下表所示：

商品名称	计量单位	销售量		价格（元）	
		基期	报告期	基期	报告期
甲	双	5000	5500	25	30
乙	件	80	1000	140	161
丙	双	1000	600	6	6

要求：（1）计算三种商品的销售量个体指数。（2）计算三种商品的零售价格个体指数。

2. 某企业生产两种产品的资料如下：

产品	单位	产　量		单位成本（元）	
		基期	报告期	基期	报告期
甲	件	50	60	8	10
乙	公斤	150	160	12	14

要求：(1) 计算两种产品总成本指数及总成本变动的绝对额；(2) 计算两种产品产量总指数及由于产量变动影响总成本的绝对额；(3) 计算两种产品单位成本总指数及由于单位成本影响总成本的绝对额。

3. 某厂生产的三种产品的有关资料如下：

产品名称	产量			单位成本（元）		
	单位	基期	报告期	单位	基期	报告期
甲	万件	100	120	元/件	15	10
乙	万只	500	500	元/只	45	55
丙	万个	150	200	元/个	9	7

要求：(1) 计算三种产品的单位成本指数以及由于单位成本变动使总成本变动的绝对额；(2) 计算三种产品产量总指数以及由于产量变动使总成本变动的绝对额；(3) 利用指数体系分析说明总成本相对程度和绝对额的变动情况。

二、参考答案

(一) 单项选择题

1. D　2. C　3. C　4. C　5. D
6. A　7. B　8. C　9. D　10. D

(二) 多项选择题

1. ABCD　2. ABCD　3. BCD　4. AB　5. ABCD
6. BCD　7. ABCD　8. BC　9. ACD　10. CD

(三) 判断题

1. ×　2. √　3. ×　4. √　5. ×
6. ×　7. ×　8. √　9. √　10. √

(四) 名词解释题

1. 答：指数是用于经济分析的一种对比性指标，它主要用于反映事物的相对变化程度。指数有广义与狭义之分。广义指数包括所有两个数值对比形成的相对数，狭义指数是指不能直接相加的、由许多因素组成的、表示现象总体综合变动程度的相对数。

2. 答：定基指数是在指数数列中以某一固定时期作为基期形成的指数数列。

3. 答：环比指数是在指数数列中以前一期作为基期形成的指数数列。

4. 答：综合指数是总指数的基本形式，它是在确定了同度量因素之后，通过先综合、后对比的方法计算出的指数，反映总体数量综合变动的指数。

5. 答：平均指数是综合指数的代数变形，它是对个体指数进行加权平均求得的总指数，包括加权算术平均指数与加权调和平均指数。

6. 答：同度量因素是将不能直接相加的变量转化为可以相加的中间因素。

7. 答：指数体系是反映总体变动的指数以及总体中各因素指数所形成的数量关系式。

8. 答：消费者价格指数（CPI）是反映一定时期内消费者所购买的生活消费品价格和服务项目价格变动趋势和程度的一种价格指数。

（五）简答题

1. 答：定基指数是指在数列中都以某一固定时期的水平作为对比时期的指数。环比指数是指在数列中随着时间的推移，每期都以前一期的水平作为对比时期的指数。

2. 答：同度量因素是将不能直接相加的变量转化为可以相加的中间因素。同度量因素固定的一般方法是：编制质量指标综合指数，作为同度量因素的数量指标固定在报告期；编制数量指标指数，作为同度量因素的质量指标固定在基期。

3. 答：平均指数要成为综合指数的变形，必须在一定权数的条件下。具体地讲，加权算数平均数要成为综合指数的变形，必须在 p_0q_0 这个特定的权数条件下；加权调和平均数要成为综合指数的变形，必须在 p_1q_1 这个特定的权数条件下。

4. 答：平均指数与综合指数的区别主要包括：（1）思路不同。综合指数是通过引进同度量因素，先计算总体的总量再进行对比，即先综合后对比，平均指数则是在个体指数的基础上计算总指数，即先对比后综合。（2）运用资料的条件不同。综合指数需要被研究总体的全面资料，平均指数则既适用于全面资料，也适用于非全面资料。（3）在经济分析中的作用不同。综合指数可用于对现象进行因素分析，平均指数则不能。

5. 答：统计指数是表明复杂社会经济现象总体数量综合变动的相对数，它的主要作用包括：（1）综合反映复杂现象总体数量上的变动状况。它以相对数的形式，表明多种产品或商品的数量指标或质量指标的综合变动方向和程度。（2）分析现象总体变动中受各个因素变动的影响程度。包括现象总体总量指标和平均指标的变动受各个因素变动的影响程度分析。（3）利用连续编制的指数数列，反映现象变化的长期趋势。

（六）计算题

1. 解：计算结果如下表：

商品名称	计量单位	销售量指数（%）	零售价格指数（%）
甲	双	110	120
乙	件	125	115
丙	双	60	100

2. 解：（1）总成本指数 $\bar{K}=\dfrac{\sum p_1q_1}{\sum p_0q_0}=129.09\%$

总成本变动绝对额 $=\sum p_1q_1-\sum p_0q_0=640$（元）

（2）产量总指数 $\overline{K_q}=\frac{\sum p_0q_1}{\sum p_0q_0}=109.09\%$，

产量变动影响总成本的绝对额 $=\sum p_0q_1-\sum p_0q_0=200$（元）

（3）单位成本总指数 $\overline{K_p}=\frac{\sum p_1q_1}{\sum p_0q_1}=118.33\%$，

单位成本影响总成本的绝对额 $=\sum p_1q_1-\sum p_0q_1=440$（元）

3. 解：列表计算如下：

产品名称	产　　量			单位产品成本			q_1z_1（万元）	q_0z_0（万元）	q_1z_0（万元）
	计量单位	基期 q_0	报告期 q_1	计量单位	基期 z_0	报告期 z_1			
甲	万件	100	120	元/件	15	10	1200	1500	1800
乙	万只	500	500	元/只	45	55	27500	22500	22500
丙	万个	150	200	元/个	9	7	1400	1350	1800
合计	—	—	—	—	—	—	30100	25350	26100

（1）三种产品的单位成本指数：$k_z=\frac{\sum q_1z_1}{\sum q_1z_0}=\frac{30100}{26100}=1.15$ 或 115%

由于单位成本变动影响的总成本绝对额：$\sum q_1z_1-\sum q_1z_0=30100-26100=4000$（万元）

（2）三种产品的产量总指数：$k_q=\frac{\sum q_1z_0}{\sum q_0z_0}=\frac{26100}{25350}=1.03$ 或 103%

由于产量变动影响的总成本绝对额：$\sum q_1z_0-\sum q_0z_0=26100-25350=750$（万元）

（3）总成本指数：$k_{qz}=\frac{\sum q_1z_1}{\sum q_0z_0}=\frac{30100}{25350}=1.187$ 或 118.7%

总成本变动的绝对额：$\sum q_1z_1-\sum q_0z_0=30100-25350=4750$（万元）

指数体系：109.76% = 96.04% × 114.29%

4100 =（-1900）+6000（万元）

分析说明：由于报告期单位成本比基期下降 3.96%，产品产量增加 14.29%，使得总成本报告期比基期增加 9.76%；单位成本下降节约总成本 1900 万元，产量增加使总成本增加 6000 万元，两因素共同作用的结果使总成本净增 4100 万元。

第十章　国民经济核算

一、练习题

（一）单项选择题（下列每小题的备选答案中，只有一个符合题意的正确答案，请将正确答案的代码填写在括号内。）

1. 国民经济核算可以提供对一个（　　）的全面观察。

A. 企业　　B. 家庭　　C. 单位　　D. 经济体

2. （　　）是历史上进行国民收入估算的第一人。

A. 斯通　　B. 威廉·配第　　C. 希克斯　　D. 凯恩斯

3. 常住单位是指在一国（　　）上具有经济利益中心的单位。

A. 行政区域　　B. 地理领域　　C. 经济领域　　D. 经济领土

4. 期初存量与本期流量之和，形成（　　）。

A. 期末存量　　B. 期初流量　　C. 期末流量　　D. 本期存量

5. 在国民经济核算中，各种交易、资产和负债的记录价格，遵循以下规定，凡发生货币支付的交易，都按交易双方认定的成交价格，即（　　）来估价。

A. 历史价格　　B. 市场价格　　C. 一般价格　　D. 成本价格

6. 产业部门分类是按照主产品（　　）的原则对产业活动单位进行的部门分类。

A. 生产性　　B. 多样性　　C. 同质性　　D. 先进性

7. 生产税净额指生产税减（　　）后的差额。

A. 固定资产折旧　　B. 中间投入　　C. 产品税　　D. 生产补贴

8. 不变价国内生产总值核算的目的是剔除按现期市场价格衡量的国内生产总值中的（　　）变动因素，以反映一定时期内生产活动最终成果的实际变动。

A. 价格　　B. 市场　　C. 物质　　D. 国内

9. 恩格尔系数通常是指（　　）消费支出占居民消费支出的比重。

A. 交通　　B. 食品　　C. 教育　　D. 政府

10. 各机构部门的初次分配总收入之和就等于（　　）。

A. 财政收入　　B. 国内生产总值　　C. 国民总收入　　D. 国民可支配总收入

（二）多项选择题（下列每小题的备选答案中，有两个或两个以上符合题意的正确答案，请将正确答案的代码填写在括号内。）

1. 国民经济核算的生产范围包括（　　）。

A. 生产者提供或准备提供给其他单位的货物或服务的生产

B. 生产者用于自身最终消费或固定资本形成的所有货物的自给性生产

C. 自有住房提供的住房服务和付酬家庭雇员提供的家庭服务的自给性生产

D. 住户成员为本住户提供的家庭或个人服务

2. 机构单位具有以下基本特点（　　）。

A. 有权独立拥有货物和资产，能够与其他机构单位交换货物或资产的所有权

B. 能够作出直接负有法律责任的经济决定和从事相应的经济活动

C. 能以自己的名义承担负债、其他义务或未来的承诺，并能签订契约

D. 能够编制出包括资产负债表在内的一套在经济和法律上有意义的完整账户

3. 我国国民经济核算体系中的常住机构单位包括（　　）。

A. 非金融企业部门　　B. 金融机构部门

C. 政府部门　　D. 住户部门

4. 生产法又被称为（　　）。

A. 增加值法　　B. 部门法　　C. 总产出法　　D. 工作法

5. 劳动者报酬是指劳动者从事生产活动所应得的全部报酬，包括（　　）。

A 工资　　B. 奖金　　C. 津贴　　D. 上下班交通补贴

6. 收入法国内生产总值包括（　　）。

A. 劳动者报酬　　B. 生产税净额　　C. 固定资产折旧　　D. 营业盈余

7. 支出法国内生产总值包括（　　）。

A. 中间投入　　B. 资本形成总额　　C. 最终消费　　D. 净出口

8. 资本形成总额包括（　　）。

A. 最终消费　　B. 营业盈余　　C. 固定资本形成总额　D. 存货增加

9. 经常转移有多种存在形式，以下属于经常转移的有（　　）。

A. 所得、财产等经常税　　B. 社会缴款和社会福利

C. 其他经常转移　　D. 劳动者报酬

10. 不变价的生产核算方法包括（　　）。

A. 双外推法　　B. 单外推法　　C. 单缩法　　D. 双缩法

（三）判断题（正确的在括号内填“√”；错误的填“×”。）

1. 资产范围中不包括诸如大气或公海等无法有效地行使所有权的那些自然资源与环境，但包括那些尚未发现或难以利用的矿藏。（　　）

2. 在国民经济核算中，各种交易的记录时间是按照权责发生制原则来确定的，即在经济价值被创造、转换、交换、转移或消失时记录经济流量。（　　）

3. 对于国外部门来说，并不需要核算它的所有经济活动，只需核算它与我国常住机构单位之间的交易活动。（　　）

4. 国内生产总值这一指标是对最终产品的统计，不存在重复计算问题。（　　）

5. 最终消费分为居民消费和政府消费。（　　）

6. 中国年度国内生产总值核算包括如下几个过程：初步核算过程、初步核实过程、最终核实过程。（　　）

7. 从国内生产总值的基本核算原则来看，季度与年度国内生产总值有共同之处，但季度国内生产总值的核算方法在某些方面又与年度国内生产总值有所不同。（　　）

8. 国民总收入是体现各经济主体参与收入初次分配和再分配最终结果的总量，是各经济主体当期用于收入使用的最大数额。（　　）

9. 农村居民家庭纯收入包括向银行、信用社和向亲友借款等属于借贷性的收入。 ( )
10. 产品包括货物与服务两方面的内容。 ( )

（四）名词解释题

1. 国民经济核算　2. 国内生产总值　3. 中间投入
4. 总产出　5. 政府消费　6. 购买者价格
7. 增加值率　8. 最终消费率　9. 国民总收入
10. 城镇居民家庭可支配收入

（五）简答题

1. 简答国民经济核算的作用。
2. 简答国民经济核算的生产范围。
3. 简答产业活动单位应具备的条件。
4. 居民虚拟消费支出包括哪几种类型？
5. 生产法、收入法和支出法国内生产总值之间关系如何？

（六）案例分析题

请根据表 10－1 和表 10－2 中的数据，回答下列问题：（1）计算我国 2001～2007 年各年第一、第二、第三产业的增加值贡献率，并观察我国的产业结构变化，谈谈你的理解。（2）计算我国各年度最终消费率，并作简要分析。

表 10－1　2001～2007 年我国各产业增加值数据　单位：亿元

年份	第一产业	第二产业		第三产业
		工业	建筑业	
2001	15781.3	43580.6	5931.7	44361.6
2002	16537.0	47431.3	6465.5	49898.9
2003	17381.7	54945.5	7490.8	56004.7
2004	21412.7	65210.0	8694.3	64561.3
2005	22420.0	77230.8	10133.8	73432.9
2006	24040.0	91310.9	11851.1	84721.4
2007	28095.0	107367.2	14014.1	100053.5

表 10－2　2001～2007 年我国有关统计数据　单位：亿元

年份	最终消费	资本形成总额	货物和服务净出口
2001	66878.3	39769.4	2324.7
2002	71691.2	45565.0	3094.1
2003	77449.5	55963.0	2986.3

续表

年份	最终消费	资本形成总额	货物和服务净出口
2004	87032.9	69168.4	4079.1
2005	97822.7	80646.3	10223.1
2006	110595.3	94402.0	16654.0
2007	128444.6	111417.4	23380.5

数据来源：《中国统计年鉴（2008）》，中国统计出版社。表中数据按当年价格计算。

（七）计算题

已知我国 2007 年国民经济核算资料如下：（1）第一产业增加值为 28095.0 亿元；（2）工业总增加值为 107367.2 亿元；（3）建筑业总增加值为 14014.1 亿元；（4）第三产业增加值为 100053.5 亿元；（5）全国城镇居民消费支出为 69403.5 亿元，农村居民消费支出为 23913.7 亿元；（6）政府消费支出为 35127.4 亿元；（7）固定资本形成总额为 105221.3 亿元；（8）存货增加为 6196.1 亿元；（9）货物和服务净出口为 23380.5 亿元。

要求：结合以上资料，试计算生产法和支出法国内生产总值。

二、参考答案

（一）单项选择题

1. D　2. B　3. D　4. A　5. B
6. C　7. D　8. A　9. B　10. C

（二）多项选择题

1. ABC　2. ABCD　3. ABCD　4. AB　5. ABCD
6. ABCD　7. BCD　8. CD　9. ABC　10. ABCD

（三）判断题

1. ×　2. √　3. √　4. ×　5. √
6. √　7. √　8. ×　9. ×　10. √

（四）名词解释题

1. 答：国民经济核算是以一定的经济理论为指导，综合应用统计、会计和数学方法，对一国（地区）在一定时期内各类经济主体的经济活动（流量）及其在特定时点的结果（存量）和各重要总量指标及其组成部分进行系统、综合、全面的测定，用以跟踪、描述一国（地区）国民经济的联系和结构的全貌。

2. 答：国内生产总值是指一个国家或地区在一定时期内所生产和提供的最终产品的价值。

3. 答：中间投入指常住单位在一定时期内生产过程中消耗和使用的非固定资产货物和服务的价值。

4. 答：总产出指常住单位在一定时期内生产的所有货物和服务的价值，既包括新增价值，也包括转移价值。

5. 答：政府消费指政府部门为全社会提供的公共服务的消费支出和免费或以较低的价格向居民住户提供的货物和服务的净支出。

6. 答：购买者价格是购买者购买单位货物和服务所支付的价值，包括购买者按指定的时间和地点取得货物所发生的运输和商业费用。

7. 答：增加值率是指增加值占总产出或中间投入的比重。

8. 答：最终消费率是最终消费占国内生产总值的比例。

9. 答：国民总收入可以定义为在一定时期内，一个国家或地区的国民在国民经济初次分配中获得的原始收入总和。

10. 答：城镇居民家庭可支配收入是指被调查的城镇居民家庭在支付个人所得税、财产税及其他经常性转移支出后所余下的实际收入。

（五）简答题

1. 答：（1）用于监测经济活动；（2）为宏观经济分析提供数据支持；（3）为制定经济政策和决策提供帮助；（4）为国际比较提供平台。

2. 答：国民经济核算的生产范围包括：（1）生产者提供或准备提供给其他单位的货物或服务的生产；（2）生产者用于自身最终消费或固定资本形成的所有货物的自给性生产；（3）自有住房提供的住房服务和付酬家庭雇员提供的家庭服务的自给性生产。

3. 答：产业活动单位应具备的条件包括：（1）地点的唯一性。（2）生产活动的单一性。（3）具有收入和支出会计核算资料。

4. 答：居民虚拟消费支出包括：（1）单位以实物报酬及实物转移的形式提供给劳动者的货物和服务；（2）住户生产并由本住户消费了的货物和服务；（3）金融机构提供的金融媒介服务；（4）保险公司提供的保险服务。

5. 答：生产法国内生产总值 = 收入法国内生产总值 = 支出法国内生产总值 + 统计误差。

（六）案例分析题

分析：（1）中国 2001 ~ 2007 年各年第一、第二、第三产业的增加值贡献率

单位：%

年份	第一产业	第二产业	第三产业
2001	14.4	45.2	40.4
2002	13.7	44.8	41.5
2003	12.8	46.0	41.2
2004	13.4	46.2	40.4
2005	12.2	47.7	40.1
2006	11.3	48.7	40.0
2007	11.2	48.7	40.1

从上表可以看出近年来我国产业结构的变化趋势：第一产业增加值贡献率有逐年下降趋势，第二产业增加值贡献率逐年上升，而第三产业增加值贡献率基本保持稳定。

（2）2001～2007 年我国最终消费率

单位：%

年份	2001	2002	2003	2004	2005	2006	2007
最终消费率	61.4	59.6	56.8	54.3	51.8	49.9	48.8

从上表可以看出，我国最终消费率呈逐年下降趋势，近年来消费对我国 GDP 的拉动作用在减缓。

（七）计算题

解：根据已知条件，计算出生产法和支出法国内出产总值如下。

生产法国内生产总值＝总产出－中间投入
＝∑各产业增加值
＝第一产业增加值＋第二产业增加值＋第三产业增加值
＝第一产业增加值＋（工业增加值＋建筑业增加值）＋第三产业增加值
＝28095.0＋（107367.2＋14014.1）＋100053.5
＝249529.8（亿元）

支出法国内生产总值＝最终消费＋资本形成总额＋净出口
＝（居民消费＋政府消费）＋（固定资本形成总额＋存货增加）＋净出口
＝（69403.5＋23913.7＋35127.4）＋（105221.3＋6196.1）＋23380.5
＝263242.5（亿元）